Investitionstheorie

Herbert Hax ist 1933 in Köln geboren. Er studierte in Darmstadt, Frankfurt und Köln (Diplom-Kaufmann Frankfurt 1957, Dr. rer. pol. Köln 1960). 1964 wurde er in Köln für das Fach Betriebswirtschaftslehre habilitiert. 1964 wurde er auf einen Lehrstuhl für Betriebswirtschaftslehre an der Universität des Saarlandes berufen. 1972 folgte er einem Ruf an die Universität Wien. Seit 1976 ist er o. Professor für Betriebswirtschaftslehre an der Universität zu Köln.

Herbert Hax

Investitionstheorie

Korrigierter Nachdruck der
5., bearbeiteten Auflage

Physica-Verlag
Ein Unternehmen
des Springer-Verlags

Prof. Dr. Dr. h. c. Herbert Hax
Lehrstuhl für Allgemeine Betriebswirtschaftslehre und Betriebswirtschaftliche Finanzierungslehre
Universität zu Köln
Albertus-Magnus-Platz
D-50923 Köln

ISBN 3-7908-0323-5 5. Aufl. Physica-Verlag Heidelberg
ISBN 3-7908-02158 4. Aufl. Physica-Verlag Würzburg Wien

Dieses Werk ist urheberrechtlich geschützt. Die dadurch begründeten Rechte, insbesondere die der Übersetzung, des Nachdruckes, des Vortrags, der Entnahme von Abbildungen und Tabellen, der Funksendungen, der Mikroverfilmung oder der Vervielfältigung auf anderen Wegen und der Speicherung in Datenverarbeitungsanlagen, bleiben, auch bei nur auszugsweiser Verwertung, vorbehalten. Eine Vervielfältigung dieses Werkes oder von Teilen dieses Werkes ist auch im Einzelfall nur in den Grenzen der gesetzlichen Bestimmungen des Urheberrechtsgesetzes der Bundesrepublik Deutschland vom 9. September 1965 in der Fassung vom 24. Juni 1985 zulässig. Sie ist grundsätzlich vergütungspflichtig. Zuwiderhandlungen unterliegen den Strafbestimmungen des Urheberrechtsgesetzes.

© Physica-Verlag Heidelberg 1970, 1976, 1979, 1985, 1993
Printed in Germany

Die Wiedergabe von Gebrauchsnamen, Handelsnamen, Warenbezeichnungen usw. in diesem Werk berechtigt auch ohne besondere Kennzeichnung nicht zu der Annahme, daß solche Namen im Sinne der Warenzeichen- und Markenschutz-Gesetzgebung als frei zu betrachten wären und daher von jedermann benutzt werden dürften.

Druck: Weihert-Druck GmbH, Darmstadt
Bindearbeiten: Weihert-Druck GmbH, Darmstadt
7120/3111-54 - Gedruckt auf säurefreiem Papier

Inhaltsverzeichnis

1. Einleitung ... 9
1.1 Zum Gegenstand der Investitionstheorie ... 9
1.2 Grundbegriffe der Investitionstheorie. ... 11
1.2.1 Zahlungsreihen und Zahlungsströme ... 11
1.2.2 Der Gegenwartswert und das Zeitzentrum ... 12
1.2.3 Kapitalwert und Kapitalwertrate ... 13
1.2.4 Die äquivalente Annuität ... 14
1.2.5 Der interne Zinsfuß ... 15
    a) Definition ... 15
    b) Die Eindeutigkeit des internen Zinsfußes ... 16
    c) Interner Zinsfuß und Kapitalwert ... 20
    d) Zur Berechnung des internen Zinsfußes ... 22
1.2.6 Andere Verzinsungsmaßstäbe ... 24
    a) Die Initialverzinsung ... 24
    b) Der MAPI-Verzinsungssatz ... 27
    c) Der *Baldwin*-Verzinsungssatz ... 29
1.2.7 Die Amortisationsdauer ... 31

2. Investitionsentscheidungen bei gegebenem Kalkulationszinsfuß ... 33
2.1 Die Entscheidung über ein einzelnes Investitionsprojekt ... 33
2.1.1 Entscheidung auf der Grundlage des Kapitalwerts ... 33
2.1.2 Entscheidung aufgrund der äquivalenten Annuität ... 35
2.1.3 Entscheidung aufgrund des internen Zinsfußes ... 36
2.1.4 Entscheidung aufgrund der Amortisationsdauer ... 37
2.2 Die Wahl zwischen zwei oder mehr einander ausschließenden Investitionsprojekten ... 38
2.2.1 Zur Charakteristik des Entscheidungsproblems ... 38
2.2.2 Entscheidung aufgrund des Kapitalwertes ... 39
2.2.3 Entscheidung aufgrund der äquivalenten Annuitäten ... 41
2.2.4 Entscheidung aufgrund des internen Zinsfußes ... 41
2.2.5 Entscheidung aufgrund der Amortisationsdauer ... 43
2.3 Ersetzungszeitpunkt und optimale Lebensdauer ... 44
2.3.1 Zur Charakteristik des Entscheidungsproblems ... 44
2.3.2 Ersetzung vor Ablauf der technischen Lebensdauer ... 45
2.3.3 Der optimale Ersetzungszeitpunkt ... 48
2.3.4 Die optimale Nutzungsdauer der neuen Anlage ... 54

2.3.5 Modelle mit der Zeit als kontinuierlicher Variabler 58
    a) Der optimale Ersetzungszeitpunkt einer alten Anlage . . . 58
    b) Die optimale Nutzungsdauer der neuen Anlage 60
2.3.6 Weitere Modellvarianten 61

3. Simultane Planung des Investitions- und Finanzierungsprogramms . 62

3.1 Ein Zwei-Zeitpunkt-Modell 62
3.1.1 Die Kapitalnachfragefunktion 62
    a) Unabhängige Investitionsprojekte 62
    b) Abhängigkeiten zwischen Investitionsprojekten 64
3.1.2 Die Kapitalangebotsfunktion 66
    a) Kapitalangebot und optimales Kapitalbudget 66
    b) Zur Problematik der Kapitalangebotsfunktion 69
3.1.3 Der Kalkulationszinsfuß 71
    a) Ableitung des Kalkulationszinsfußes aus Kapitalangebots-
    und Kapitalnachfragefunktion 71
    b) Ableitung des Kalkulationszinsfußes unter Berücksichtigung
    der subjektiven Zeitpräferenz des Investors 74
3.1.4 Erweiterung des Modells auf mehr als zwei Zeitpunkte . . . 79
3.2 Ein Mehr-Zeitpunkt-Modell 85
3.2.1 Die Problemstellung 85
3.2.2 Der Zulässigkeitsbereich 86
3.2.3 Das Optimalitätskriterium 88
    a) Planung für die gesamte Lebensdauer des Betriebes 88
    b) Planung für einen Teilabschnitt der Lebensdauer des Betrie-
    bes 91
3.2.4 Ganzzahligkeitsbedingungen 93
    a) Unteilbarkeit von Projekten 93
    b) Abhängigkeiten zwischen Projekten 95
3.3 Kalkulationszinsfüße als endogene Größen der Modellanalyse . . 97
3.3.1 Die Ableitung von Kalkulationszinsfüßen mit Hilfe des Theorems von *Kuhn* und *Tucker* 97
3.3.2 Der endogene Kalkulationszinsfuß bei gegebenem Anlage- und
Aufnahmezinsfuß 101
    a) Das Entscheidungsmodell 101
    b) Der *Fisher*-Fall 103
    c) Der *Hirshleifer*-Fall 104
3.3.3 Die Beurteilung von Investitionsprojekten nach der Initialverzinsung 107
3.4 Erweiterungen des Grundmodells 110

3.4.1 Einbeziehung der Beteiligungsfinanzierung 110
3.4.2 Die Berücksichtigung von Ertragsteuern 114
3.4.3 Simultane Produktions- und Investitionsplanung 117

4. Investitionsentscheidungen bei unsicheren Erwartungen . . . 122
4.1 Sensitivitätsanalyse. 122
4.1.1 Problemstellung der Sensitivitätsanalyse 122
4.1.2 Sensitivitätsanalyse in bezug auf einen Parameter:
 Kritische Punkte 124
4.1.3 Sensitivitätsanalyse in bezug auf mehrere Parameter 126
4.1.4 Sensitivitätsanalyse bei Kapitalbudgetierung mit Hilfe der
 linearen Optimierung 127
  a) Parameter der Zielfunktion 127
  b) Parameter in den Nebenbedingungen 130
4.1.5 Zusammenfassende Beurteilung 132
4.2 Investitionsentscheidungen aufgrund subjektiver Risikopräferenzen 133
4.2.1 Entscheidungstheoretische Grundlagen. 133
4.2.2 Anwendung auf ein Investitionsproblem: Theorie der
 Portefeuille-Auswahl. 138
4.2.3 Risikoanalyse durch Simulation 142
4.3 Marktwert und Kapitalkosten 145
4.3.1 Bestimmungsgrößen des Marktwertes 145
4.3.2 Marktwert und Gewinne 145
4.3.3 Die empirische Bestimmung der Kapitalkosten 153
4.3.4 Marktwert und Kapitalkosten bei Fremdfinanzierung 155
4.3.5 Zusammenfassende Beurteilung 163
4.4 Flexible Investitionsplanung. 165
4.4.1 Der Grundgedanke der flexiblen Planung 165
4.4.2 Zustandsbaum und Entscheidungsbaum 168
4.4.3 Ein Entscheidungsmodell auf der Grundlage eines idealen Zustandsbaums 172
4.4.4 Lösung mit Hilfe der dynamischen Optimierung. 176
4.4.5 Entscheidungsmodelle auf der Grundlage vereinfachter Zustands- oder Entscheidungsbäume 182
4.4.6 Ein Beispiel zur flexiblen Investitionsplanung 187

Literatur 196

Autorenverzeichnis 205

Sachverzeichnis 207

1. Einleitung

1.1 Zum Gegenstand der Investitionstheorie

Die Investitionen eines Betriebes sind mit Ein- und Auszahlungen verbunden. Der Normalfall ist, daß ein Investitionsprojekt zu Beginn mit Auszahlungen verbunden ist, während später die Einzahlungen überwiegen. Die Investitionstheorie befaßt sich ganz allgemein mit Entscheidungen über Aktionen, von denen Zahlungen zu verschiedenen Zeitpunkten abhängen. Das sind vor allem Entscheidungen über Investitionen, bei denen in der Regel die Auszahlungen zeitlich vor den Einzahlungen liegen. Der Anwendungsbereich der Theorie ist aber weiter. Er umfaßt alle Maßnahmen, die auf die Ein- und Auszahlungsströme des Betriebs Einfluß haben, gleich in welcher Folge Ein- und Auszahlungen stattfinden. Hierzu gehören auch Finanzierungsmaßnahmen, die dadurch charakterisiert sind, daß die Einzahlungen vor den Auszahlungen liegen.

Die betriebswirtschaftliche Investitionstheorie sucht Entscheidungsmodelle zu entwickeln, die der Vorbereitung betrieblicher Investitionsentscheidungen dienen können. Diese Modelle sollen die Grundlage von Wirtschaftlichkeitsrechnungen bilden, auf die sich Entscheidungen stützen können. Das Verhältnis von Rechnung und Entscheidung wird gelegentlich mißverstanden. Die Rechnung ist nicht mit der Entscheidung identisch: sie dient vielmehr nur ihrer Vorbereitung. Wer zu entscheiden hat, wird sich auf das Ergebnis der Rechnung stützen, zusätzlich aber noch andere, in der Rechnung nicht erfaßte, imponderable Faktoren berücksichtigen. Derartige Faktoren ergeben sich *erstens* daraus, daß bei der Entscheidung manchmal auch andere Ziele verfolgt werden als das der Erzielung finanzieller Überschüsse, auf dem allein die Rechnung beruht. Andersartige Motive wie etwa Streben nach Prestige und Macht oder soziales Verantwortungsgefühl können dazu führen, daß die Entscheidung vom Ergebnis der Rechnung abweicht. *Zweitens* muß zusätzlich zum Rechnungsergebnis in Betracht gezogen werden, daß Investitionsprojekte häufig Auswirkungen auf die Ein- und Auszahlungen des Betriebes haben, die äußerst schwer abzuschätzen sind und deswegen meist in der Rechnung unberücksichtigt bleiben. Man denke etwa an die Wirkung kleinerer Qualitätsverbesserungen auf den Absatz und damit auf die Einzahlungen. *Drittens* ist für die Beurteilung des Rechnungsergebnisses von Bedeutung, daß es auf unsicheren Erwartungen hinsichtlich der Ein- und Auszahlungen beruht. Diese Unsicherheit der Ausgangsdaten muß beachtet werden, wenn Entscheidungen auf dem Ergebnis der Rechnung aufbauen.

Theoretisch ist es denkbar, auch diese imponderablen Faktoren in die Rechnung einzubeziehen. Man kann die Zielfunktion des Entscheidungsmodells so formulieren, daß auch nichtmonetäre Zielsetzungen Berücksichtigung finden. Man kann versuchen, auch schwer abzuschätzende Wirkungen von Investitionen zahlenmäßig zu erfassen; hierfür spricht, daß eine ungenaue oder fehlerhafte Schätzung meist immer noch besser ist als eine völlige Vernachlässigung derartiger Wirkungen. Man kann schließlich auch die Unsicherheit explizit in der Rechnung berücksichtigen; Ansätze hierzu werden in Abschnitt 4 dieses Buches behandelt. Bei praktischen Entscheidungsrechnungen ergeben sich jedoch für die Einbeziehung derartiger Faktoren erhebliche Schwierigkeiten.

Man klammert daher in der Regel imponderable Faktoren aus der Rechnung aus, darf dann aber nicht versäumen, sie in einem späteren Stadium der Entscheidung zu berücksichtigen, in der Weise etwa, daß man die berechneten Vorteile einer Aktion gegen ihre imponderablen Nachteile abwägt oder auch umgekehrt.

Entscheidungsprobleme im Investitionsbereich können in verschiedenen Formen auftreten. Man kann drei Typen von Investitionsentscheidungen unterscheiden:
1. Die Entscheidung darüber, ob ein einzelnes Investitionsprojekt durchgeführt werden soll oder nicht.
2. Die Entscheidung darüber, welches von zwei oder mehr einander ausschließenden Investitionsprojekten ausgeführt werden soll.
3. Die Entscheidung darüber, wie das Investitionsprogramm aussehen soll, wenn nur ein fester Kapitalbetrag verfügbar ist oder wenn zusätzliche Finanzierungsmaßnahmen nur mit steigenden Kosten möglich sind.

In den beiden ersten Fällen handelt es sich um Entscheidungen über einzelne Projekte, im dritten hingegen um eine Entscheidung über das Investitionsprogramm, d.h. die Gesamtheit aller durchzuführenden Investitionsprojekte. In der Investitionstheorie standen lange die beiden ersten Fragestellungen ganz im Vordergrund. Das war dadurch bedingt, daß die Theorie von der Prämisse eines vollkommenen Kapitalmarktes ausging, auf dem zu einem gegebenen Zinssatz beliebige Beträge aufgenommen oder angelegt werden können. Unter dieser Voraussetzung kann es zu der dritten Entscheidungssituation nicht kommen.

Sobald man jedoch die Prämisse des vollkommenen Kapitalmarkts aufgibt, wird zweifelhaft, ob die beiden ersten Entscheidungsprobleme noch sinnvoll gelöst werden können, ohne daß die einzelnen Investitionsprojekte im Zusammenhang des gesamten Investitionsprogramms gesehen werden. Sobald der Kapitalbeschaffung irgendwelche Grenzen gesetzt sind, kann über ein einzelnes Projekt nicht mehr entschieden werden, ohne die mit ihm verbundenen Änderungen im Gesamtprogramm zu berücksichtigen. Jedes Projekt, das durchgeführt wird, nimmt Kapital in Anspruch. Damit verhindert es entweder die

Durchführung eines anderen Projekts oder es erzwingt Finanzierungsmaßnahmen, die mit steigenden Kapitalkosten verbunden sind. Die Entscheidung über ein Einzelprojekt ist also nur im Rahmen einer Entscheidung über ein Gesamtprogramm möglich, das bei fest vorgegebenem Kapital alle Investitionsprojekte, bei variablem Kapital außerdem noch alle Finanzierungsmaßnahmen umfaßt.

Dieses Buch ist folgendermaßen aufgebaut: Zunächst sollen in einem weiteren Abschnitt des einleitenden Teils die finanzmathematischen Grundlagen der Investitionsrechnung behandelt werden. In Abschnitt 2 werden sodann die Investitionsentscheidungen unter der Voraussetzung eines gegebenen Kalkulationszinsfußes behandelt. In diesem Falle können die Entscheidungen über einzelne Projekte unabhängig voneinander getroffen werden, wenn ihre Zahlungsströme unabhängig voneinander sind; es kommen also nur die oben unter 1. und 2. genannten Entscheidungssituationen vor. In Abschnitt 3 steht der unter 3. genannte Entscheidungstyp im Vordergrund; hier werden die neueren Methoden zur simultanen Planung von Investitions- und Finanzierungsprogrammen dargestellt. In den Abschnitten 2 und 3 werden sichere Erwartungen unterstellt hinsichtlich der mit den Investitionen verbundenen Zahlungsströme oder der diese determinierenden Größen. In Abschnitt 4 wird diese Prämisse aufgegeben: Dieser Teil des Buches enthält eine Einführung in die Problematik der Investitionsentscheidung bei Unsicherheit und eine Übersicht über die wichtigsten Ansätze zur Einbeziehung der Unsicherheit in die Entscheidungsrechnung.

1.2 Grundbegriffe der Investitionstheorie

1.2.1 Zahlungsreihen und Zahlungsströme

Ausgangsdaten der Investitionsrechnung sind die mit den Investitionen verbundenen Ein- und Auszahlungen. Es gibt zwei Möglichkeiten, diese Zahlungen im formalen Modell zu erfassen. Die erste und gebräuchliche ist die Einteilung des Planungszeitraums in Perioden, denen jeweils Ein- und Auszahlungen zugeordnet sind. Man erhält so eine Zahlungsreihe der Form $a_0, a_1, a_2, \ldots, a_T$. Hierbei ist a_t die jeweilige Zahlung und t der Periodenindex. Üblicherweise werden Einzahlungen als positive, Auszahlung als negative Werte dargestellt. Bei der finanzmathematischen Auswertung der Zahlungsreihen wird unterstellt, daß die Zahlungen einer Periode in einem Zeitpunkt, in der Regel am Periodenende erfolgen. Man kann den Index t dann auch als Zeitpunktindex auffassen. Als Zeitpunkt t soll im folgenden das Ende der Periode t bezeichnet werden.

Bei bestimmten Problemstellungen kann es zweckmäßig sein, mit kontinuierlichen Zahlungsströmen zu arbeiten. Bezeichnet man mit $A(t)$ die Summe der Zahlungen vom Zeitpunkt 0 bis zum Zeitpunkt t, so gibt die erste Ableitung dieser Funktion $dA/dt = a(t)$ die Breite des Zahlungsstromes in einem Zeitpunkt an. Die Summe der Zahlungen in dem Zeitintervall zwischen t_1 und t_2 ist dann

$$A(t_2) - A(t_1) = \int_{t_1}^{t_2} a(t) \cdot dt$$

Die diskontinuierliche Darstellungsweise geht in die kontinuierliche über, wenn man die Zahl der Perioden des Planungszeitraums gegen unendlich und damit gleichzeitig die Periodenlänge gegen Null gehen läßt. Wird bei diskontinuierlicher Darstellung der Planungszeitraum hinreichend kurz gewählt, so führt die Modellanalyse in beiden Fällen nicht zu wesentlich verschiedenen Ergebnissen. Der Unterschied ist rein formaler Art. Diskontinuierliche Zahlungsreihen haben den Vorzug, daß sie die Verwendung einfacher finanzmathematischer Formeln zulassen. Mit kontinuierlichen Zahlungsströmen arbeitet man, um bestimmte Größen als kontinuierliche Funktionen der Zeit ausdrücken und diese Funktionen nach der Zeit differenzieren zu können. So kann man z.B. bei der Bestimmung der optimalen Lebensdauer einer Anlage verfahren.

1.2.2 Der Gegenwartswert und das Zeitzentrum

Als *Gegenwartswert* einer Zahlungsreihe wird die Summe aller auf einen einheitlichen Bezugszeitpunkt auf- bzw. abgezinsten Zahlungen bezeichnet. Ist i der Kalkulationszinsfuß und setzt man $q = 1 + i$, so gilt für den Gegenwartswert G_{t*} der Zahlungsreihe $a_0, a_1, \ldots, a_T$ im Bezugszeitpunkt t^*:

$$G_{t*} = \sum_{t=0}^{T} a_t \cdot q^{t*-t} \qquad (1.2.1)$$

Als *Zeitzentrum* einer Zahlungsreihe wird der Zeitpunkt bezeichnet, auf den bezogen der Gegenwartswert gleich der einfachen Summe aller Zahlungen ist. Bezeichnet man das Zeitzentrum mit $\bar{t}$, so gilt also:

$$\sum_{t=0}^{T} a_t \cdot q^{\bar{t}-t} = \sum_{t=0}^{T} a_t \qquad (1.2.2)$$

Um den Übergang zum Fall kontinuierlicher Zahlungsströme zu finden, sei zunächst dargestellt, wie sich die einfachen Auf- und Abzinsungsfaktoren ändern, wenn nicht am Ende jeder Periode ein Zinszuwachs von $i\%$, sondern n-mal in der Periode ein Zinszuwachs von $r/n \%$ erfolgt. Der Aufzinsungsfaktor für t Perioden ist dann nicht mehr $(1 + i)^t$, sondern $(1 + (r/n))^{n \cdot t}$. Man erhält den Fall kontinuierlichen Zinszuwachses, indem man n gegen unendlich gehen läßt. Es gilt

$$\lim_{n \to \infty} \left(1 + \frac{r}{n}\right)^{n \cdot t} = \lim_{n \to \infty} \left(1 + \frac{1}{n:r}\right)^{(n:r) \cdot r \cdot t} = e^{r \cdot t} \tag{1.2.3}$$

Für den Abzinsungsfaktor gilt das gleiche, abgesehen davon, daß der Exponent negatives Vorzeichen hat. Die Größe r, die den kontinuierlichen Zinszuwachs bestimmt, wird auch als Verzinsungsintensität oder Verzinsungsenergie bezeichnet [*E. Schneider* 1962, S. 141]. Die dem diskontinuierlichen Zinssatz i entsprechende Verzinsungsintensität r erhält man aus der Gleichung $(1 + i)^t = e^{r \cdot t}$.
Hieraus folgt $r = \ln(1 + i)$.

Der auf den Zeitpunkt t^* bezogene Gegenwartswert eines kontinuierlichen Zahlungsstroms $a(t)$ im Bereich $0 \leq t \leq T$ läßt sich nun folgendermaßen definieren:

$$G_{t^*} = \int_0^T a(t) \, e^{r(t^* - t)} \, dt \tag{1.2.4}$$

Für das Zeitzentrum $\bar{t}$ des Zahlungsstroms gilt:

$$\int_0^T a(t) \, e^{r(\bar{t} - t)} \, dt = \int_0^T a(t) \, dt \tag{1.2.5}$$

1.2.3 Kapitalwert und Kapitalwertrate

Den *Kapitalwert* einer Zahlungsreihe erhält man, indem man alle zeitlich nach dem Bezugszeitpunkt liegenden Zahlungen auf diesen abzinst und addiert. In den Kapitalwert gehen also nur Zahlungen ein, die vom Bezugszeitpunkt aus gesehen in der Zukunft liegen, während der Gegenwartswert auch aufgezinste Zahlungen der Vergangenheit enthält. Wählt man den Zeitpunkt 0 unmittelbar vor der ersten Zahlung a_0 als Bezugszeitpunkt, so gilt für den Kapitalwert K:

$$K = \sum_{t=0}^T a_t \, q^{-t} \tag{1.2.6}$$

Es kann sein, daß der Kalkulationssatz i und damit q nicht in allen Perioden dieselbe Höhe hat. Ist i_t der während der t-ten Periode geltende Zinssatz und setzt man $q_t = 1 + i_t$, so gilt:

$$K = \sum_{t=1}^{T} \left[a_t \prod_{\tau=1}^{t} q_\tau^{-1} \right] + a_0 \tag{1.2.7}$$

Entsprechend erhält man bei konstanter Verzinsungsintensität r den Kapitalwert eines kontinuierlichen Zahlungsstroms:

$$K = \int_0^T a(t) \, e^{-r \cdot t} \, dt \tag{1.2.8}$$

Zur Beurteilung von Investitionen kann der Kapitalwert der damit verbundenen Zahlungsreihe zu dem mit der Investition verbundenen Kapitaleinsatz in Beziehung gesetzt werden. Der Quotient aus Kapitalwert und Kapitalbedarf wird als Kapitalwertrate bezeichnet. Hat man einen Zahlungsstrom mit einer Auszahlung in Höhe von A_0 im Zeitpunkt 0, gilt also

$$a_0 = -A_0$$

so ist die Kapitalwertrate KR nach folgender Formel zu berechnen:

$$KR = \frac{K}{A_0} = \frac{\sum\limits_{t=1}^{T} a_t \cdot q^{-t} - A_0}{A_0} = \frac{\sum\limits_{t=1}^{T} a_t \cdot q^{-t}}{A_0} - 1 \tag{1.2.9}$$

1.2.4 Die äquivalente Annuität

Unter der einer Zahlungsreihe $a_0, a_1, \ldots, a_T$ äquivalenten Annuität versteht man eine Reihe gleicher Zahlungen über T Perioden, deren Kapitalwert gleich dem der ursprünglichen Zahlungsreihe ist. Man erhält diese Annuität (g), indem man den Kapitalwert der ursprünglichen Reihe mit dem Annuitätenfaktor (häufig auch als Wiedergewinnungsfaktor bezeichnet), dem Kehrwert des Rentenbarwertfaktors, multipliziert:

$$g = K \cdot \frac{q^T (q-1)}{q^T - 1} \tag{1.2.10}$$

Einfacher ist die Berechnung in dem für die Investitionstheorie wichtigen Spezialfall, daß einer Auszahlung im Zeitpunkt 0 eine Reihe gleich großer Einzahlungen folgt. Es gilt also

$$a_0 = -A_0 \text{ und } a_t = a \ (t = 1, 2, \ldots, T)$$

Die äquivalente Annuität erhält man dann nach der Regel

$$g = a - A_0 \frac{q^T (q-1)}{q^T - 1} \qquad (1.2.11)$$

Bei praktischen Wirtschaftlichkeitsrechnungen wird häufig statt der mit dem Annuitätenfaktor multiplizierten Anfangsauszahlung ein als „Kapitaldienst" bezeichneter Betrag eingesetzt. Dieser setzt sich zusammen aus einer Abschreibung in Höhe von A_0/T und kalkulatorischen Zinsen in Höhe von $i A_0/2$. Die kalkulatorischen Zinsen werden von der Hälfte der Anfangsauszahlung berechnet, weil man von der Vorstellung ausgeht, daß das anfangs gebundene Kapital im Laufe der T Perioden in gleichen Raten freigesetzt wird, so daß während des Planungszeitraums im Durchschnitt ein Kapital von $A_0/2$ gebunden ist. Man erhält für die Annuität so die Näherungsformel

$$g \approx a - \frac{A_0}{T} - \frac{A_0}{2} i \qquad (1.2.12)$$

In dem für praktische Entscheidungen relevanten Bereich ($0 < i \leq 0,1$; $T \geq 2$) weicht das Ergebnis aufgrund der Näherungsformel nicht wesentlich von dem nach (1.2.11) ab. Allerdings ist die genaue Berechnung ebenso einfach wie die nach der Näherungsformel, wenn eine Tabelle der Annuitätenfaktoren benutzt wird.

1.2.5 Der interne Zinsfuß
a) Definition

Der Kalkulationszinsfuß, bei dessen Verwendung der Kapitalwert einer Zahlungsreihe, bezogen auf einen Zeitpunkt vor der ersten Zahlung, gleich 0 ist, wird als ihr *interner Zinsfuß* bezeichnet. Bezeichnet man den internen Zinsfuß mit i^* und setzt $q^* = 1 + i^*$, so gilt:

$$\sum_{t=0}^{T} a_t \cdot q^{*-t} = 0 \qquad (1.2.13)$$

Bei einer Zahlungsreihe, die nur aus einer Auszahlung im Zeitpunkt 0 und einer Einzahlung im Zeitpunkt 1 besteht, stimmt der interne Zinsfuß mit der Rentabilität überein.

Geht man von kontinuierlichen Zahlungsströmen aus, so gilt für die interne Verzinsungsintensität r^*:

$$\int_0^T a(t) e^{-r^* \cdot t} = 0 \qquad (1.2.14)$$

b) Die Eindeutigkeit des internen Zinsfußes

Durch die Bestimmungsgleichung (1.2.13) wird nicht notwendig genau ein interner Zinsfuß determiniert [*Kilger* 1965b]. Es gibt Zahlungsreihen, für die mehr als ein interner Zinsfuß oder überhaupt keiner existiert.

Beispiel 1: $a_0 = 4; a_1 = -10; a_2 = 6$
Die Gleichung $4 - 10 \cdot q^{*-1} + 6 \cdot q^{*-2} = 0$
hat zwei Lösungen, nämlich $q^* = 1$ und $q^* = 1,5$. Es gibt also zwei interne Zinsfüße, 0 % und 50 %. Die Lösung läßt sich auch graphisch darstellen. Der Kapitalwert kann als Funktion von q aufgefaßt werden:

$$K = 4 - 10 \cdot q^{-1} + 6 \cdot q^{-2}$$

In der graphischen Darstellung erscheint diese Funktion als eine Kurve, deren Schnittpunkte mit der Abszisse die internen Zinsfüße angeben.

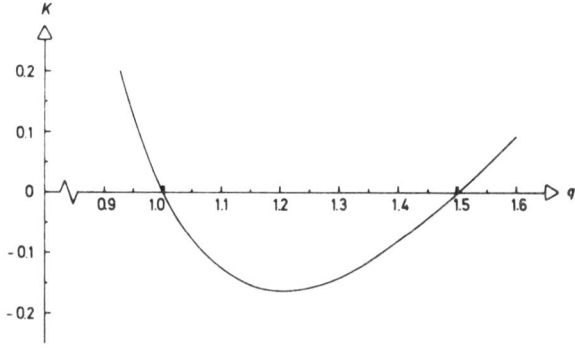

Abb. 1a: Kapitalwertfunktion für Beispiel 1

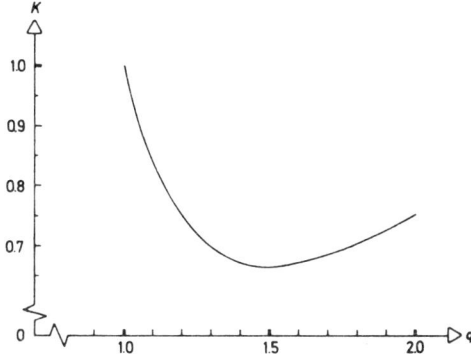

Abb. 1b: Kapitalwertfunktion für Beispiel 2

Beispiel 2: $a_0 = 2; a_1 = -4; a_2 = 3$
Die Bestimmungsgleichung $2 - 4q^{*-1} + 3q^{*-2} = 0$
hat keine reellwertige Lösung. Es existiert also kein interner Zinsfuß. Die graphische Darstellung bestätigt dieses Ergebnis.

Es läßt sich jedoch nachweisen, daß für Zahlungsreihen des Typs, der für praktische Investitionsentscheidungen am häufigsten vorkommt, im Bereich positiver Werte von q stets genau ein interner Zinsfuß existiert [*Hax* u. *Laux*, S. 239].

Für die meisten Investitionen ist typisch, daß einer Auszahlung zu Beginn Einzahlungsüberschüsse zu späteren Zeitpunkten folgen. Für die Zahlungsreihe $a_0, a_1, \ldots, a_T$ gilt also: $a_0 < 0$ und $a_t \geq 0$ ($t = 1, \ldots, T$). In diesem Falle gilt im Bereich $q > 0$:
1. K ist eine stetige, monoton fallende Funktion von q.

$$K = \sum_{t=0}^{T} a_t q^{-t} = \left(\sum_{t=0}^{T} a_t q^{T-t} \right) : q^T$$

Diese gebrochene rationale Funktion ist stetig in jedem Intervall, in dem der Nenner nicht gleich 0 sein kann, also im gesamten Bereich positiver Werte von q [*v. Mangoldt* u. *Knopp*, S. 537].

Weiter gilt $\dfrac{dK}{dq} = -a_1 q^{-2} - 2a_2 q^{-3} - \cdots - T a_T q^{-(T+1)}$

Alle Summanden sind negativ. K ist somit eine monoton fallende Funktion von q.

2. Mit sinkendem q geht K gegen den Grenzwert $+\infty$.

Es gilt $K = a_0 + \sum\limits_{t=1}^{T} a_t q^{-t}$

Der erste Summand ist negativ und unabhängig von q. Alle anderen sind positiv und gehen gegen unendlich, wenn q gegen Null geht. Hieraus folgt:

$$\lim_{q \to 0} \sum_{t=1}^{T} a_t q^{-t} = +\infty$$

3. Mit steigendem q geht K gegen den Grenzwert a_0.

$$\lim_{q \to \infty} \sum_{t=0}^{T} a_t q^{-t} = a_0$$

Für die Funktion $K(q)$ ergibt sich somit in graphischer Darstellung der in Abbildung 2 angegebene Kurvenverlauf. Aus der Abbildung ist zu ersehen, daß genau ein Schnittpunkt der Kurve mit der Abszisse, somit genau ein interner Zinsfuß existiert.

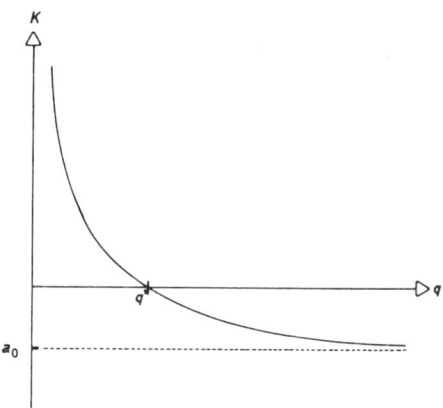

Abb. 2: Stetige, monoton fallende Kapitalwertfunktion

Daß genau ein interner Zinsfuß existiert, läßt sich auch für den allgemeineren Fall beweisen, daß bis zu einem Zeitpunkt $\hat{t}$ ($0 < \hat{t} < T$) nur Auszahlungen oder nur Einzahlungen und danach nur Einzahlungen bzw. nur Auszahlungen stattfinden. Der Beweis ist mit Hilfe der Cartesischen Zeichenregel zu führen.

Diese Regel besagt, daß die Zahl der positiven reellen Wurzeln einer algebraischen Gleichung gleich der Zahl der Vorzeichenwechsel in den Reihen ihrer Koeffizienten oder um eine gerade Anzahl kleiner ist [*Willers*, S. 291].
Setzt man nun $v = q^{-1}$, so erhält man für den Kapitalwert die Gleichung

$$K = \sum_{t=0}^{T} a_t \cdot v^t$$

Annahmegemäß gibt es in der Koeffizientenreihe $a_0, a_1, \ldots, a_T$ nur einen Vorzeichenwechsel. Dann folgt aber aus der Cartesischen Regel, daß es genau einen postiven Wert für v und damit auch genau einen positiven Wert für q gibt, bei dem K gleich 0 wird.

Die Existenz genau eines internen Zinsfußes ist damit für zwei wichtige Fälle bewiesen, erstens für Investitionen, bei denen eine Einzahlungsreihe auf eine Auszahlungsreihe folgt, und zweitens für Finanzierungsmaßnahmen, bei denen eine Auszahlungsreihe auf eine Einzahlungsreihe folgt. Daß es in der Koeffizientenreihe $a_0, a_1, \ldots, a_T$ genau einen Vorzeichenwechsel gibt, ist hinreichende, jedoch nicht notwendige Bedingung für die Existenz genau eines internen Zinsfußes.

Es gibt auch andere Fälle, in denen sich nachweisen läßt, daß genau ein interner Zinsfuß existiert. Ein derartiger Fall, der besonderes Interesse verdient, ist von *Arrow* und *Levhari* sowie im Anschluß daran von *Flemming* und *Wright* und von *Matsuda* [1974] behandelt worden. Wenn die Möglichkeit besteht, eine Zahlungsreihe zu einem beliebigen Zeitpunkt abbrechen zu lassen und wenn dieser Zeitpunkt so gewählt wird, daß der Kapitalwert der Zahlungsreihe maximiert wird, dann gibt es genau einen Kalkulationszinsfuß, bei dem dieser maximale Kapitalwert gerade gleich Null ist. Unter der Voraussetzung, daß für die Zahlungsreihe der optimale, d.h. der den Kapitalwert maximierende Abbruchzeitpunkt gewählt wird, gibt es also genau einen internen Zinsfuß. Dieser Beweis gilt auch noch für den Fall, daß durch den Abbruch der Zahlungsreihe eine besondere Einzahlung ausgelöst wird (z.B. ein Liquidationserlös), nicht jedoch, wenn der Abbruch der Reihe zu einer Auszahlung führt (z.B. Abbruchkosten).

Andere hinreichende Bedingungen für die Existenz genau eines internen Zinsfußes sind von *Teichroew, Robichek* u. *Montalbano* [1965a, S. 163] und von *Kilger* [1965b] formuliert worden. Nicht hinreichend ist hingegen die Bedingung, daß das Zeitzentrum der Auszahlungen vor dem der Einzahlungen liegt [*E. Schneider* 1962, S. 8]. In dem auf S. 17 angegebenen Beispiel 2 wäre diese Bedingung erfüllt; es existiert aber kein reellwertiger interner Zinsfuß.

c) Interner Zinsfuß und Kapitalwert

Hat man als Zahlungsreihe einer Investition $a_0, a_1, \ldots, a_T$ mit $a_t < 0$ für $t \leq \hat{t}$ und $a_t > 0$ für $t > \hat{t}$, so ist der Kapitalwert dieser Reihe genau dann positiv, wenn der Kalkulationszinsfuß kleiner als der interne Zinsfuß ist.

Es gilt nämlich: $\lim\limits_{q \to \infty} \sum\limits_{t=0}^{T} a_t q^{-t} = a_0$

und $\lim\limits_{q \to 0} \sum\limits_{t=0}^{T} a_t q^{-t} = \lim\limits_{q \to 0} q^{-T} \sum\limits_{t=0}^{T} a_t q^{T-t} = \infty \cdot a_T$

(da $\lim\limits_{q \to 0} q^{-T} = \infty$ und $\lim\limits_{q \to 0} \sum\limits_{t=0}^{T} a_t q^{T-t} = a_T$)

K ist also bei sehr kleinem q positiv, bei sehr großem q negativ. Die Zahlungsreihe hat im relevanten Bereich genau einen internen Zinsfuß i^*. Gäbe es nun einen Kalkulationszinsfuß $\hat{i} < i^*$, bei dem der Kapitalwert negativ würde, so müßte es wegen der Stetigkeit der Funktion $K(q)$ im Intervall $-1 < i < \hat{i}$ einen zweiten internen Zinsfuß geben, was nicht der Fall sein kann. Ebenso führt die Annahme, daß bei einem Kalkulationszinsfuß $\bar{i} > i^*$ der Kapitalwert positiv wird, zum Widerspruch; es müßte dann einen weiteren internen Zinsfuß geben, der größer als $\bar{i}$ wäre. Deutlich wird der Zusammenhang in der graphischen Darstellung.

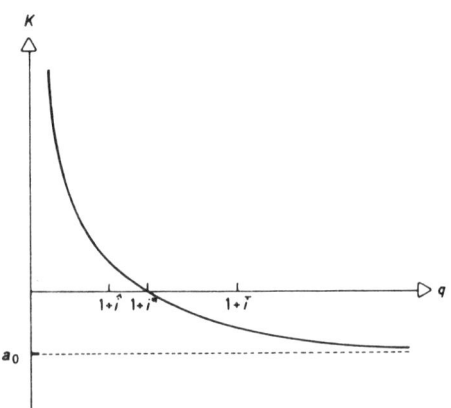

Abb. 3: Interner Zinsfuß einer Investition

Wenn die Kurve nur einen Schnittpunkt mit der Abszisse hat, so muß sie links von diesem Schnittpunkt oberhalb, rechts davon unterhalb der Abszisse verlaufen.

Hat man als Zahlungsreihe einer Finanzierungsmaßnahme $a_0, a_1, \ldots, a_T$ mit $a_t > 0$ für $t \leq \hat{t}$ und $a_t < 0$ für $t > \hat{t}$, so ist der Kapitalwert genau dann positiv, wenn der Kalkulationszinsfuß größer als der interne Zinsfuß ist. Der Beweis ist ebenso zu führen wie im zuvor behandelten Fall. Abb. 4 zeigt den Verlauf der Funktion $K(q)$ in diesem Fall.

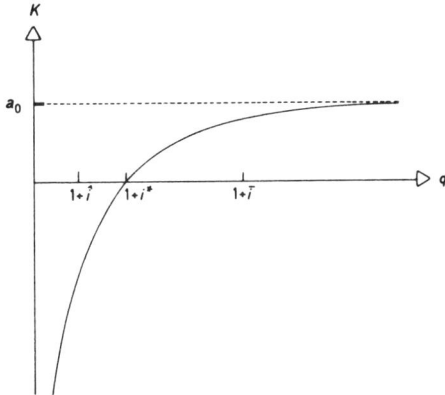

Abb. 4: Interner Zinsfuß einer Finanzierungsmaßnahme

Für den Fall, daß zwischen zwei oder mehr einander ausschließenden Projekten zu entscheiden ist, ist folgender Satz wichtig: Hat die Zahlungsreihe A einen höheren internen Zinsfuß als die Zahlungsreihe B, so folgt daraus nicht notwendig, daß der Kapitalwert von A bei jedem Kalkulationszinsfuß größer als der von B ist.

Das kann an einem Beispiel gezeigt werden:

	a_0	a_1	a_2	a_3	a_4	a_5
A	-100	5	10	15	80	150
B	-100	80	45	16	8	6,5

Der interne Zinsfuß von A ist 25 %, der von B 30 %. Bei einen Kalkulationszinsfuß von 10 % ergibt sich für A ein Kapitalwert von 71,86, für B hingegen von 31,44. In Abb. 5 ist der Zusammenhang graphisch dargestellt. Unterhalb eines kritischen Zinsfußes von etwa 22 % ist der Kapitalwert von A größer als der von B. Rechts von diesem kritischen Zinsfuß verläuft jedoch die Kurve von B oberhalb der von A, infolgedessen liegt auch ihr Schnittpunkt mit der Abszisse weiter rechts.

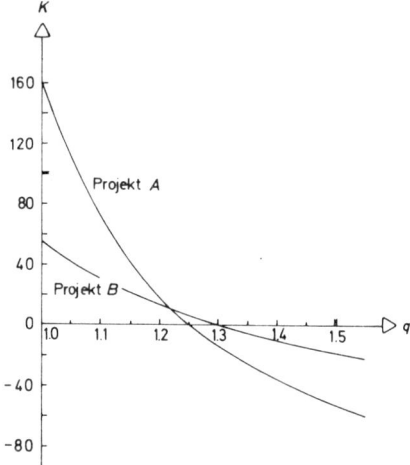

Abb. 5: Kapitalwert, Kalkulationszinsfuß und interner Zinsfuß zweier sich ausschließender Projekte

Das Ergebnis wird verständlich, wenn man die zeitliche Struktur der Zahlungsreihen vergleicht. Bei A sind die Einzahlungen insgesamt höher als bei B, erfolgen aber überwiegend später als bei B. Bei kleinen Kalkulationszinsfüßen überwiegt bei A der Vorteil der höheren Beträge. Je größer der Zinsfuß ist, desto nachteiliger wirkt sich für A die zeitliche Verschiebung der Einzahlungen im Vergleich zu B aus.

d) Zur Berechnung des internen Zinsfußes

Die Berechnung des internen Zinsfußes müßte durch Auflösung der Gleichung (1.2.13) nach q^* erfolgen. Es wäre eine Gleichung T-ten Grades zu lösen. Das ist mit erheblichen Schwierigkeiten verbunden, wenn T größer als 3 ist.

Geht man von der Voraussetzung aus, daß nur ein relevanter interner Zinsfuß existiert, so kann eine erste Näherungslösung durch ein einfaches Interpolationsverfahren erreicht werden. Hierzu bestimmt man, eventuell durch mehrmaliges Probieren, zwei Kalkulationszinsfüße, von denen der eine zu einem positiven, der andere zu einem negativen Kapitalwert führt. Ist

$$K_1 = \sum_{t=0}^{T} a_t \cdot q_1^{-t} > 0$$

und

$$K_2 = \sum_{t=0}^{T} a_t \cdot q_2^{-t} < 0$$

so lautet die Interpolationsformel:

$$\tilde{q} = \frac{K_1 \cdot q_2 - K_2 \cdot q_1}{K_1 - K_2} \tag{1.2.15}$$

$\tilde{i} = \tilde{q} - 1$ ist hierbei der Näherungswert für den internen Zinsfuß (Abb. 6).

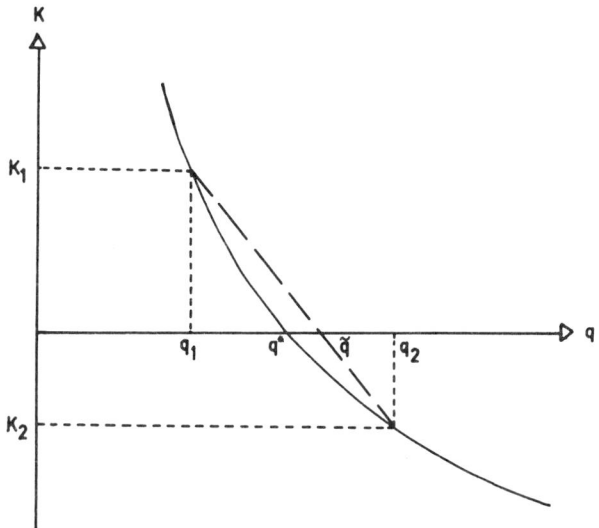

Abb. 6: Bestimmung eines Näherungswertes für den internen Zinsfuß

Da K keine lineare Funktion von q ist, kann die lineare Interpolation nur zu einem Näherungswert führen. Der mit der Berechnung verbundene Fehler wird in der Regel umso kleiner sein, je näher K_1 und K_2 beieinanderliegen. Dies legt folgende Verfahrensweise zur Verbesserung der Näherungslösung nahe: Man berechnet den Kapitalwert unter Verwendung von $\tilde{i}$ als Kalkulationszinsfuß. Da $\tilde{i}$ nur ein Näherungswert für den internen Zinsfuß ist, wird sich ein von Null verschiedener Kapitalwert K_3 ergeben. Ist K_3 negativ, so wird erneut interpoliert, diesmal zwischen K_1 und K_3; ist K_3 positiv, so erfolgt die Interpolation zwischen K_2 und K_3. Dieses Verfahren läßt sich wiederholen, so daß eine Näherungslösung von beliebiger Genauigkeit gefunden werden kann.

Noch einfacher ist folgende Verfahrensweise: Man geht von einem niedrigen Kalkulationszinsfuß aus, bei dem der Kapitalwert positiv ist. Der Kalkulationszinsfuß wird nun um einen Prozentpunkt erhöht und der Kapitalwert erneut berechnet; dies wird solange wiederholt, bis sich erstmals ein negativer Kapitalwert ergibt. Dann geht man zurück zum letzten Kalkulationszinsfuß, bei dem der Kapitalwert noch positiv war; dieser Kalkulationszinsfuß wird wieder schrittweise erhöht, aber jeweils nur um ein Zehntel eines Prozentpunktes. Ist wieder ein negativer Kapitalwert erreicht, so wird in der gleichen Weise verfahren, nur daß man jetzt vom letzten Kalkulationszinsfuß mit positivem Kapitalwert ausgehend in jedem Schritt um ein Hundertstel eines Prozentpunktes erhöht. In dieser Weise kann eine beliebig genaue Annäherung an den internen Zinsfuß erreicht werden. Es sind verschiedene Varianten des Verfahrens denkbar.

Der mögliche Einwand, daß derartige Verfahren sich nicht durch mathematische Eleganz auszeichnen, ist sachlich richtig, steht aber der praktischen Anwendung nicht entgegen. Schwerwiegender ist der Einwand, daß die beschriebenen Verfahren mit großem Rechenaufwand verbunden sind. Dieser Einwand ist aber nur begründet, wenn man zur Berechnung keine programmierbare Rechenmaschine zur Verfügung hat. Es handelt sich um zwar umfangreiche, aber sich immer in gleicher Form wiederholende und leicht programmierbare Routineberechnungen, die sich schon mit einem programmierbaren Tischrechner in sehr kurzer Rechenzeit bewältigen lassen. Mathematisch elegantere Näherungsverfahren, wie z.B. das von *Boulding* [*Boulding* 1936; *E. Schneider* 1962, S. 12] entwickelte, das weniger Rechenaufwand erfordert, aber keine beliebig genaue Annäherung ermöglicht, haben deswegen an Bedeutung verloren.

1.2.6 Andere Verzinsungsmaßstäbe
a) Die Initialverzinsung

Für Zahlungsreihen, die mit einer Auszahlung beginnen, der später Einzahlungsüberschüsse folgen, kann die Verzinsung während der ersten Periode auch in folgender Weise berechnet werden: Man berechnet zunächst G_1, den Gewinn der ersten Periode, indem man zu dem Einzahlungsüberschuß der ersten Periode die Differenz zwischen dem Kapitalwert zu Beginn der zweiten Periode und der Anfangsauszahlung A_0 addiert; die Differenz kann auch negativ sein. Auf jeden Fall gilt:

$$G_1 = a_1 + \left(\sum_{t=2}^{T} a_t \cdot q^{-(t-1)} - A_0 \right) = \sum_{t=1}^{T} a_t \cdot q^{-(t-1)} - A_0 \qquad (1.2.16)$$

Der Quotient aus G_1 und A_0 sei hier als Initialverzinsung V bezeichnet.

$$V = \frac{G_1}{A_0} = \frac{\sum_{t=1}^{T} a_t \cdot q^{-(t-1)}}{A_0} - 1 \qquad (1.2.17)$$

Während der interne Zinsfuß die Verzinsung des jeweils gebundenen Kapitals während der gesamten Dauer der Zahlungsreihe angibt (vgl. u. S. 36), kann die Initialverzinsung so gedeutet werden, daß sie die Verzinsung des in der ersten Periode eingesetzten Kapitals unter der Voraussetzung angibt, daß das in späteren Perioden noch gebunde Kapital eine Verzinsung in Höhe des Kalkulationszinsfußes erbringt.
Es gelten folgende Beziehungen:
1. Ist die Initialverzinsung größer (kleiner) als der Kalkulationszinsfuß, so ist der Kapitalwert positiv (negativ).
Ist

$$V = \frac{\sum\limits_{t=1}^{T} a_t \cdot q^{-(t-1)}}{A_0} - 1 > i,$$

so folgt:

$$\frac{\sum\limits_{t=1}^{T} a_t \cdot q^{-(t-1)}}{A_0} > q$$

Da A_0 und q positiv sind, kann man beide Seiten der Ungleichung mit A_0/q multiplizieren und erhält:

$$\sum\limits_{t=1}^{T} a_t \cdot q^{-t} > A_0$$

oder

$$K = \sum\limits_{t=1}^{T} a_t \cdot q^{-t} - A_0 > 0$$

Der Beweiß, daß der Kapitalwert negativ wird, wenn V kleiner als i ist, kann in der gleichen Weise geführt werden.
2. Die Initialverzinsung ist umso größer, je größer die Kapitalwertrate ist. Um dies zu beweisen, wird gezeigt, daß V eine monoton steigende Funktion von KR ist:

$$V = \frac{\sum\limits_{t=1}^{T} a_t \cdot q^{-(t-1)}}{A_0} - 1 = q \frac{\sum\limits_{t=1}^{T} a_t \cdot q^{-t}}{A_0} - 1$$

$$= q \frac{\sum\limits_{t=1}^{T} a_t \cdot q^{-t} - A_0 + A_0}{A_0} - 1$$

$$= q \frac{K + A_0}{A_0} - 1 = q \cdot KR + q - 1 = q \cdot KR + i$$

Da q positiv ist, steigt V linear mit KR. Aus dieser Beziehung zwischen Initialverzinsung und Kapitalwertrate folgt, daß von zwei Zahlungsreihen die mit der höheren Kapitalwertrate auch die höhere Initialverzinsung hat und umgekehrt.

3. Sind alle Zahlungen vom Zeitpunkt 1 bis zum Zeitpunkt T positiv, so liegt der interne Zinsfuß zwischen dem Kalkulationszinsfuß und der Initialverzinsung, d.h. es gilt

$\quad i < i^* < V$
oder $\;i > i^* > V$
oder $\;i = i^* = V$

Der Beweis geht von der folgenden Beziehung aus, die ex definitione gilt:

$$\sum_{t=1}^{T} a_t \cdot q^{*-t} - A_0 = 0$$

Hieraus folgt

$$\sum_{t=1}^{T} a_t \cdot q^{*-(t-1)} = A_0 \cdot q^*$$

und weiter

$$\frac{\sum\limits_{t=1}^{T} a_t \cdot q^{*-(t-1)}}{A_0} - 1 = q^* - 1 = i^*$$

Ist nun $i = i^*$, so folgt:

$$\frac{\sum_{t=1}^{T} a_t \cdot q^{*-(t-1)}}{A_0} - 1 = \frac{\sum_{t=1}^{T} a_t \cdot q^{-(t-1)}}{A_0} - 1 = V = i^* = i$$

Ist $a_t \geq 0$ für $t = 1, 2, \ldots, T$, so wird der Ausdruck $\sum_{t=1}^{T} a_t \cdot q^{-t}$ mit wachsendem q kleiner. Wenn i^* größer als i ist, gilt folglich:

$$i^* = \frac{\sum_{t=1}^{T} a_t \cdot q^{*-(t-1)}}{A_0} - 1 < \frac{\sum_{t=1}^{T} a_t \cdot q^{-(t-1)}}{A_0} - 1 = V$$

Also:

$$i < i^* < V$$

In gleicher Weise läßt sich beweisen, daß $i^* > V$ sein muß, wenn $i > i^*$ ist.

b) Der MAPI-Verzinsungssatz

Im Rahmen des von G. *Terborgh* entwickelten MAPI-Verfahrens (MAPI = Machinery and Allied Products Institute) wird zur Ermittlung der Rentabilität von Investitionsprojekten eine Formel vorgeschlagen, die in vereinfachter Form folgendermaßen lautet [*Terborgh*, S. 100]:

Rentabilität =

$$\frac{\text{lfd. Betriebsgewinn des nächsten Jahres} - \text{Kapitalverzehr des nächsten Jahres}}{\text{Investitionsausgaben}}$$

Diese Formel ist gegenüber dem Original insofern vereinfacht, als sie den bei Ersatzinvestitionen vermiedenen Kapitalverzehr alter Anlagen unberücksichtigt läßt, außerdem auch die gewinnabhängigen Steuern. Dies ist jedoch für den hier zu zeigenden grundlegenden Zusammenhang ohne Bedeutung.

Der „laufende Betriebsgewinn des nächsten Jahres" ist als Einzahlungsüberschuß zu verstehen; im Einklang mit der in den vorhergehenden Abschnitten verwandten Schreibweise kann diese Größe mit a_1 bezeichnet werden; ebenso entsprechen die Investitionsausgaben der Größe A_0. Der Kapitalverzehr ist nach *Terborgh* als Differenz zwischen den Investitionsausgaben und dem Kapitalwert am Ende des ersten Jahres zu berechnen. Für den MAPI-Verzinsungssatz (V_{MAPI}) ergibt sich also folgende Formel:

$$V_{MAPI} = \frac{a_1 - (A_0 - \sum_{t=2}^{T} a_t \cdot q^{-(t-1)})}{A_0} \qquad (1.2.18)$$

$$= \frac{\sum_{t=1}^{T} a_t \cdot q^{-(t-1)} - A_0}{A_0} = \frac{\sum_{t=1}^{T} a_t \cdot q^{-(t-1)}}{A_0} - 1$$

Durch Vergleich mit der Formel (1.2.17) erkennt man, daß MAPI-Verzinsungssatz gleich der Initialverzinsung ist:

$$V_{MAPI} = V$$

Allerdings gibt es noch eine andere Interpretationsmöglichkeit der von *Terborgh* angegebenen Formel. *Terborgh* geht nämlich in anderem Zusammenhang (S. 107) davon aus, daß der Kapitalwert des Projekts gleich den Investitionsausgaben ist; dies würde voraussetzen, daß die Abzinsung zukünftiger Zahlungen mit dem internen Zinsfuß des Projekts erfolgt; dies würde auch für die Berechnung des Kapitalverzehrs in der Formel gelten. Dann ergibt sich:

$$V_{MAPI} = \frac{a_1 - (A_0 - \sum_{t=2}^{T} a_t \cdot q^{*-(t-1)})}{A_0}$$

$$= \frac{\sum_{t=1}^{T} a_t \cdot q^{*-(t-1)}}{A_0} - 1 \qquad (1.2.19)$$

Nun ist aber:

$$\sum_{t=1}^{T} a_t \cdot q^{*-t} - A_0 = 0$$

und folglich:

$$\sum_{t=1}^{T} a_t \cdot q^{*-(t-1)} = A_0 \cdot q^*$$

und somit auch:

$$q^* = \frac{\sum_{t=1}^{T} a_t \cdot q^{*-(t-1)}}{A_0}$$

setzt man dies in (1.2.19) ein, so ergibt sich:

$$V_{MAPI} = q^* - 1 = i^*$$

Der MAPI-Verzinsungssatz stimmt bei dieser Interpretation also mit dem internen Zinsfuß überein.

Diese Zusammenhänge bleiben bei *Terborgh* weitgehend ungeklärt; beim MAPI-Verfahren steht im Mittelpunkt eine standardisierte Form der Prognose von Zahlungsreihen. Die grundlegenden theoretischen Zusammenhänge treten dabei in den Hintergrund.

c) Der *Baldwin*-Verzinsungssatz

Eine besondere Berechnungsweise der Verzinsung von Investitionsprojekten ist von *Baldwin* vorgeschlagen worden. Hierbei wird davon ausgegangen, daß die Anfangsausgaben einer Investition nicht nur im Zeitpunkt 0, sondern zum Teil auch noch in späteren Perioden anfallen; allgemein sei A_t ($t = 0, 1, \ldots, T$) die im Zeitpunkt t anfallende Anschaffungsausgabe. Weiter ist die Investition mit laufenden Einzahlungsüberschüssen verbunden, die mit E_t ($t = 1, 2, \ldots, T$) bezeichnet werden. Man berechnet nun den Gegenwartswert der Anschaffungsauszahlungen (G_A) bezogen auf den Zeitpunkt 0 und den Gegenwartswert der laufenden Einzahlungsüberschüsse (G_E) bezogen auf den Zeitpunkt T.

Es gilt also:

$$G_A = \sum_{t=0}^{T} A_t \cdot q^{-t}$$

und

$$G_E = \sum_{t=1}^{T} E_t \cdot q^{T-t}$$

Gesucht wird nun der Zinssatz V_B, bei dem G_A im Laufe von T Jahren auf G_E anwächst:

$$G_A \cdot (1 + V_B)^T = G_E$$

daraus ergibt sich:

$$V_B = \sqrt[T]{\frac{G_E}{G_A}} - 1 \tag{1.2.20}$$

Der Verzinsungssatz V_B hat folgende Eigenschaft: Der Kapitalwert des Investition ist genau dann positiv (negativ), wenn V_B größer (kleiner) als der Kalkulationszinsfuß ist. Zum Beweis sei zunächst die Formel für den Kapitalwert angegeben. Es gilt:

$$K = \sum_{t=1}^{T} (E_t - A_t) \cdot q^{-t} - A_0$$

$$= \sum_{t=1}^{T} E_t \cdot q^{-t} - \sum_{t=0}^{T} A_t \cdot q^{-t}$$

$$= G_E \cdot q^{-T} - G_A$$

Wenn V_B größer als der Kalkulationszinsfuß ist, gilt auch:

$$1 + V_B > q$$

Daraus folgt aber auch:

$$G_E \cdot q^{-T} > G_E (1 + V_B)^{-T}$$

Somit gilt:

$$K = G_E \cdot q^{-T} - G_A > G_E (1 + V_B)^{-T} - G_A = 0$$

In gleicher Weise läßt sich zeigen, daß der Kapitalwert negativ wird, wenn V_B kleiner als der Kalkulationszinsfuß ist, ebenso auch, daß bei Übereinstimmung von V_B mit dem Kalkulationszinsfuß der Kapitalwert gleich Null ist.

Wenn die Investition nur mit einer Anschaffungsauszahlung A_0 im Zeitpunkt Null verbunden ist, gilt folgende Beziehung: Bei gegebener Lebensdauer T ist die Verzinsungsrate V_B umso höher, je höher die Kapitalwertrate ist. Wenn man also eine Menge von Investitionsprojekten gleicher Lebensdauer nach der Höhe des Verzinsungssatzes V_B ordnet, gelangt man zur gleichen Rei-

Grundbegriffe der Investitionstheorie

henfolge wie bei Ordnung nach der Höhe der Kapitalwertrate; zugleich stimmt, wie bereits an anderer Stelle gezeigt wurde, diese Reihenfolge mit der überein, die sich bei Verwendung der Initialverzinsung als Reihungskriterium ergibt. Hat man allerdings Projekte unterschiedlicher Lebensdauer, so kann der Verzinsungssatz V_B zu einer anderen Reihenfolge führen als der, die sich aufgrund von Kapitalwertrate oder Initialverzinsung ergibt.

Zum Beweis ist von den Formeln für Kapitalwert und Kapitalwertrate auszugehen. Im vorliegenden Fall ist $G_A = A_0$ und folglich:

$$K = G_E \cdot q^{-T} - A_0$$

und

$$KR = \frac{G_E \cdot q^{-T} - A_0}{A_0} = \frac{G_E \cdot q^{-T}}{A_0} - 1$$

Die Formel (1.2.20) kann nun in folgender Weise umgeformt werden:

$$V_B = \sqrt[T]{\frac{G_E}{G_A}} - 1 = \sqrt[T]{\frac{G_E \cdot q^{-T}}{A_0} \cdot q^T} - 1 = q \cdot \sqrt[T]{\frac{G_E \cdot q^{-T}}{A_0} - 1 + 1} - 1$$

$$= q \cdot \sqrt[T]{KR + 1} - 1$$

Hieraus ist zu ersehen, daß V_B bei gegebenem T eine monoton steigende Funktion von KR ist.

1.2.7 Die Amortisationsdauer

Die Zahlungsreihe eines Investitionsprojekts ist normalerweise dadurch charakterisiert, daß eine Reihe von Einzahlungen auf eine Reihe von Auszahlungen folgt. Man kann nun fragen, bis zu welchem Zeitpunkt die Zahlungsreihe mindestens realisiert werden muß, damit sich ein nichtnegativer Kapitalwert ergibt. Man sucht also einen Zeitpunkt t^0, für den gilt:

$$\sum_{t=0}^{t^0} a_t q^{-t} \geqslant 0 \text{ und } \sum_{t=0}^{t^0-1} a_t q^{-t} < 0 \qquad (1.2.21)$$

Entsprechend läßt sich t^0 für einen kontinuierlichen Zahlungsstrom definieren:

$$\int_0^{t^0} a(t) e^{-r \cdot t} \, dt = 0 \tag{1.2.22}$$

Die Zeitspanne 0 bis t^0 wird als Amortisationsdauer des Investitionsprojekts bezeichnet. Gibt es ein $t^0 < T$, so ist der Kapitalwert der Zahlungsreihe positiv. Dies folgt aus der Voraussetzung, daß zunächst nur Auszahlungen und später nur noch Einzahlungen erfolgen.

Eine vereinfachte Formel für die Amortisationsdauer ergibt sich, wenn nur eine Auszahlung im Zeitpunkt 0 stattfindet, der in späteren Zeitpunkten Einzahlungen in gleichbleibender Höhe folgen. Es gelte also $a_0 < 0$ und $a_t = a > 0$ ($t = 1, 2, \ldots, T$).

$R(t)$ sei der nachschüssige Rentenbarwertfaktor für eine t-periodige Rente.

$$R(t) = \frac{q^t - 1}{q^t (q - 1)}$$

Dann ist $a_0 + a R(t^0) \geq 0$ und $a_0 + a R(t^0 - 1) < 0$
Hieraus folgt: $R(t^0) \geq -a_0/a$ und $R(t^0 - 1) < -a_0/a$

Mit Hilfe einer finanzmathematischen Tabelle läßt sich t^0 dann leicht bestimmen. Man sucht den kleinsten Rentenbarwertfaktor, der größer oder gleich dem Quotienten $-a_0/a$ ist. Das zugehörige t gibt die Amortisationsdauer an.

Bei praktischen Investionsrechnungen wird gelegentlich auch der Quotient $-a_0/a$ als Amortisationsdauer bezeichnet. Dieser Quotient gibt an, nach wieviel Perioden die Einzahlungen die Anfangsauszahlung gerade kompensiert haben. Diese Größe ist jedoch wenig aussagefähig, weil sie die Verzinsung völlig unberücksichtigt läßt.

Eine brauchbare Faustformel für die Amortisationsdauer erhält man aufgrund der Überlegung, daß aus der Einzahlung a die Tilgung und die Verzinsung der Auszahlung a_0 bestritten werden muß. Nimmt man vereinfachend an, daß der Zins von dem durchschnittlich gebundenen Kapital von $-a_0/2$ zu berechnen ist, so verbleibt für Tilgung der Betrag $a + (a_0/2) i$. Für die Amortisationsdauer ergibt sich die Näherungsformel:

$$t^0 \approx \frac{-a_0}{a + \frac{a_0}{2} \cdot i}$$

Ergänzende und vertiefende Literatur zum Abschnitt 1.2:
Kilger 1965b
E. Schneider 1962, I. Kapitel und Anhang I

2. Investitionsentscheidungen bei gegebenem Kalkulationszinsfuß

2.1 Die Entscheidung über ein einzelnes Investitionsprojekt

2.1.1 Entscheidung auf der Grundlage des Kapitalwerts

Die einfachste Investitionsentscheidung ist die über Annahme oder Ablehnung eines Investitionsprojekts. Dieses Problem soll zunächst unter der Voraussetzung eines Kapitalmarktes behandelt werden, auf dem zu einem einheitlichen Zinsfuß beliebige Kredite gegeben und aufgenommen werden können. Unter dieser Voraussetzung kann nun folgende allgemeine Entscheidungsregel aufgestellt werden:

Eine Aktion, die eine Zahlungsreihe auslöst, ist dann und nur dann vorteilhaft, wenn der mit Hilfe des Marktzinsfußes berechnete Kapitalwert der Zahlungsreihe, bezogen auf einen Zeitpunkt vor der ersten Zahlung, positiv ist.

Der Beweis ist leicht zu erbringen. Mit P sei die Menge der Indizes der positiven Glieder der Zahlungsreihe $a_0, a_1, \ldots, a_T$, der Einzahlungen also, bezeichnet, mit N die Menge der Indizes der negativen Glieder, der Auszahlungen also. Findet nun im Zeitpunkt t eine Einzahlung a_t statt, so kann man im Zeitpunkt 0 einen Kredit in Höhe von $a_t \cdot q^{-t}$ aufnehmen und diesen im Zeitpunkt t mit Zinseszinsen tilgen; die Einzahlung a_t reicht hierzu gerade aus. Verfährt man hinsichtlich aller Einzahlungen in der gleichen Weise, so wird im Zeitpunkt 0 ein Kredit in Höhe von $\sum_{t \in P} a_t q^{-t}$ aufgenommen. Erfolgt im Zeitpunkt t eine Auszahlung a_t, so kann man im Zeitpunkt 0 den Betrag $-a_t q^{-t}$ ausleihen und aus dem um Zinseszinsen vermehrten Betrag die im Zeitpunkt t fällige Auszahlung bestreiten. Wird hinsichtlich aller Auszahlungen so verfahren, so wird im Zeitpunkt 0 der Betrag $\sum_{t \in N} -a_t q^{-t}$ ausgeliehen. Durch diese Aufnahme und Vergabe von Krediten wird erreicht, daß die Zahlungsreihe $a_0, a_1, \ldots, a_T$ durch andere Zahlungen völlig ausgeglichen wird, praktisch also verschwindet. Ob man durch die Aktion, durch die die Zahlungsreihe ausgelöst wurde, seine Position verbessert hat, hängt jetzt nur noch davon ab, ob im Zeitpunkt 0 die Summe der aufgenommenen Kredite größer ist als die Summe der vergebenen Kredite. Die Aktion hat einen Vorteil gebracht, wenn

$$\sum_{t \in P} a_t q^{-t} > \sum_{t \in N} -a_t q^{-t} \text{ oder } \sum_{t=0}^{T} a_t q^{-t} > 0 \text{ ist,}$$

wenn also die Zahlungsreihe einen positiven Kapitalwert hat.

Wäre hingegen der Kapitalwert negativ, dann wäre

$$\sum_{t \in P} a_t q^{-t} < \sum_{t \in N} -a_t q^{-t}$$

Man könnte dann auf die Aktion verzichten und die Zahlungsreihe $a_0, a_1 \ldots a_T$ durch Vergabe und Aufnahme von Krediten erhalten. Eine Einzahlung a_t im Zeitpunkt t wäre durch Ausleihen des Betrages $a_t \cdot q^{-t}$ im Zeitpunkt 0 zu erzielen, eine Auszahlung durch Kreditaufnahme in Höhe von $-a_t \cdot q^{-t}$. Die insgesamt aufgenommenen Kredite $\sum_{t \in N} -a_t q^{-t}$ wären annahmegemäß größer als die insgesamt vergegebenen Kredite $\sum_{t \in P} a_t q^{-t}$. Man hätte also die gleiche Zahlungsreihe erzielt wie mit Hilfe der zu beurteilenden Aktion, zusätzlich aber noch im Zeitpunkt 0 eine Mehreinzahlung in Höhe des negativen Kapitalwertes der Zahlungsreihe. Daß eine Aktion, deren Zahlungsreihe einen Kapitalwert von 0 hat, die Position weder verbessert noch verschlechtert, ist in derselben Weise nachzuweisen.

Es ergibt sich also, daß ein positiver Kapitalwert notwendige und hinreichende Bedingung dafür ist, daß eine Aktion vorteilhafte Konsequenzen hat. Diese Feststellung gilt unabhängig von der Struktur der Zahlungsreihe, für Investitionsprojekte ebenso wie für Finanzierungsmaßnahmen.

Geht man von dem Spezialfall eines Investitionsprojekts aus, bei dem einer Auszahlung im Zeitpunkt 0 Einzahlungen in allen späteren Zeitpunkten folgen, so ergibt sich eine besonders anschauliche Deutung des Kapitalwertes. Der Kapitalwert ist in diesem Fall der Betrag, der zusätzlich zu der Anfangsauszahlung a_0 aus den späteren Einzahlungsüberschüssen getilgt und verzinst werden kann.

Beispiel: Ein Investitionsprojekt sei mit der folgenden Zahlungsreihe verbunden:

$$a_0 = -100, a_1 = 50, a_2 = 40, a_3 = 30, a_4 = 20, a_5 = 10$$

Bei einem Kalkulationszinsfuß von 6 % liegt der Kapitalwert bei 31,27. Man kann nun im Zeitpunkt 0 einen Kredit in Höhe von 131,27 aufnehmen und folgenden Tilgungsplan aufstellen:

Periode (t)	Kapital während der Periode $(C_{t+1} = C_t - S_t)$	am Ende der Periode fällige Zinsen $(Z_t = C_t \cdot 0{,}06)$	Tilgung am Ende der Periode $(S_t = a_t - Z_t)$
1	131,27	7,88	42,12
2	89,15	5,35	34,65
3	54,50	3,27	26,73
4	27,77	1,67	18,33
5	9,44	0,56	9,44

Da die Anfangsauszahlung von 100 eine Zahlungsreihe auslöst, mit deren Hilfe ein Kredit von 131,27 getilgt und verzinst werden kann, ist der Kapitalwert von 31,27 eine im Zeitpunkt 0 realisierbare Vermögensmehrung.

Die bisherigen Überlegungen führten zu dem Ergebnis: Ein Investitionsprojekt ist anzunehmen, wenn sein Kapitalwert positiv ist; es ist abzulehnen, wenn sein Kapitalwert negativ ist. Diese Grundregel wurde hier unter der Voraussetzung eines vollkommenen Kapitalmarktes abgeleitet. Daraus ist jedoch nicht zu schließen, daß sie nur unter dieser Voraussetzung Gültigkeit hat. Im Abschnitt 3.3 dieses Buches findet sich der Beweis dafür, daß sie viel allgemeingültiger ist. Wenn im folgenden aus dieser Grundregel weitere Folgerungen gezogen werden, so gelten diese also ebenfalls nicht nur unter der realitätsfernen Voraussetzung des vollkommenen Kapitalmarktes.

2.1.2 Entscheidung aufgrund der äquivalenten Annuität

Ist der Kapitalwert einer Investition positiv, so ist auch die äquivalente Annuität größer als 0. Das folgt daraus, daß der Annuitätenfaktor immer positiv ist. Somit läßt sich die Regel aufstellen, daß eine Investition dann und nur dann vorteilhaft ist, wenn die der zugehörigen Zahlungsreihe äquivalente Annuität positiv ist.

Bei einem Investitionsprojekt, das mit einer Anfangsauszahlung und Einzahlungen zu allen späteren Zeitpunkten verbunden ist, läßt sich die äquivalente Annuität auch wie folgt deuten: Die äquivalente Annuität ist der Betrag, um den in jeder Periode die Einzahlungen den zur Tilgung und Verzinsung der Anfangsauszahlung benötigten Betrag übersteigen.

Dies sei am Beispiel der Zahlungsreihe

$$a_0 = -100, a_1 = 50, a_2 = 40, a_3 = 30, a_4 = 20, a_5 = 10$$

gezeigt. Bei einem Zinsfuß von 6 % beträgt die äquivalente Annuität 7,42. Folgender Tilgungsplan läßt sich aufstellen:

Periode (t)	Kapital während der Periode $(C_{t+1} = C_t - S_t)$	am Ende der Periode fällige Zinsen $(Z_t = C_t \cdot 0{,}06)$	Tilgung am Ende der Periode $(S_t = a_t - Z_t - g)$	Annuität (g)
1	100	6	36,58	7,42
2	63,42	3,81	28,77	7,42
3	34,65	2,08	20,50	7,42
4	14,15	0,85	11,73	7,42
5	2,42	0,14	2,42	7,42

Die Annuität erscheint hier als mittlerer Überschuß der Einzahlungen über Tilgung und Zinsen. Eine derartige Größe ist anschaulicher und wohl auch dem Denken der Praxis näher als der meist als sehr abstrakte Größe empfundene Kapitalwert.

2.1.3 Entscheidung aufgrund des internen Zinsfußes

Der interne Zinsfuß kann als kritischer Wert aufgefaßt werden; wenn der Kalkulationszinsfuß diese kritische Grenze über- oder unterschreitet, wird der Kapitalwert positiv oder negativ.

Für Investitionsprojekte, bei denen eine Reihe von Einzahlungen auf eine Reihe von Auszahlungen folgt, wurde nachgewiesen, daß sie einen positiven Kapitalwert haben, wenn ihr interner Zinsfuß größer als der Kalkulationszinsfuß ist. Daraus folgt die Regel: Ein Investitionsprojekt ist vorteilhaft, wenn sein interner Zinsfuß größer als der Kalkulationszinsfuß ist. Für Finanzierungsmaßnahmen gilt hingegen, daß die zugehörige Zahlungsreihe einen positiven Kapitalwert hat, wenn ihr interner Zinsfuß kleiner als der Kalkulationszinsfuß ist. Veranschaulichen läßt sich die Bedeutung des internen Zinsfußes eines Investitionsprojekts durch folgende Überlegung: Der interne Zinsfuß gibt an, welche Verzinsung man für das jeweils gebundene Kapital erzielt. [Vgl. hierzu auch *Matsuda* 1969 und *Matsuda* 1973]. Das gebundene Kapital ist hierbei zunächst gleich der Anfangsauszahlung; es vermindert sich in jeder Periode um den Überschuß der Einzahlung über die erzielte Verzinsung. Der interne Zinsfuß der Zahlungsreihe $a_0 = -100$, $a_1 = 50$, $a_2 = 40$, $a_3 = 30$, $a_4 = 20$, $a_5 = 10$ liegt bei 20,3 %. Es ergibt sich folgende Entwicklung:

Periode (t)	Gebundenes Kapital während der Periode $C_{t+1} = C_t - S_t$	Zinsen auf das gebundene Kapital $Z_t = C_t \cdot 0{,}203$	Kapitalfreisetzung $S_t = a_t - Z_t$
1	100	20,3	29,7
2	70,3	14,2	25,8
3	44,5	9,0	21,0
4	23,5	4,8	15,2
5	8,3	1,7	8,3

Grundsätzlich kann man sich also bei der Entscheidung auf den internen Zinsfuß ebenso stützen wie auf den Kapitalwert. Allerdings ist eine Entscheidungsregel, die den internen Zinsfuß zugrunde legt, insofern weniger allgemeingültig als die Kapitalwertregel, als sie nur für Investitionsprojekte und Finanzierungsmaßnahmen gilt, die genau einen internen Zinsfuß im relevanten Bereich haben. Vor allem lassen sich Zahlungsreihen, in denen Ein- und Auszahlungen mehrfach abwechseln, nur schlecht mit Hilfe des internen Zinsfußes beurteilen. Derartige Zahlungsreihen kommen auch bei Investitionsentscheidungen vor. Ein häufig zitiertes Beispiel ist der Braunkohlen-Tagebau. Am Anfang stehen hier Auszahlungen für die Erschließung des Vorkommens; es erfolgen Einzahlungsüberschüsse während des Abbaus, und am Schluß erfolgen wieder Auszahlungen für die Rekultivierung des Geländes. Zur Beurteilung derartiger Investitionsprojekte ist der Kapitalwert besser geeignet als der interne Zinsfuß. Es läßt sich nachweisen, daß man bei Investitionsprojekten dieses Typs mit dem internen Zinsfuß nur arbeiten kann, wenn man zusätzlich Annahmen über die Verzinsung zwischenzeitlich angelegter Beträge macht [*Kilger* 1965b; *Teichroew, Robichek, Montalbano* 1965a].

Die Entscheidungsregel, daß Investitionsprojekte dann vorteilhaft sind, wenn die Verzinsung des investierten Kapitals den Kalkulationszinsfuß übersteigt, gilt im übrigen nicht nur, wenn der interne Zinsfuß als Maßstab der Verzinsung dient. Sie gilt für alle Verzinsungsmaßstäbe, die die Eigenschaft haben, daß der Kapitalwert genau dann positiv (negativ) ist, wenn die Verzinsung über (unter) dem Kalkulationszinsfuß liegt. Diese Eigenschaft haben z.B., wie in Abschnitt 1.2.6 gezeigt wurde, die Initialverzinsung und der *Baldwin*-Verzinsungssatz.

2.1.4 Entscheidung aufgrund der Amortisationsdauer

Die Amortisationsdauer ist ebenso wie der interne Zinsfuß ein kritischer Wert. Sie gibt an, bis zu welchem Zeitpunkt das Investitionsprojekt die vorgesehenen Einzahlungen mindestens einbringen muß, damit sich noch ein nichtnegativer Kapitalwert ergibt. Man erhält somit eine Entscheidungsregel, die vor allem dann zweckmäßig ist, wenn man nicht genau weiß, wie lange eine Einzahlungsreihe anhalten wird. Es genügt dann die Feststellung, daß die Einzahlungen mindestens bis zum Ende der Amortisationsdauer eingehen werden. Ist dies der Fall, so kennt man zwar noch nicht die genaue Höhe des Kapitalwertes, weiß aber, daß er positiv ist. Für die Entscheidung reicht dies aus.

Nicht richtig ist hingegen die bei praktischen Investitionsentscheidungen gelegentlich angewandte Regel, daß nur solche Projekte zu akzeptieren sind, deren Amortisationsdauer ein vorgegebenes Maximum nicht übersteigt [*Terborgh*, S. 62]. Diese maximal zulässige Amortisationsdauer kann nur willkürlich bestimmt werden. Vor allem aber führt diese Regel dazu, daß Projekte, die sehr vorteilhaft sind, aber erst nach längerer Zeit hohe Einzahlungen einbringen, stets abgelehnt werden. Eine weitsichtige Investitionspolitik wird mit einer derartigen Regel nicht betrieben.

Wenn man überhaupt bei betrieblichen Investitionsentscheidungen mit einer maximal zulässigen Amortisationsdauer arbeitet, dann sollte dies nur in der Weise geschehen, daß die Entscheidung über Projekte, deren Amortisationsdauer das Maximum überschreitet, höheren Instanzen der betrieblichen Hierarchie vorbehalten wird. Dies wäre aber keine Entscheidungsregel für die Annahme oder Ablehnung von Investitionsprojekten, sondern eine organisatorische Regelung zur Kompetenzabgrenzung.

Ergänzende und vertiefende Literatur zum Abschnitt 2.1:
E. Schneider 1962, II. Kapitel § 2

2.2 Die Wahl zwischen zwei oder mehr einander ausschließenden Investitionsprojekten

2.2.1 Zur Charakteristik des Entscheidungsproblems
Die Wahl zwischen zwei oder mehr einander ausschließenden Investitionsprojekten ist der zweite Grundtyp der Investitionsentscheidung. Hierbei ist nicht an den Fall gedacht, daß die Investitionsprojekte sich gegenseitig ausschließen, weil nur eines von ihnen finanziert werden kann. Unter der Voraussetzung des vollkommenen Kapitalmarktes kann dieser Fall gar nicht eintreten. Aber auch unter wirklichkeitsnäheren Voraussetzungen stellt sich das Problem in der Regel nicht in so einfacher Form. Wenn die Finanzierungsmöglichkeiten beschränkt sind, geht es vielmehr darum, aus der Menge der möglichen Projekte unter Berücksichtigung gegebener Restriktionen ein optimales Investitionsprogramm zusammenzustellen. Dabei handelt es sich bereits um eine Entscheidung des dritten Grundtyps, der Gegenstand des Abschnitts 3 dieses Buches ist.

Hier geht es also nur um die Wahl zwischen Projekten, die sich aus anderen als finanzwirtschaftlichen Gründen gegenseitig ausschließen. Der häufigste Fall dieser Art dürfte sein, daß zwischen verschiedenen Anlagen, die alle für die Erfüllung derselben technischen Funktion in Frage kommen, zu wählen ist. Allgemein geht es bei dem zweiten Grundtyp der Investitionsentscheidung um die Wahl zwischen Projekten, die in der Weise voneinander abhängig sind, daß unabhängig von der Finanzierung immer nur die Zahlungsreihe eines der Projekte realisiert werden kann.

Daß Projekte sich gegenseitig ausschließen, kann somit als Spezialfall gegenseitiger Abhängigkeit aufgefaßt werden. Man sagt, daß ein Projekt von einem anderen abhängig ist, wenn seine Zahlungsreihe davon abhängt, ob das andere durchgeführt wird oder nicht. Die Abhängigkeit kann gegenseitig bestehen oder nur einseitig sein. Bei einer komplementären Beziehung wird die Zahlungsreihe eines Projekts durch die Durchführung des anderen günstig beeinflußt, bei einer substitutionalen Beziehung ungünstig. Der Extremfall der Komplementarität ist, daß die Projekte nur gemeinsam durchgeführt werden können; sie können dann als Teile eines Projektes aufgefaßt werden. Der Extremfall der Substitutionalität ist, daß die Projekte sich gegenseitig ausschließen.

Die Entscheidung über Projekte, zwischen denen Abhängigkeitsbeziehungen bestehen, läßt sich auf die Wahl zwischen einander ausschließenden Projektkombinationen zurückführen. Besteht z.B. gegenseitige Abhängigkeit zwischen zwei Projekten A und B, so hat man die Wahl zwischen vier sich gegenseitig ausschließenden Aktionen, nämlich Verzicht auf beide Projekte, Durchführung nur von Projekt A, Durchführung nur von Projekt B und Durchführung beider Projekte. Die hier abzuleitenden Regeln für die Wahl zwischen einander ausschließenden Projekten können dann auf dieses Entscheidungsproblem Anwendung finden. Gibt es mehr als zwei Projekte, die voneinander abhängig sind, so ändert sich gegenüber dem Fall von zwei Projekten grundsätzlich nichts. Nur die Zahl der einander ausschließenden Projektkombinationen wird größer. Sie kann so groß werden, daß eine vollständige Enumeration praktisch ausgeschlossen ist und spezielle Suchverfahren benötigt werden, um das Optimum zu finden. Die Grundprinzipien der Auswahl bleiben davon jedoch unberührt.

2.2.2 Entscheidung aufgrund des Kapitalwertes

Die Wahl zwischen zwei einander ausschließenden Investitionsprojekten kann wieder auf den bereits behandelten Fall der Entscheidung über ein einzelnes Projekt zurückgeführt werden. Hierzu muß zunächst der Begriff der Differenzinvestition eingeführt werden.

Sind A und B zwei Investitionsprojekte mit den Zahlungsreihen $a_{A0}, a_{A1}, \ldots, a_{AT}$ und $a_{B0}, a_{B1}, \ldots, a_{BT}$, so bezeichnet man die Zahlungsreihe $a_{A0} - a_{B0}, a_{A1} - a_{B1}, \ldots, a_{AT} - a_{BT}$ als die Differenzinvestition (A−B). Es gilt: Der Kapitalwert der Differenzinvestition (A−B) ist gleich der Differenz der Kapitalwerte der Investitionsprojekte A und B.

$$\sum_{t=0}^{T} (a_{At} - a_{Bt}) q^{-t} = \sum_{t=0}^{T} a_{At} q^{-t} - \sum_{t=0}^{T} a_{Bt} q^{-t}$$

Daraus folgt, daß der Kapitalwert der Differenzinvestition (A−B) gleich dem Kapitalwert der Differenzinvestition (B−A) mit umgekehrtem Vorzeichen ist. Daraus ergibt sich weiter, daß die beiden Differenzinvestitionen die gleichen internen Zinsfüße haben.

Man kann nun zunächst Projekt A unberücksichtigt lassen und nur prüfen, ob Projekt B akzeptabel ist, ob es also einen positiven Kapitalwert hat. Ist dies der Fall, so ist als nächstes festzustellen, ob es sich lohnt, A statt B durchzuführen. Die Ersetzung von B durch A ist eine Aktion, die eine bestimmte Zahlungsreihe auslöst, und zwar die Differenzinvestition. Ob diese Aktion vorteilhaft ist, hängt somit vom Kapitalwert der Differenzinvestition ab. Ist er positiv, dann ist es vorteilhaft, auf B zu verzichten und A durchzuführen.

Ein positiver Kapitalwert der Differenzinvestition (A−B) zeigt an, daß der Kapitalwert von A größer als der von B ist. Wenn man aber davon ausgeht, daß ein Investitionsprojekt genau dann vorteilhaft ist, wenn es einen positiven Kapitalwert hat, dann folgt daraus, daß von zwei einander ausschließenden Investitionsprojekten das mit dem höheren Kapitalwert vorzuziehen ist. Daraus ergibt sich allgemein, daß bei einer Menge sich gegenseitig ausschließender Projekte das mit dem größten Kapitalwert jedem anderen vorzuziehen ist. Noch allgemeiner kann man sagen: Die Auswahl aus einer Menge einander ausschließender Aktionsmöglichkeiten ist so zu treffen, daß der Kapitalwert der entstehenden Zahlungsreihe maximiert wird.

Steht bereits fest, daß auf jeden Fall eines der sich gegenseitig ausschließenden Projekte durchgeführt wird, geht es also nur darum, welches ausgewählt wird, so kann man sich bei der Entscheidung auf die Betrachtung der Differenzinvestition beschränken, da sie eindeutig angibt, welches Projekt den höheren Kapitalwert hat. Der Entscheidungskalkül wird dadurch oft erheblich vereinfacht, weil man sich darauf beschränken kann, die Ein- und Auszahlungen zu betrachten, hinsichtlich deren die Projekte sich voneinander unterscheiden. Ein- und Auszahlungen, die unabhängig vom gewählten Projekt stets in derselben Höhe anfallen, können unberücksichtigt bleiben.

Sehr häufig kommt es vor, daß die Projekte sich nur in ihren Auszahlungen voneinander unterscheiden. Das ist z.B. der Fall, wenn zwischen verschiedenen Produktionsverfahren mit unterschiedlichen Kosten zu wählen ist, die die Erlösseite nicht berühren. Der Kapitalwert der Differenzinvestition ist dann gleich der Differenz der negativen Kapitalwerte der Auszahlungsreihen. Das günstigste Projekt ist dasjenige, dessen Auszahlungsreihe den niedrigsten Kapitalwert hat. Allgemein gesagt: Die Auswahl aus einer Menge einander ausschließender Aktionsmöglichkeiten ist so zu treffen, daß der Kapitalwert der entstehenden Auszahlungsreihe minimiert wird.

Beschränkt man sich auf die Betrachtung der Differenzinvestition, so besteht allerdings die Gefahr, daß übersehen wird, daß keines der zur Wahl stehenden Projekte vorteilhaft ist [*Terborgh*, S. 73]. Man läßt sich möglicherweise durch den hohen Kapitalwert der Differenzinvestition (A−B) täuschen und nimmt an, A sei ein äußerst vorteilhaftes Projekt. A kann trotzdem eine

Fehlinvestition sein; der hohe Kapitalwert der Differenzinvestition zeigt nur an, daß B noch schlechter als A ist. Am besten würde man weder A noch B durchführen. Man kann für jedes Projekt eine Differenzinvestition mit hohem Kapitalwert erhalten, wenn man es nur mit einer hinreichend schlechten Alternative vergleicht. *Terborgh* [S. 79] bemerkt zu diesem Verfahren treffend: ,,Man soll sich nicht eingraben, nur wegen des Vergnügens, wieder aus dem Loch herauszukommen."

2.2.3 Entscheidung aufgrund der äquivalenten Annuitäten

Die Wahl zwischen einander ausschließenden Investitionsprojekten kann auf Grund ihrer äquivalenten Annuitäten ebenso getroffen werden, wie auf Grund ihrer Kapitalwerte, vorausgesetzt, daß es sich um Annuitäten gleicher Dauer handelt. Man erhält dann die äquivalenten Annuitäten durch Multiplikation beider Kapitalwerte mit dem gleichen Annuitätenfaktor. Da dieser stets positiv ist, hat das Projekt mit dem größeren Kapitalwert auch die größere äquivalente Annuität.

Dies gilt nicht notwendig, wenn die Annuitäten unterschiedliche Dauer haben; es ist jedoch einleuchtend, daß Annuitäten unterschiedlicher Dauer nicht unmittelbar miteinander vergleichbar sind [*Kruschwitz* 1985].

2.2.4 Entscheidung aufgrund des internen Zinsfußes

Die Regel, aus der Menge der sich gegenseitig ausschließenden Projekte stets dasjenige mit dem höchsten internen Zinsfuß zu wählen, führt, wie bereits gezeigt wurde, nicht immer zum selben Ergebnis wie die Auswahl aufgrund des Kapitalwertes. In dieser Weise kann man sich also nicht des internen Zinsfußes bedienen.

Wenn bei der Wahl zwischen zwei einander ausschließenden Projekten ein interner Zinsfuß zugrunde gelegt werden soll, dann kann dies allenfalls derjenige der Differenzinvestition sein. Ist die Differenzinvestition (A−B) derart beschaffen, daß eine Reihe positiver Glieder auf eine Reihe negativer Glieder folgt, so ist ihr Kapitalwert genau dann positiv, wenn ihr interner Zinsfuß über dem Kalkulationszinsfuß liegt. In diesem Fall gilt die Regel, daß A genau dann besser ist als B, wenn der interne Zinsfuß der Differenzinvestition größer als der Kalkulationszinsfuß ist. Diese Regel ist jedoch nicht anwendbar, wenn die Differenzinvestition eine andere Folge negativer und positiver Glieder aufweist als angenommen wurde.

Das Verfahren soll an einem Zahlenbeispiel dargestellt werden, das bereits im Abschnitt 1.2.5 behandelt wurde. Zu wählen ist zwischen zwei Projekten, A und B, mit folgenden Zahlungsreihen:

$a_{A0} = -100, a_{A1} = 5, a_{A2} = 10, a_{A3} = 15, a_{A4} = 80, a_{A5} = 150$

$a_{B0} = -100, a_{B1} = 80, a_{B2} = 45, a_{B3} = 16, a_{B4} = 8, a_{B5} = 6,5$

Für die Differenzinvestition (A−B) ergibt sich hieraus:

$a_{(A-B)0} = 0, a_{(A-B)1} = -75, a_{(A-B)2} = -35, a_{(A-B)3} = -1, a_{(A-B)4} = 72,$

$a_{(A-B)5} = 143,5$

Bei dem Kalkulationszinsfuß 10 % ergeben sich die Kapitalwerte 71,86 für A, 31,44 für B und 40,42 für (A−B). A ist also vorzuziehen.

Der interne Zinsfuß von (A−B) liegt bei 22 %. Da (A−B) aus drei negativen und zwei darauf folgenden positiven Gliedern besteht, läßt sich die Wahl zugunsten von A auch aufgrund der Tatsache treffen, daß dieser interne Zinsfuß über dem Kalkulationszinsfuß von 10 % liegt.

Der interne Zinsfuß von A liegt mit 25 % unter dem von B mit 30 %. Daß die Wahl trotzdem auf A fällt, mag zunächst überraschen. Es wird aber verständlich, wenn man A als Kombination von B mit der Differenzinvestition (A−B) auffaßt. Es geht nur darum, ob B allein oder kombiniert mit der Differenzinvestition durchgeführt wird. Der interne Zinsfuß von (A−B) ist kleiner als der von B. Die Kombination der beiden, A also, hat einen internen Zinsfuß, der zwischen dem von (A−B) und dem von B liegt. Daß (A−B) einen kleineren Zinsfuß hat als B, ist jedoch kein hinreichender Grund, auf (A−B) zu verzichten. Maßgeblich ist vielmehr, daß der interne Zinsfuß von (A−B) über dem Kalkulationszinsfuß liegt. Die Wahl von B würde bedeuten, daß man auf die Möglichkeit verzichtet, seine Position mit Hilfe der Differenzinvestition zu verbessern.

Die Grenze des beschriebenen Verfahrens wird deutlich, wenn man von dem Projekt A ausgeht und anhand der Differenzinvestition (B−A) festzustellen versucht, ob B besser als A ist oder nicht. Der interne Zinsfuß von (B−A) ist gleich dem von (A−B), also größer als der Kalkulationszinsfuß. Daraus ist aber nicht zu schließen, daß B besser als A ist. (B−A) ist nämlich keine Zahlungsreihe des Typs, bei dem der Kapitalwert genau dann positiv ist, wenn der Kalkulationszinsfuß unter dem internen Zinsfuß liegt. Der interne Zinsfuß von (B−A) ist 22 %; beim Kalkulationszinsfuß 10 % ist der Kapitalwert jedoch gleich −40,42.

Bei der Bildung der Differenzinvestition ist also darauf zu achten, daß in der sich ergebenden Zahlungsreihe eine Folge negativer Glieder vor einer Folge positiver Glieder liegt. Es kann allerdings vorkommen, daß sich bei beiden möglichen Differenzinvestitionen mehr als ein Vorzeichenwechsel in der Zahlungsreihe ergibt. Dann versagt das hier geschilderte Verfahren.

Es zeigt sich also, daß man sich unter bestimmten Voraussetzungen auch bei der Wahl zwischen einander ausschließenden Projekten auf den internen Zinsfuß stützen kann. Durch die gedankliche Hilfskonstruktion der Differenzinvestition gelingt es, das Entscheidungsproblem der Wahl zwischen zwei einander ausschließenden Investitionsprojekten auf den einfacheren Fall der Entscheidung über Annahme und Ablehnung einzelner Investitionsprojekte zurückzuführen: Die Wahl zwischen zwei Projekten kann als Entscheidung über Annahme oder Ablehnung der Differenzinvestition aufgefaßt werden. Diese Entscheidung kann, wenn die Differenzinvestition mit negativen Zahlungen beginnt und nur einen Vorzeichenwechsel aufweist, gemäß der in Abschnitt 2.1.3 angegebenen Regel aufgrund des internen Zinsfußes getroffen werden, ebenso übrigens auch aufgrund eines anderen Verzinsungsmaßstabes wie der Initialverzinsung oder des *Baldwin*-Verzinsungssatzes. Das Verfahren ist allerdings ziemlich umständlich und kann versagen, wenn die Zahlungsreihe der Differenzinvestition mehr als einen Vorzeichenwechsel aufweist. Einfacher und allgemeingültiger ist die auf dem Kapitalwert basierende Entscheidungsregel.

2.2.5 Entscheidung aufgrund der Amortisationsdauer

Denkbar wäre die Regel, daß von zwei einander ausschließenden Projekten das mit der kürzeren Amortisationsdauer zu wählen wäre. Diese Regel würde jedoch nicht gewährleisten, daß stets die beste Wahl getroffen würde. Die Zahlungen, die nach Ablauf der Amortisationsdauer erfolgen, haben keinen Einfluß auf deren Größe. Für die Wahl zwischen den Projekten können diese Zahlungen sehr wohl von Bedeutung sein. Deutlich wird das an folgendem Zahlenbeispiel:

$$a_{A0} = -100, a_{A1} = 60, a_{A2} = 60, a_{A3} = 10, a_{A4} = 10, a_{A5} = 10$$
$$a_{B0} = -100, a_{B1} = 30, a_{B2} = 30, a_{B3} = 30, a_{B4} = 100, a_{B5} = 200$$

Die Amortisationsdauer von A beträgt bei dem Kalkulationszinsfuß 10 % 2 Perioden, die von B 4 Perioden. Der Kapitalwert von B liegt jedoch mit 167,1 erheblich höher als der von A mit 24,7. B ist eindeutig besser als A, vor allem wegen der hohen Einzahlungen in der 4. und 5. Periode. Diese haben jedoch keinen Einfluß auf die Amortisationsdauer, da sie erst nach deren Ablauf erfolgen. Tatsächlich könnten die Einzahlungen der 4. und 5. Periode beliebig hoch sein, ohne daß sich die Amortisationsdauer ändern würde.

Würde man sich bei der Wahl zwischen einander ausschließenden Projekten nach der Amortisationsdauer richten, so würde dies tendenziell dahin wirken, daß Projekte, deren Vorteile erst langfristig wirksam werden, nicht zum Zuge kämen. Die Amortisationsdauer ist daher als Auswahlkriterium ungeeignet.

Ergänzende und vertiefende Literatur zum Abschnitt 2.2:
Kilger 1965b
Kruschwitz 1985
E. Schneider, II. Kapitel, § 1
Weingartner 1969

2.3 Ersetzungszeitpunkt und optimale Lebensdauer

2.3.1 Zur Charakteristik des Entscheidungsproblems

Die Ersetzung einer alten Anlage durch eine neue erfolgt meist nicht erst, wenn die technische Lebensdauer der alten beendet ist. Vielmehr ergibt sich oft die Frage, ob eine alte Anlage vorzeitig durch eine neue ersetzt werden soll, die technisch verbessert ist und mit niedrigeren Kosten arbeitet. Häufig ist es sogar so, daß die technische Lebensdauer der alten Anlage praktisch unbegrenzt ist, sofern nur genug für Wartung und Reparaturen aufgewandt wird. Die Lebensdauer wird dann ausschließlich durch wirtschaftliche Überlegungen begrenzt. Es gilt, den optimalen Zeitpunkt für die Stillegung zu finden.

Ein zweites Problem ist eng damit verbunden. In die Investitionsrechnung, die bei Anschaffung einer Anlage durchgeführt wird, gehen die mit der Anlage verbundenen Zahlungen ein. Vor allem muß bekannt sein, wie lange diese Zahlungen erfolgen, wie groß also die Lebensdauer der Anlage ist. Diese Lebensdauer ist aber, wie gezeigt wurde, in der Regel kein technologisches Datum; wann die Anlage stillgelegt und gegebenenfalls durch eine neue zu ersetzen sein wird, ist vielmehr Gegenstand einer Entscheidung, die unter wirtschaftlichen Gesichtspunkten erfolgt. Will man die optimale Lebensdauer einer Anlage im voraus berechnen, so muß diese Entscheidung vorweggenommen werden. Unter der hier immer noch geltenden Annahme sicherer Erwartungen ist diese Vorwegnahme ohne weiteres möglich.

Hier sollen drei Fälle behandelt werden:

1. Es ist zu entscheiden, ob eine alte Anlage sofort oder nach Ablauf ihrer technischen Lebensdauer durch eine neue mit gegebener Lebensdauer ersetzt werden soll.

2. Eine alte Anlage hat keine feste technische Lebensdauer; ihre Kosten steigen jedoch mit ihrem Alter. Es ist zu entscheiden, wann sie durch eine neue Anlage mit gegebener Lebensdauer ersetzt werden soll.
3. Weder die Lebensdauer der alten noch die der neuen Anlage sind technische Daten. Es gilt, den optimalen Ersetzungszeitpunkt der alten und gleichzeitig die optimale Lebensdauer der neuen Anlage zu bestimmen.

Für alle Fälle wird hier angenommen, daß die alte und die neue Anlage im Rahmen des Betriebes dieselbe Funktion in gleicher Weise erfüllen. Die zu treffenden Entscheidungen haben daher keine Bedeutung für den Absatzbereich, berühren also auch nicht die durch Verkauf erzielten Einzahlungen. Die einzigen Einzahlungen, die bei der Entscheidung berücksichtigt werden müssen, sind die Erlöse aus dem Verkauf alter Anlagen; diese werden im folgenden als Auszahlungsminderungen behandelt. Die Investitionsrechnung beschränkt sich dann auf den Vergleich von Auszahlungsreihen. Gesucht ist die Ersetzungspolitik, bei der der Kapitalwert der Auszahlungsreihe minimiert wird.

2.3.2 Ersetzung vor Ablauf der technischen Lebensdauer

Die technische Restnutzungsdauer einer alten Anlage sei gegeben. Sie kann durch eine neue Anlage mit gegebener Nutzungsdauer ersetzt werden, die niedrigere laufende Betriebskosten hat. Zu entscheiden ist, ob die alte Anlage sofort oder erst nach Ende ihrer technischen Nutzungsdauer ersetzt werden soll.

Gegeben sind folgende Daten:

k_a laufende Betriebskosten der alten Anlage je Periode
k_n laufende Betriebskosten der neuen Anlage je Periode
A_n Anschaffungsauszahlung der neuen Anlage
t_a technische Restnutzungsdauer der alten Anlage
t_n Nutzungsdauer der neuen Anlage
W_a Erlös bei sofortigem Verkauf der alten Anlage
$\bar{W}_a$ Erlös bei Verkauf der alten Anlage am Ende ihrer technischen Nutzungsdauer
W_n Erlös bei Verkauf der neuen Anlage nach Ende ihrer Nutzungsdauer

Die laufenden Betriebskosten k_a bzw. k_n sind unmittelbar mit Auszahlungen in gleicher Höhe verbunden.

Für die beiden erwogenen Aktionsmöglichkeiten, sofortige Ersetzung und Ersetzung nach t_a Perioden, lassen sich nun Auszahlungsreihen aufstellen. Unter der Annahme, daß die Auszahlungen einer Periode jeweils am Ende erfolgen, ergeben sich die in Spalte 1 und 2 der nachstehenden Tabelle angegebenen Zahlungsreihen. Nimmt man an, daß die neue Anlage nach Ablauf ihrer Lebensdauer durch eine gleichartige Anlage ersetzt wird, so lassen sich die beiden Zahlungsreihen bis ins unendliche fortgesetzt denken.

Periode	1 Auszahlungs-reihe 1 (bei sofortiger Ersetzung der alten Anlage)	2 Auszahlungs-reihe 2 (bei Ersetzung der alten Anlage nach t_a Perioden)	3 Auszahlungs-reihe 1 (nach Einsetzung der äquivalenten Annuität)	4 Auszahlungs-reihe 2 (nach Einsetzung der äquivalenten Annuität)
0	$A_n - W_a$	0	$-W_a$	0
1	k_n	k_a	c_n	k_a
2	k_n	k_a	c_n	k_a
.	.	.	.	.
.	.	.	.	.
.	.	.	.	.
t_a	k_n	$k_a + A_n - \bar{W}_a$	c_n	$k_a - \bar{W}_a$
$t_a + 1$	k_n	k_n	c_n	c_n
.	.	.	.	.
.	.	.	.	.
.	.	.	.	.
t_n	$k_n + A_n - W_n$	k_n	c_n	c_n
$t_n + 1$	k_n	k_n	c_n	c_n
.	.	.	.	.
.	.	.	.	.
.	.	.	.	.
$t_n + t_a$	k_n	$k_n + A_n - W_n$	c_n	c_n
.	.	.	.	.
.	.	.	.	.
.	.	.	.	.
$2t_n$	$k_n + A_n - W_n$	k_n	c_n	c_n
.	.	.	.	.
.	.	.	.	.
.	.	.	.	.

In beiden Zahlungsreihen wiederholt sich die Zahlungsreihe A_n, $k_n, \ldots, k_n, k_n - W_n$ unendlich oft. Setzt man für diese Zahlungsreihe eine äquivalente Annuität ein, so wird dadurch der Kapitalwert der gesamten Reihe nicht verändert. Die äquivalente Annuität erhält man nach der Formel:

$$c_n = k_n + A_n \frac{q^{t_n}(q-1)}{q^{t_n} - 1} - W_n \frac{q-1}{q^{t_n} - 1}$$

A_n wird hier mit dem Annuitätenfaktor multipliziert, dem reziproken Wert des nachschüssigen Rentenbarwertfaktors also, und W_n mit dem reziproken

Ersetzungszeitpunkt und optimale Lebensdauer

Wert des nachschüssigen Rentenendwertfaktors. Nach Einsetzen dieser äquivalenten Annuität erhält man die Zahlungsreihen der Spalten 3 und 4. Nach dem Zeitpunkt t_a unterscheiden sich diese beiden Zahlungsreihen nicht mehr voneinander. Um festzustellen, welche die vorteilhaftere ist, genügt es, die Kapitalwerte der bis zum Zeitpunkt t_a erfolgenden Zahlungen zu vergleichen. Sofortige Ersetzung ist genau dann vorteilhafter als Aufschub der Ersetzung bis t_a, wenn

$$c_n \frac{q^{t_a}-1}{q^{t_a}(q-1)} - W_a < k_a \frac{q^{t_a}-1}{q^{t_a}(q-1)} - \overline{W}_a \cdot q^{-t_a} \qquad (2.3.1)$$

ist. Ebenso kann die Entscheidung aufgrund eines Vergleichs der äquivalenten Annuitäten getroffen werden. Die notwendige und hinreichende Bedingung für die Vorteilhaftigkeit sofortiger Ersetzung lautet dann:

$$c_n - W_a \frac{q^{t_a}(q-1)}{q^{t_n}-1} < k_a - \overline{W}_a \cdot \frac{q-1}{q^{t_a}-1} \qquad (2.3.2)$$

Häufig sind W_a und $\overline{W}_a$ so klein, daß sie vernachlässigt werden können. Dann lautet die Bedingung noch einfacher:

$$c_n < k_a \qquad (2.3.3)$$

Bei derartigen Entscheidungen kann auch nach der Amortisationsdauer (t_n^0) der neuen Anlage gefragt werden, d.h. nach der Lebensdauer, die sie mindestens haben muß, wenn die sofortige Ersetzung sich lohnen soll. c_n wird um so kleiner, je größer t_n ist. Die Amortisationsdauer ist der kleinste Wert für t_n, bei dem die Bedingungen (2.3.1) und (2.3.2) gerade erfüllt sind. Vernachlässigt man W_a und $\overline{W}_a$ und benutzt man außerdem für die Annuität c_n die Näherungsformel (1.2.12), also

$$c_n = k_n + \frac{A_n}{t_n} + \frac{A_n}{2} \cdot i$$

so ergibt sich aus (2.3.2):

$$t_n^0 \approx \frac{A_n}{k_a - k_n - \frac{A_n}{2} \cdot i}$$

Manchmal wird auch der Zins vernachlässigt [*Terborgh*, S. 66f.]. Dann ergibt sich:

$$t_n^0 \approx \frac{A}{k_a - k_n}$$

Während die erste Formel zu brauchbaren Näherungswerten führt, ist die zweite wenig aussagefähig.

Unklarheit besteht häufig darüber, ob der Restbuchwert der alten Anlage Einfluß auf die Entscheidung haben sollte. Verbreitet ist die Vorstellung, der sofortigen Ersetzung könne entgegenstehen, daß die alte Anlage noch nicht voll abgeschrieben sei, ihr Buchwert folglich im Falle sofortiger Ersetzung abgeschrieben werden müsse. In einer an Zahlungsströmen orientierten Investitionsrechnung wird jedoch diese Abschreibung nicht berücksichtigt.

Erstrebt der Entscheidende einen maximalen finanziellen Erfolg, so wird er sich bei seinen Entscheidungen nur nach den durch seine Aktionen bewirkten Ein- und Auszahlungen richten. Diese Zahlungen sind reale Vorgänge, die den finanziellen Erfolg bestimmen. Die Verrechnung von Abschreibungen hingegen ist ein Vorgang, der sich nur in den Büchern abspielt. Wird die Entscheidung über den Ersetzungszeitpunkt vom Restbuchwert der alten Anlage abhängig gemacht, so liegt dem eine Verwechselung des Buchungsvorgangs mit einem realen Vorgang zugrunde.

Denkbar ist, daß man trotz gegenteiligen Ergebnisses der Investitionsrechnung auf die sofortige Ersetzung verzichtet, weil die Abschreibung des Restbuchwertes zu einem ungünstigen Bilanzbild führt. Das bedeutet aber nur, daß man im Hinblick auf die Entwicklung des Bilanzbildes in nächster Zeit auf eine langfristig vorteilhafte Ersatzinvestition verzichtet.

Diese Überlegungen beziehen sich nur auf den Restbuchwert in der Handelsbilanz. Ein Restbuchwert in der Steuerbilanz ist anders zu beurteilen. Wird er im Falle sofortiger Ersetzung abgeschrieben, so bewirkt dies eine Minderung der Steuerschuld, mindert also die Auszahlungen in nächster Zukunft. Deswegen wirkt ein steuerlicher Restbuchwert allerdings auf die Ersetzung eher fördernd als hemmend.

2.3.3 Der optimale Ersetzungszeitpunkt

Die Annahme, daß die laufenden Betriebskosten der alten Anlage von Periode zu Periode unverändert bleiben, soll nun aufgegeben werden. Es seien k_{at} die laufenden Betriebskosten der alten Anlage in der Periode t ($t = 1, \ldots \infty$), W_{at} der Erlös bei Verkauf der alten Anlage am Ende der Periode t ($t = 0, \ldots \infty$).

Eine technische Höchstgrenze für die Nutzungsdauer der alten Anlage sei nicht gegeben. Im übrigen gelten dieselben Voraussetzungen, wie im zuvor behandelten Fall; insbesondere wird weiter angenommen, daß die laufenden Betriebskosten der neuen Anlage konstant sind und daß ihre Nutzungsdauer gegeben ist. Gesucht ist der optimale Ersetzungszeitpunkt, der irgendwo zwischen dem Beginn der Periode 1 und dem Ende der Periode $\bar{t}$ liegt. $\bar{t}$ ist hierbei eine im voraus bekannte Obergrenze für die Restnutzungsdauer. Für die einzelnen Ersetzungszeitpunkte ergeben sich die in der nachstehenden Tabelle zusammengefaßten Auszahlungsreihen:

Periode	Auszahlung bei Ersetzung am Ende der Periode				
	0	1	2	3	... $\bar{t}$
0	$A_n - W_{a0}$	0	0	0	0
1	k_n	$k_{a1} + A_n - W_{a1}$	k_{a1}	k_{a1}	k_{a1}
2	k_n	k_n	$k_{a2} + A_n - W_{a2}$	k_{a2}	k_{a2}
3	k_n	k_n	k_n	$k_{a3} + A_n - W_{a3}$	k_{a3}
.	.	.	.	.	.
.	.	.	.	.	.
$\bar{t}$	k_n	k_n	k_n	k_n	$k_{a\bar{t}} + A_n - W_{a\bar{t}}$
.	.	.	.	.	.
.	.	.	.	.	.
t_n	$k_n + A_n - W_n$	k_n	k_n	k_n	k_n
.	.	.	.	.	.
.	.	.	.	.	.

Diese Zahlungsreihen sind wieder als bis ins unendliche fortgesetzt zu denken. Anstelle der mit einer neuen Anlage verbundenen tatsächlichen Auszahlungen $A_n, k_n, \ldots, k_n, k_n - W_n$ kann man nun wieder die äquivalente Annuität c_n einsetzen. Dann entstehen folgende Auszahlungsreihen:

Periode	Auszahlungsreihe bei Ersetzung am Ende der Periode				
	0	1	2	3	... $\bar{t}$
0	$-W_{a0}$	0	0	0	0
1	c_n	$k_{a1} - W_{a1}$	k_{a1}	k_{a1}	k_{a1}
2	c_n	c_n	$k_{a2} - W_{a2}$	k_{a2}	k_{a2}
3	c_n	c_n	c_n	$k_{a3} - W_{a3}$	k_{a3}
.	.	.	.	.	.
.	.	.	.	.	.
$\bar{t}$	c_n	c_n	c_n	c_n	$k_{a\bar{t}} - W_{a\bar{t}}$
.	.	.	.	.	.
.	.	.	.	.	.

50 Investitionsentscheidungen bei gegebenem Kalkulationszinsfuß

Nach der Periode $\bar{t}$ unterscheiden sich diese Zahlungsreihen nicht mehr voneinander. Welche die günstigste ist, richtet sich also nur nach dem Kapitalwert der Zahlungen bis zum Ende der Periode $\bar{t}$. Der optimale Ersetzungszeitpunkt ist derjenige, bei dem dieser Kapitalwert minimiert wird.

Man kann dieses Problem auch in etwas anderer Form behandeln. Zu Beginn der Periode 1 kann man sich darauf beschränken zu prüfen, ob es besser ist, die Ersetzung sofort vorzunehmen oder sie bis zum Ende der Periode 1 aufzuschieben. Sofern die Ersetzung aufgeschoben wird, ist am Ende der Periode 1 wieder zu prüfen, ob sofortige Ersetzung oder ein weiterer Aufschub um eine Periode günstiger ist. Dies wird solange wiederholt, bis ein Zeitpunkt gefunden ist, an dem sofortige Ersetzung als die günstigste Lösung erscheint.

Zu prüfen ist, ob bei diesem Verfahren immer der optimale Ersetzungszeitpunkt gefunden wird. Will man am Anfang der Periode t prüfen, ob sofortige Ersetzung oder Aufschub um eine Periode günstiger ist, so muß man den Kapitalwert der Auszahlungsreihe bei sofortiger Ersetzung (K_{t-1}) mit dem Kapitalwert der Auszahlungsreihe bei Ersetzung am Ende der Periode t (K_t) vergleichen. Ist $K_t < K_{t-1}$, so ist sofortige Ersetzung nicht vorteilhaft.

Die beiden Auszahlungsreihen haben nach Einsetzen der äquivalenten Annuität c_n anstelle der mit der neuen Anlage verbundenen tatsächlichen Zahlungen folgende Form:

Periode	Auszahlungsreihe bei Ersetzung am Ende der Periode	
	$t-1$	t
0	0	0
1	k_{a1}	k_{a1}
2	k_{a2}	k_{a2}
.	.	.
.	.	.
.	.	.
$t-2$	$k_{a,t-2}$	$k_{a,t-2}$
$t-1$	$k_{a,t-1} - W_{a,t-1}$	$k_{a,t-1}$
t	c_n	$k_{at} - W_{at}$
$t+1$	c_n	c_n
.	.	.
.	.	.
.	.	.

Hieraus ergibt sich:

$$\begin{aligned} K_t - K_{t-1} &= W_{a,t-1}\, q^{-(t-1)} + (k_{at} - W_{at} - c_n) \cdot q^{-t} \\ &= (W_{a,t-1}\, q + k_{at} - W_{at} - c_n) \cdot q^{-t} \\ &= [k_{at} + (W_{a,t-1} - W_{at}) + W_{a,t-1}\, i - c_n] \cdot q^{-t} \end{aligned} \qquad (3.2.4)$$

Nun folgt: $K_t - K_{t-1} < 0$ oder $K_t < K_{t-1}$ gilt genau dann, wenn

$$k_{at} + (W_{a,t-1} - W_{at}) + W_{a,t-1} \cdot i - c_n < 0 \text{ oder} \qquad (2.3.5)$$

$$k_{at} + (W_{a,t-1} - W_{at}) + W_{a,t-1} \cdot i < c_n \text{ ist.} \qquad (2.3.6)$$

Dieses Ergebnis läßt sich anschaulich deuten. Der Einfachheit halber wird $S_t = k_{at} + (W_{a,t-1} - W_{at}) + W_{a,t-1} \cdot i$ gesetzt. S_t ist die Summe aus den laufenden Betriebskosten der alten Anlage in der Periode t, der Minderung des für die alte Anlage erzielbaren Verkaufspreises während der Periode t und den kalkulatorischen Zinsen auf den zu Beginn der Periode t erzielbaren Verkaufspreis. Diese Summe gibt die Kosten an, die die Nutzung der alten Anlage währehend der Periode t verursacht. Sind diese Kosten kleiner als c_n, wobei man c_n als mittlere Kosten der neuen Anlage auffassen kann, so lohnt es sich nicht, die alte Anlage zu Beginn der Periode t durch die neue zu ersetzen.

Notwendige Bedingung dafür, daß der optimale Ersetzungszeitpunkt am Ende der Periode $t-1$ liegt, ist, daß $K_t \geqslant K_{t-1}$ gilt. Ist diese Bedingung aber auch hinreichend dafür, daß der Ersetzungszeitpunkt $t-1$ allen späteren Ersetzungszeitpunkten vorzuziehen ist?

Steigt S_t mit der Zeit ständig an, gilt also $S_{t+1} > S_t$ für alle t, so läßt sich nachweisen, daß der Beginn der frühesten Periode t, für die $S_t \geqslant c_n$ und damit $K_t \geqslant K_{t-1}$ gilt, optimaler Ersetzungszeitpunkt ist. Annahmegemäß gilt nämlich $S_\tau > S_t$, folglich $S_\tau > c_n$ und damit $K_\tau > K_{\tau-1}$ für alle $\tau > t$. Da es ebenfalls annahmegemäß vor t keine Periode gibt, für die $S_\tau \geqslant c_n$ ist, gilt $S_\tau < c_n$ und damit $K_\tau < K_{\tau-1}$ für alle $\tau < t$.

Daraus ergibt sich:

$$\cdots > K_{t-3} > K_{t-2} > K_{t-1} \leqslant K_t < K_{t+1} < K_{t+2} < \cdots$$

oder

$$\begin{aligned} K_{t-1} &< K_\tau & (\tau < t-1) \\ K_{t-1} &\leqslant K_t < K_\tau & (\tau > t) \end{aligned} \qquad (2.3.7)$$

Der Beginn der Periode t ist also optimaler Ersetzungszeitpunkt. Gilt $S_t = c_n$ und damit $K_t = K_{t-1}$, so gibt es einen ebenfalls optimalen Ersetzungszeitpunkt am Ende der Periode t. Weitere Optima gibt es jedoch nicht.

Die Voraussetzung, daß S_t mit der Zeit ständig ansteigt, ist erfüllt, wenn k_{at} mit der Zeit ansteigt und die Verkaufserlöse W_{at} so gering sind, daß sie vernachlässigt werden können. Dies ist bei praktischen Investitionsentscheidungen häufig der Fall. Es kommt aber auch vor, daß die Betriebskosten zwar tendenziell, aber nicht ständig ansteigen, vielmehr gelegentlich von einer Periode zur nächsten zurückgehen. So können z.B. im Anschluß an eine größere Instandsetzung die laufenden Betriebskosten zeitweilig sinken. In der Praxis der Kostenrechnung wird dieses Sinken zwar häufig dadurch ausgeglichen, daß die Kosten der Instandsetzung auf die folgenden Perioden verteilt werden. Für die Investitionsrechnung ist dieses Verfahren jedoch nicht zulässig, weil es hier nur auf den Zeitpunkt der Auszahlung, nicht auf den der kalkulatorischen Verrechnung ankommt.

Wenn nun also k_{at} und damit S_t gelegenlich auch sinken können, gilt (2.3.7) nicht mehr. Dann ist nicht auszuschließen, daß für die Periode t zwar $S_t > c_n$ gilt, der optimale Ersetzungszeitpunkt aber trotzdem nicht am Anfang der Periode t liegt. Zwar ist dann die Ersetzung zu Beginn der Periode t vorteilhafter als der Aufschub bis zum Ende der Periode t. Ein Aufschub der Ersetzung um mehr als eine Periode kann jedoch noch vorteilhafter sein.

Der Zusammenhang soll an zwei Zahlenbeispielen erläutert werden. In beiden Fällen wird angenommen, daß die Verkaufserlöse W_{at} vernachlässigt werden können.

Beispiel 1: Es sei

$c_n = 10, k_{a1} = 7, k_{a2} = 9, k_{a3} = 11, k_{a4} = 13, i = 0{,}06$

Daraus ergeben sich folgende Zahlungsreihen:

Periode   Auszahlungsreihe bei Ersetzung am Ende der Periode

Periode	0	1	2	3	4
1	10	7	7	7	7
2	10	10	9	9	9
3	10	10	10	11	11
4	10	10	10	10	13
.	.	.	.	.	.
.	.	.	.	.	.
.	.	.	.	.	.

Da die Zahlungsreihen sich nur bis zur Periode 4 voneinander unterscheiden, genügt es, den Kapitalwert aller Auszahlungen bis zum Ende der Periode 4 zu berechnen. Man erhält folgendes Ergebnis:

Ersetzungszeitpunkt	Ende der Periode				
	0	1	2	3	4
Kapitalwert	34,65	31,82	30,93	31,77	34,15

Der günstigere Ersetzungszeitpunkt liegt am Ende der Periode 2. Da k_{at} mit der Zeit ständig steigt, hätte man dies nach (2.3.6) bereits daraus entnehmen können, daß in der Periode 3 erstmals $k_{at} \geq c_n$ gilt.

Ersetzungszeitpunkt und optimale Lebensdauer 53

Beispiel 2: Es sei

$c_n = 10, k_{a1} = 9, k_{a2} = 11, k_{a3} = 9, k_{a4} = 9, k_{a5} = 11, i = 0{,}06$

Daraus erhält man:

Periode	Auszahlungsreihe bei Ersetzung am Ende der Periode					
	0	1	2	3	4	5
1	10	9	9	9	9	9
2	10	10	11	11	11	11
3	10	10	10	9	9	9
4	10	10	10	10	9	9
5	10	10	10	10	10	11
.	.	.	.	.	.	.
.	.	.	.	.	.	.
.	.	.	.	.	.	.

Die Kapitalwerte der Auszahlungen bis zum Ende der Periode 5 sind nun zu vergleichen.

Ersetzungszeitpunkt	Ende der Periode					
	0	1	2	3	4	5
Kapitalwert	42,12	41,18	42,07	41,23	40,44	41,19

Der optimale Ersetzungszeitpunkt liegt am Ende der Periode 4. k_{at} ist aber schon in der Periode 2 größer als c_n. Hier gilt (2.3.7) offenbar nicht.

Aus Abbildung 7 ist ersichtlich, daß im Beispiel 1 der Kapitalwert der Auszahlungen bis zum Ende der Periode 5 nur ein eindeutiges Minimum hat, während es im Beispiel 2 zwei relative Minima (d.h. Minima in bezug auf die unmittelbar benachbarten Zeitpunkte) gibt, von denen nur eines ein absolutes Minimum darstellt. Die Bedingung (2.3.6) gilt für alle Minima, relative wie absolute. Würde man im Beispielsfall 2 die Ersetzung im frühesten Zeitpunkt vornehmen, in dem (2.3.5) erfüllt ist, so würde mit dem Ersatzzeitpunkt am Ende der Periode 1 ein relatives Minimum erreicht, nicht jedoch das absolute Minimum.

Es zeigt sich also, daß der optimale Ersetzungszeitpunkt nicht immer getroffen wird, wenn man sich darauf beschränkt, zu Beginn jeder Periode zu prüfen, ob sofortige Ersetzung oder Aufschub um eine Periode günstiger ist. Wenn die laufenden Betriebskosten tendenziell ansteigen, aber gelegentlich auch sinken, kann bei diesem Verfahren das Optimum verfehlt werden.

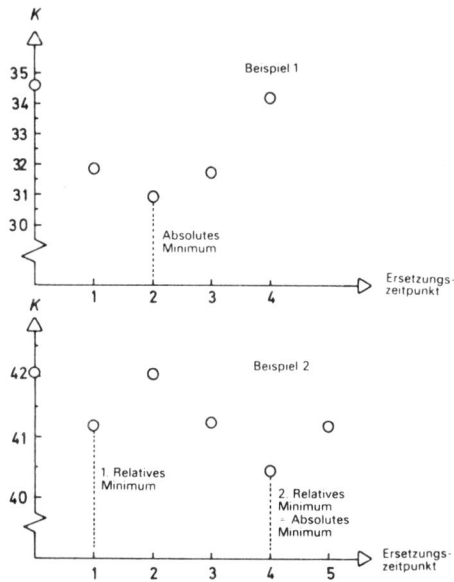

Abb. 7: Kapitalwert und Ersetzungszeitpunkt (Beispiel 1 und Beispiel 2)

2.3.4 Die optimale Nutzungsdauer der neuen Anlage

Für die neue Anlage, die an die Stelle der alten tritt, wurde in den bisher behandelten Fällen angenommen, daß die laufenden Betriebskosten in jeder Periode gleich hoch sind und die Nutzungsdauer ein technisches Datum ist. Was ändert sich nun, wenn man diese Annahmen aufgibt und statt dessen davon ausgeht, daß für die neue Anlage das gleiche gilt wie für die alte, nämlich daß ihre Betriebskosten mit der Zeit steigen und daß die Nutzungsdauer nach wirtschaftlichen Gesichtspunkten zu bestimmen ist?

Es sei:

A_n Anschaffungsauszahlung der neuen Anlage
k_{nt} laufende Betriebskosten der neuen Anlage in der t-ten Periode ihrer Nutzungszeit
W_{nt} Erlös bei Verkauf der neuen Anlage nach einer Nutzungsdauer von t Perioden

Diese Größen seien unabhängig von Anschaffungszeitpunkt der neuen Anlage. Es soll nun zunächst die optimale Nutzungsdauer der neuen Anlage bestimmt werden. Liegt diese fest, so läßt sich auch die äquivalente Annuität

c_n berechnen, die man, wie in den vorangehenden Abschnitten gezeigt, für die Ermittlung des optimalen Ersetzungszeitpunktes der neuen Anlage benötigt.

Bei der Bestimmung der optimalen Nutzungsdauer der neuen Anlage wird vorausgesetzt, daß diese nach Ende ihrer Nutzungsdauer durch eine gleichartige neue ersetzt wird, diese durch eine gleichartige und so unbegrenzt weiter. Geht man davon aus, daß jede Anlage in dieser unendlichen Kette eine Nutzungsdauer von $\bar{t}$ Perioden hat, so erhält man eine unendliche Auszahlungsreihe:

$$A_n, k_{n1}, k_{n2}, \ldots, k_{n,\bar{t}-1}, k_{n\bar{t}} - W_{n\bar{t}} + A_n, k_{n1}, k_{n2}, \ldots,$$

$$k_{n\bar{t}} - W_{n\bar{t}} + A_n, k_{n1}, \ldots \text{ usw.}$$

Gesucht ist der Wert für $\bar{t}$, bei dem der Kapitalwert der gesamten Auszahlungsreihe minimiert wird. Die einfachste Methode zur Ermittlung dieses Optimums besteht darin, für die immer wiederkehrende Zahlungsreihe A_n, $k_{n1}, \ldots, k_{n\bar{t}} - W_{n\bar{t}}$ eine äquivalente Annuität c_n einzusetzen. c_n erhält man nach der Formel

$$c_n = K_n \cdot \frac{q^{\bar{t}}(q-1)}{q^{\bar{t}} - 1} \tag{2.3.8}$$

wobei

$$K_n = A_n + \sum_{t=1}^{\bar{t}} k_{nt} \cdot q^{-t} - W_{n\bar{t}} \cdot q^{-\bar{t}} \text{ ist.} \tag{2.3.9}$$

Nach Einsetzung von c_n tritt an die Stelle der ursprünglichen Zahlungsreihe eine ewige Rente in Höhe von c_n. Der Kapitalwert $\bar{K}_n$ dieser Rente ist gleich dem Kapitalwert der ursprünglichen Auszahlungsreihe:

$$\bar{K}_n = \frac{c_n}{i} \tag{2.3.10}$$

Man erhält das Optimum, indem man für alle in Frage kommenden Nutzungsdauern c_n berechnet und feststellt, bei welchem Wert c_n und damit auch $\bar{K}_n$ ein Minimum erreicht.

Beispiel: Es sei
$A_n = 100, k_{n1} = 10, k_{n2} = 20, k_{n3} = 30, k_{n4} = 40, k_{n5} = 50$
$i = 0{,}06, W_{n1} = 50, W_{n2} = 40, W_{n3} = 30, W_{n4} = 20, W_{n5} = 10$

Hieraus ergeben sich folgende Zahlungsreihen:

Periode	Auszahlungsreihe bei einer Nutzungsdauer von				
	1	2	3	4	5
0	100	100	100	100	100
1	10−50+100	10	10	10	10
2	10−50+100	20−40+100	20	20	20
3	10−50+100	10	30−30+100	30	30
4	10−50+100	20−40+100	10	40−20+100	40
5	10−50+100	10	20	10	50−10+100
6	10−50+100	20−40+100	30−30+100	20	10
K_n	62,264	91,634	127,234	168,264	213,996
c_n	66	50	47,7	48,3	50,8
$\bar{K}_n$	1100,00	833,33	795,00	805,00	846,67

Die optimale Nutzungsdauer liegt hier bei 3 Perioden.

Man kann aus diesem Rechenverfahren eine notwendige Bedingung für das gesuchte Optimum in etwas allgemeinerer Form ableiten. Die Nutzungsdauer $\bar{t}$ kann nur optimal sein, wenn der Kapitalwert der gesamten zugehörigen Zahlungsreihe ($\bar{K}(\bar{t})$) nicht größer als die entsprechenden Kapitalwerte bei den Nutzungsdauern $\bar{t} + 1$ und $\bar{t} - 1$ ist. Notwendige Bedingung für die Optimalität von $\bar{t}$ ist also, daß

$$\bar{K}(\bar{t}) \leq \bar{K}(\bar{t} - 1) \text{ und } \bar{K}(\bar{t}) \leq \bar{K}(\bar{t} + 1) \qquad (2.3.11)$$

gilt.

Auszugehen ist von den Zahlungsreihen, die den Nutzungsdauern $\bar{t} - 1$ und $\bar{t}$ entsprechen. In diese Zahlungsreihen werden vom Ende der Nutzungsdauer der jeweils ersten Anlage an anstelle der tatsächlichen Zahlungen die äquivalenten Annuitäten $c_n(\bar{t} - 1)$ bzw. $c_n(\bar{t})$ eingesetzt. Es ergibt sich folgendes:

Periode	Zahlungsreihe bei der Nutzungsdauer	
	$\bar{t}-1$	$\bar{t}$
0	A_n	A_n
1	k_{n1}	k_{n1}
.	.	.
.	.	.
.	.	.
$\bar{t}-2$	$k_{n,\bar{t}\text{-}2}$	$k_{n,\bar{t}\text{-}2}$
$\bar{t}-1$	$k_{n,\bar{t}\text{-}1} - W_{n,\bar{t}\text{-}1}$	$k_{n,\bar{t}\text{-}1}$
$\bar{t}$	$c_n(\bar{t}-1)$	$k_{n\bar{t}} - W_{n\bar{t}}$
$\bar{t}+1$	$c_n(\bar{t}-1)$	$c_n(\bar{t})$
$\bar{t}+2$	$c_n(\bar{t}-1)$	$c_n(\bar{t})$

Hieraus ergibt sich:

$$\bar{K}(\bar{t}) - \bar{K}(\bar{t}-1) = W_{n,\bar{t}\text{-}1} \cdot q^{-(\bar{t}-1)} + [k_{n\bar{t}} - W_{n\bar{t}} - c_n(\bar{t}-1)] \cdot q^{-\bar{t}}$$

$$+ \sum_{\tau=1}^{\infty} c_n(\bar{t}) \cdot q^{-(\bar{t}+\tau)} - \sum_{\tau=1}^{\infty} c_n(\bar{t}-1) \cdot q^{-(\bar{t}+\tau)}$$

Nun ist aber

$$\sum_{\tau=1}^{\infty} c_n(\bar{t}) \cdot q^{-(\bar{t}+\tau)} - \sum_{\tau=1}^{\infty} c_n(\bar{t}-1) \cdot q^{-(\bar{t}+\tau)} =$$

$$\left[\sum_{\tau=1}^{\infty} c_n(\bar{t}) \cdot q^{-\tau} - \sum_{\tau=1}^{\infty} c_n(\bar{t}-1) \cdot q^{-\tau} \right] \cdot q^{-\bar{t}} =$$

$$[\bar{K}(\bar{t}) - \bar{K}(\bar{t}-1)] \cdot q^{-\bar{t}}$$

Durch Einsetzung und Umformung erhält man:

$$\bar{K}(\bar{t}) - \bar{K}(\bar{t}-1) = [k_{n\bar{t}} + W_{n,\bar{t}\text{-}1} \cdot q - W_{n\bar{t}} - c_n(\bar{t}-1)] \cdot q^{-\bar{t}}$$
$$+ [\bar{K}(\bar{t}) - \bar{K}(\bar{t}-1)] \cdot q^{-\bar{t}}$$

und hieraus:

$$[\bar{K}(\bar{t}) - \bar{K}(\bar{t}-1)] \cdot (q^{\bar{t}} - 1) = k_{n\bar{t}} + (W_{n,\bar{t}\text{-}1} - W_{n\bar{t}}) + W_{n,\bar{t}\text{-}1} \cdot i - c_n(\bar{t}-1)$$
$$(2.3.12)$$

Es sei $S_{\bar{t}} = k_{n\bar{t}} + (W_{n,\bar{t}-1} - W_{n\bar{t}}) + W_{n,\bar{t}-1} \cdot i$

$S_{\bar{t}}$ ist die Summe aus den laufenden Betriebskosten der $\bar{t}$-ten Nutzungsperiode, der Minderung des erzielbaren Verkaufspreises während der $\bar{t}$-ten Nutzungsperiode und dem kalkulatorischen Zins auf den zu Beginn der $\bar{t}$-ten Nutzungsperiode erzielbaren Verkaufspreis. $S_{\bar{t}}$ ist also die Summe der durch die $\bar{t}$-te Nutzungsperiode verursachten Kosten.

Da $(q^{\bar{t}} - 1)$ bei positivem i stets positiv ist, folgt aus (2.3.12):
$\bar{K}(\bar{t}) - \bar{K}(\bar{t}-1) < 0$ und damit $\bar{K}(\bar{t}) < \bar{K}(\bar{t}-1)$ gilt genau dann, wenn $S_{\bar{t}} - c_n(\bar{t}-1) < 0$ und damit $S_{\bar{t}} < c_n(\bar{t}-1)$ ist.

Das bedeutet: Geht man von einer beliebigen Nutzungsdauer $\bar{t}-1$ aus und verlängert diese um eine Periode, so ist dies dann vorteilhaft, wenn die gesamten Kosten $S_{\bar{t}}$ der $\bar{t}$-ten Nutzungsperiode niedriger sind als die äquivalente Annuität, die sich bei Beibehaltung der Nutzungsdauer $(\bar{t}-1)$ ergäbe.

Allgemein kann man feststellen: Die Nutzungsdauer $\bar{t}$ ist nur dann optimal, wenn

$$S_{\bar{t}} \leq c_n(\bar{t}-1) \qquad (2.3.13)$$

und $S_{\bar{t}+1} \geq c_n(\bar{t})$ gilt.

Die Bedingung (2.3.13) ist notwendig, aber nicht hinreichend, weil sie nur ein relatives Kapitalwertminimum angibt. Es ist nicht ausgeschlossen, daß eine Nutzungsdauer unter $\bar{t}-1$ oder über $\bar{t}+1$ noch günstiger ist.

2.3.5 Modelle mit der Zeit als kontinuierlicher Variabler

a) Der optimale Ersetzungszeitpunkt einer alten Anlage

In den bisherigen Modellen wurden diskontinuierliche Zahlungsströme angenommen. Es soll nun gezeigt werden, daß man im wesentlichen zu den gleichen Ergebnissen kommt, wenn die Zeit kontinuierliche Variable im Modell ist. Zunächst sei wieder der Fall einer alten Anlage betrachtet, für die der optimale Ersetzungszeitpunkt gesucht wird.

Die Betriebsauszahlungen dieser Anlage stellen einen Zahlungsstrom dar, dessen Breite durch die Funktion $k^*(t)$ angegeben wird. Der erzielbare Verkauserlös ist ebenfalls zeitabhängig gemäß der Funktion $W^*(t)$. Die alte Anlage kann durch eine neue mit den Anschaffungsauszahlungen A, einem Strom von Betriebsauszahlungen $k(t)$, der Nutzungsdauer $\bar{t}$ und dem Verkauserlös $W(\bar{t})$ ersetzt werden. Dieser folgt eine unendliche Kette gleichartiger Anlagen.

Der Kapitalwert K des Auszahlungsstroms einer neuen Anlage beträgt im Anschaffungszeitpunkt:

$$K = A + \int_0^{\bar{t}} k(t) \cdot e^{-rt} \cdot dt - W(\bar{t}) \cdot e^{-r\bar{t}} \qquad (2.3.14)$$

Den Kapitalwert $\bar{K}$ der unendlichen Kette gleichartiger Investitionen, bezogen auf den Ersetzungszeitpunkt der alten Anlage, erhält man nach der Formel:

$$\bar{K} = \sum_{m=0}^{\infty} K \cdot e^{-\bar{t} \cdot m \cdot r} = \frac{K}{1 - e^{-r\bar{t}}} \qquad (2.3.15)$$

Der Kapitalwert K^* des gesamten Auszahlungsstroms im Zeitpunkt 0 beträgt, wenn die alte Anlage im Zeitpunkt t^* ersetzt wird:

$$K^* = \int_0^{t^*} k^*(t) \cdot e^{-rt} \cdot dt - W^*(t^*) \cdot e^{-rt^*} + \bar{K} \cdot e^{-rt^*} \qquad (2.3.16)$$

Durch Differenzierung nach t^* erhält man:

$$\frac{dK^*}{dt^*} = k^*(t^*) \cdot e^{-rt^*} - \frac{dW^*}{dt^*} \cdot e^{-rt^*} + r \cdot W^*(t^*) \cdot e^{-rt^*} - r \cdot \bar{K} \cdot e^{-rt^*} \qquad (2.3.17)$$

Setzt man diesen Ausdruck gleich 0, so erhält man nach einer Umformung die folgende notwendige Bedingung für ein Maximum von K^*:

$$k^*(t^*) - \frac{dW^*}{dt^*} + r \cdot W^*(t^*) = r \cdot \bar{K} \qquad (2.3.18)$$

Der Ausdruck auf der linken Seite kann als Grenzkostensatz in bezug auf die Zeit aufgefaßt werden; $k^*(t^*)$ ist die Zuwachsrate der kumulierten Betriebsauszahlungen, $\frac{dW^*}{dt^*}$ die Minderungsrate des Verkaufserlöses und $r W^*(t^*)$

der marginale Zins auf den Verkaufserlös. Diese Grenzkosten müssen im optimalen Ersetzungszeitpunkt gleich der marginalen Verzinsung des Kapitalwertes der nachfolgenden unendlichen Auszahlungsreihe sein. Da bei diskontinuierlicher Betrachtung eine ewige Rente gleich der Verzinsung ihres Kapitalwertes ist, entspricht (2.3.18) der Bedingung (2.3.6).

b) Die optimale Nutzungsdauer der neuen Anlage
Durch Differenzierung von (2.3.15) erhält man

$$\frac{d\bar{K}}{d\bar{t}} = \frac{(1-e^{-r\bar{t}}) \cdot \frac{dK}{d\bar{t}} - K \cdot r \cdot e^{-r\bar{t}}}{(1-e^{-r\bar{t}})^2} \qquad (2.3.19)$$

Setzt man diesen Ausdruck gleich 0, so erhält man, da der Nenner stets endlich ist, als notwendige Bedingung für ein Maximum von $\bar{K}$:

$$(1-e^{-r\bar{t}}) \cdot \frac{dK}{d\bar{t}} - K \cdot r \cdot e^{-r\bar{t}} = 0 \qquad (2.3.20)$$

Daraus ergibt sich unter Berücksichtigung von (2.3.15)

$$\frac{dK}{d\bar{t}} \cdot e^{r\bar{t}} = r \cdot \frac{K}{1-e^{-r\bar{t}}} = r \cdot \bar{K} \qquad (2.3.21)$$

Durch Differenzierung von (2.3.14) erhält man

$$\frac{dK}{d\bar{t}} = k(\bar{t}) \cdot e^{-r\bar{t}} - \frac{dW}{d\bar{t}} \cdot e^{-r\bar{t}} + r W(\bar{t}) \cdot e^{-r\bar{t}}$$

Setzt man dies in (2.3.21) ein, so ergibt sich:

$$k(\bar{t}) - \frac{dW}{d\bar{t}} + r \cdot W(\bar{t}) = r \cdot \bar{K}$$

$\bar{K}$ ist der Kapitalwert des Auszahlungsstromes bei Anschaffung der ersten Anlage, da die Investitionskette unendlich ist, aber auch zu allen späteren Anschaffungszeitpunkten. Notwendige Bedingung für die Optimalität der Nutzungsdauer $\bar{t}$ ist somit, daß die Grenzkosten in bezug auf die Zeit gleich der marginalen Verzinsung des Kapitalwertes des gesamten noch folgenden Auszahlungsstroms sind. (2.3.23) entspricht der Bedingung (2.3.13).

2.3.6 Weitere Modellvarianten

Die hier dargestellten Modelle zur Optimierung der Nutzungsdauer von Anlagen beruhen alle auf der Annahme, daß nur die Auszahlungen durch die Ersetzungspolitik beeinflußt werden. Die Einzahlungen können daher im Entscheidungskalkül unberücksichtigt bleiben. Diese Voraussetzung ist nicht immer erfüllt. Es kann z.B. vorkommen, daß die qualitative und quantitative Leistungsfähigkeit einer Anlage sich im Laufe der Zeit mindert, so daß auch der Umsatz von der Nutzungsdauer abhängig ist. Grundsätzlich neue Probleme ergeben sich in diesem Fall jedoch nicht. Man kann sich zur Ermittlung der optimalen Nutzungsdauer der gleichen Methoden bedienen, wie sie hier für den einfacheren Fall dargestellt werden [*E. Schneider*, 1962, S. 75; *D. Schneider* 1961, S. 48].

Problematisch ist die den dargestellten Modellen zugrundeliegende Annahme, daß eine bestimmte Investition unendlich oft in der gleichen Form wiederholt wird. Diese Annahme wurde gemacht, weil die zu vergleichenden Zahlungsreihen sich andernfalls auf unterschiedliche Zeiträume bezogen hätten, somit gar nicht vergleichbar gewesen wären. In den Entscheidungskalkül müssen aus diesem Grunde Annahmen darüber eingehen, was nach Ende der Lebensdauer einer Anlage geschieht, ob und in welcher Weise also reinvestiert wird. Selbstverständlich sind auch andere Annahmen möglich als die unendlich häufige Wiederholung derselben Investition. Man kann z.B. auch davon ausgehen, daß eine Reinvestition überhaupt nicht stattfindet [*E. Schneider* 1962, S. 76], daß eine bestimmte endliche Zahl von Wiederholungen stattfinden soll [*E. Schneider* 1962, S. 84], oder daß zwar unendlich oft reinvestiert wird, die zu beschaffenden Anlagen aber infolge des technischen Fortschritts mit der Zeit immer besser werden.

Ergänzende und vertiefende Literatur zum Abschnitt 2.3:
D. Schneider 1961
E. Schneider 1962, III. Kap., B, § 1

3. Simultane Planung des Investitions- und Finanzierungsprogramms

3.1 Ein Zwei-Zeitpunkt-Modell

3.1.1 Die Kapitalnachfragefunktion

a) Unabhängige Investitionsprojekte

Die bisher behandelten Methoden der Investitionsrechnung setzen voraus, daß ein Kalkulationszinsfuß gegeben ist. Hat man einen vollkommenen Kapitalmarkt, so kann, wie gezeigt wurde, der Marktzinsfuß als Kalkulationszinsfuß dienen. Diese Voraussetzung ist aber in der Realität nicht erfüllt; der Kapitalmarkt ist ein unvollkommener Markt, insbesondere wegen der unvollkommenen Information der Marktteilnehmer. Diese Unvollkommenheit hat zur Folge, daß eine unbeschränkte Aufnahme von Krediten nicht möglich ist und daß der Zins nicht für alle Kreditgeschäfte gleich hoch ist. Die folgenden Überlegungen beruhen auf der Annahme eines derartigen unvollkommenen Kapitalmarktes. Die Annahme, daß der investierende Betrieb sichere Erwartungen hinsichtlich der Zahlungen aus seinen Investitionen hat, wird allerdings noch beibehalten. Die Annahme unvollkommener Information gilt nur für die übrigen Marktteilnehmer.

Wie das Entscheidungsproblem in diesem Fall auch ohne vorgegebenen Kalkulationszinsfuß gelöst werden kann, soll zunächst unter der vereinfachenden Voraussetzung gezeigt werden, daß alle Investitionen sich nur über eine Periode erstrecken, in der Weise, daß zu Beginn eine Auszahlung und zum Ende eine Einzahlung stattfindet.

Beispiel 1:
Zunächst sei ein sehr einfacher Fall betrachtet. Zu entscheiden sei über zehn voneinander unabhängige Investitionsprojekte mit folgenden Zahlungsreihen:

	1	2	3	4	5	6	7	8	9	10
a_0	−100	−20	−60	−40	−150	−50	−80	−20	−50	−10
a_1	118	25	63	44	156	54	92	28	53	12

Der interne Zinsfuß eines jeden Projektes ist leicht zu ermitteln nach der Formel

$$i^* = \frac{a_1 + a_0}{-a_0}$$

Ein Zwei-Zeitpunkt-Modell

Ordnet man die Projekte nach der Höhe des internen Zinsfußes, so ergibt sich folgende Übersicht:

Projekt	Interner Zinsfuß	Kapitalbedarf	Kumulierter Kapitalbedarf
8	40 %	20	20
2	25 %	20	40
10	20 %	10	50
1	18 %	100	150
7	15 %	80	230
4	10 %	40	270
6	8 %	50	320
9	6 %	50	370
3	5 %	60	430
5	4 %	150	580

Die vierte Spalte (Kumulierter Kapitalbedarf) gibt jeweils an, wie groß der Kapitalbedarf wird, wenn alle Investitionen durchgeführt werden, deren interner Zinsfuß mindestens gleich dem in der zweiten Spalte angegebenen Satz ist. Die Entscheidung über das Investitionsprogramm hängt nun davon ab, wieviel Kapital insgesamt zur Verfügung steht. Bei einem verfügbaren Kapitalbetrag von 270 z.B. können alle Projekte realisiert werden, deren interner Zinsfuß mindestens 10 % ist, also die Projekte 8, 2, 10, 1, 7 und 4.

Der Zusammenhang zwischen internen Zinsfuß und kumuliertem Kapitalbedarf läßt sich graphisch darstellen.

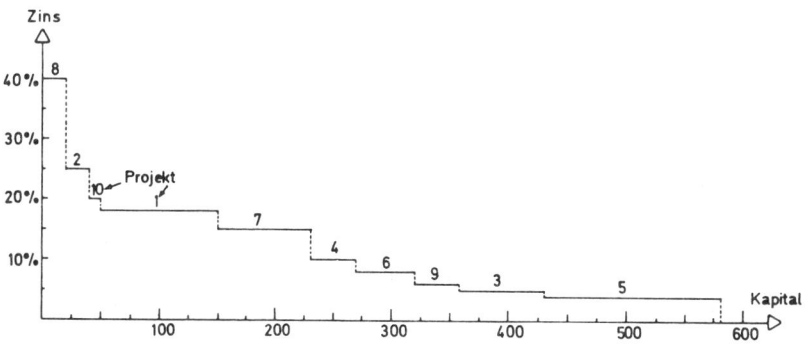

Abb. 8: Kapitalnachfragekurve

Auch aus der Abbildung ist zu ersehen, welche Projekte bei gegebenem verfügbarem Kapital durchzuführen sind.

Erschwert wird die Entscheidung, wenn die Investitionsprojekte unteilbar sind und der verfügbare Kapitalbetrag nicht, wie bisher im Beispiel angenommen, gerade hinreicht, die besten realisierbaren Projekte durchzuführen. Dann ergibt sich ein kombinatorisches Problem; bei einem verfügbaren Kapital von 120 kommen im Beispielsfall die Kombinationen 8, 2, 7 und 8, 1 in Frage; letztere ist, wie man leicht feststellen kann, etwas günstiger. Ein systematisches Verfahren zur Lösung dieses Kombinationsproblems wird in anderem Zusammenhang noch angegeben werden (u. S. 93ff.). Hier soll die Komplikation zunächst vernachlässigt werden, indem die Unteilbarkeitsbedingung unberücksichtigt bleibt. Diese Ungenauigkeit fällt nicht ins Gewicht, wenn der Kapitalbedarf der einzelnen Projekte im Vergleich zum gesamten Investitionsvolumen sehr klein ist. In dem Fall kann man auch davon absehen, daß die Kurve stufenförmig verläuft und sie durch eine kontinuierlich fallende Kurve approximativ erfassen.

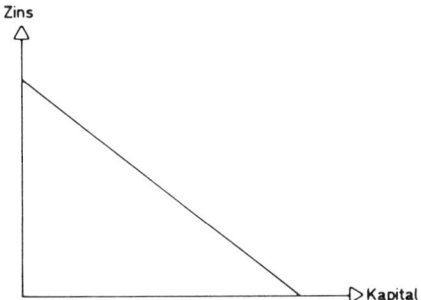

Abb. 9: Vereinfachte Kapitalnachfragekurve

Die in den Abbildungen 8 und 9 dargestellte Kurve wird als Kapitalnachfragekurve, die zugrundeliegende Funktion als Kapitalnachfragefunktion bezeichnet. Allgemein erhält man die Kapitalnachfragefunktion, indem man jedem Kapitalbetrag die bei optimaler Verwendung erzielbare marginale Verzinsung, d.h. also den internen Zinsfuß der letzten noch realisierten Investition zuordnet. Da der interne Zinsfuß aller im optimalen Programm realisierten Investitionen mindestens gleich dieser marginalen Verzinsung ist, läßt sich aus der Kapitalnachfragefunktion auch ablesen, wie groß der Kapitalbedarf wird, wenn alle Investitionen durchgeführt werden, deren interner Zinsfuß einen bestimmten Satz erreicht oder überschreitet.

b) Abhängigkeiten zwischen Investitionsprojekten

An zwei weiteren Zahlenbeispielen soll gezeigt werden, wie die Kapitalnachfragefunktion abgeleitet werden kann, wenn die Projekte, aus denen das

Investitionsprogramm zusammengesetzt wird, sich z.T. gegenseitig ausschließen oder in anderer Weise abhängig voneinander sind.

Beispiel 2:
Es ist über sechs Investitionsprojekte zu entscheiden, von denen sich je zwei gegenseitig ausschließen, und zwar die Projekte 1 und 2, 3 und 4 sowie 5 und 6. Die mit den Projekten verbundenen Zahlungen ergeben sich aus folgender Übersicht:

Projekt	1	2	3	4	5	6
a_0	−80	−100	−20	−30	−50	−100
a_1	96	119	21	33	56	108

Man kann nun die Entscheidung zwischen zwei einander ausschließenden Investitionen so treffen, daß man zunächst den internen Zinsfuß der Investition mit dem niedrigeren Kapitalbedarf ermittelt, dann den der Differenzinvestition. Für die sich ausschließenden Projekte 1 und 2 kommt man zu dem Ergebnis, daß Investition 1 bei einem Kapitaleinsatz von 80 einen internen Zinsfuß von 20 % hat; wählt man 2 statt 1, so ergibt sich ein zusätzlicher Kapitalbedarf von 20, mit dem ein interner Zinsfuß von 15 % erreicht wird. Für die Projekte 3 und 4 ergibt sich, daß die Differenzinvestition mit 20 % einen höheren internen Zinsfuß hat als Projekt 3 mit 5 %. Das liegt daran, daß das Projekt mit dem höheren Kapitalbedarf, 4 also, einen höheren internen Zinsfuß hat als 3; daraus folgt aber, daß 4 in jedem Fall 3 vorzuziehen ist, 3 also im weiteren ganz unberücksichtigt bleiben kann. (Diese Feststellung ist allerdings nicht mehr unbedingt richtig, wenn man die Unteilbarkeit der Investitionsprojekte berücksichtigt.)

Bei den Projekten 5 und 6 ist die Lage ähnlich wie bei 1 und 2. Bei 5 beträgt der interne Zinsfuß 12 %; wählt man statt dessen 6, so erzielt man mit dem zusätzlichen Kapital von 50 eine interne Verzinsung von 4 %. Ordnet man die Projekte und Differenzinvestitionen nach ihrem internen Zinsfuß, so gelangt man zu folgender Übersicht:

Projekt bzw. Differenzinvestition	Interner Zinsfuß	Kapitalbedarf	Kumulierter Kapitalbedarf
1	20 %	80	80
2 − 1	15 %	20	100
5	12 %	50	150
4	10 %	30	180
6 − 5	4 %	50	230

Damit hat man die Kapitalnachfragefunktion. Steht z.B. ein Kapitalbetrag von 150 zur Verfügung, so kommen die Projekte 2 und 5 zur Durchführung.

Beispiel 3:
Zur Auswahl mögen 5 Projekte mit folgenden Zahlungsreihen stehen:

Projekt	1	2	3	4	5
a_0	−50	−150	−50	−40	−100
a_1	60	175	58	44	113

Bei Projekt 2 kann aber die Einzahlung von 175 am Ende der Periode nur erzielt werden, wenn Projekt 1 nicht durchgeführt wird. Wird Projekt 1 durchgeführt, so reduziert sich die Einzahlung aus Projekt 2 auf 168. Im übrigen sind die Projekte unabhängig voneinander.

Man setzt nun an Stelle der voneinander abhängigen Projekte 1 und 2 drei einander ausschließende Investitionsmöglichkeiten ein, nämlich: „Nur 1", „Nur 2" und „1 und 2", wobei dem letzteren die Zahlungsreihe $a_0 = -200$, $a_1 = 228$ entspricht. Nun kann in der gleichen Weise verfahren werden wie im Beispiel 2. Ordnet man wieder die Investitionsprojekte und Differenzinvestitionen nach ihrem internen Zinsfuß, so ergibt sich folgende Übersicht:

Projekt bzw. Differenzinvestition	Interner Zinsfuß	Kapitalbedarf	Kumulierter Kapitalbedarf
Nur 1	20 %	50	50
3	16 %	50	100
(Nur 2) − (Nur 1)	15 %	100	200
5	13 %	100	300
4	10 %	40	340
(1 u. 2) − (Nur 2)	6 %	50	390

Bei einem verfügbaren Kapitalbetrag von beispielsweise 300 würden die Projekte 2, 3 und 5 durchgeführt.

In dieser Weise kann stets verfahren werden, wenn Investitionsprojekte nicht unabhängig voneinander sind. Man kann dann einander ausschließende Kombinationen von Projekten bilden und hieraus mit Hilfe der Differenzinvestitionen die Kapitalnachfragefunktion ableiten.

3.1.2 Die Kapitalangebotsfunktion

a) Kapitalangebot und optimales Kapitalbudget

Die Annahme, daß für Investitionen ein fester Kapitalbetrag zur Verfügung steht, sei jetzt aufgegeben. Der investierende Betrieb möge die Möglichkeit haben, zusätzliches Kapital zu beschaffen. Für die Entscheidung hierüber ist wesentlich, welche Kosten dieses Kapital verursacht. Auch hier sei zunächst

Ein Zwei-Zeitpunkt-Modell

wieder ein einfaches Beispiel betrachtet. Ein Betrieb verfüge über eigene liquide Mittel von 150, außerdem habe er drei Möglichkeiten, Kredit aufzunehmen:

Kreditart	1	2	3
Zins	6 %	9 %	12 %
Höchstbetrag	100	50	50

Die Eigenmittel können außerhalb des Betriebes zu 5 % angelegt werden; die Anlage dieser Mittel im Betrieb bewirkt also einen entsprechenden Zinsentgang. Die Kapitalkosten für Eigenmittel werden daher in Höhe von 5 % angesetzt. Die Finanzierungsmöglichkeiten lassen sich in einer Tabelle zusammenfassend darstellen:

Finanzierungsart	Zins (Kapitalkosten)	Höchstbetrag	Kumulierte Höchstbeträge
Eigenmittel	5 %	150	150
Kredit 1	6 %	100	250
Kredit 2	9 %	50	300
Kredit 3	12 %	50	350

Die kumulierten Höchstbeträge der letzten Spalte geben an, welcher Betrag höchstens verfügbar ist zu einem Zinsfuß, der den in der gleichen Zeile angegebenen Satz nicht übersteigt. Der Zusammenhang zwischen Zins und kumuliertem Höchstbetrag kann graphisch dargestellt werden.

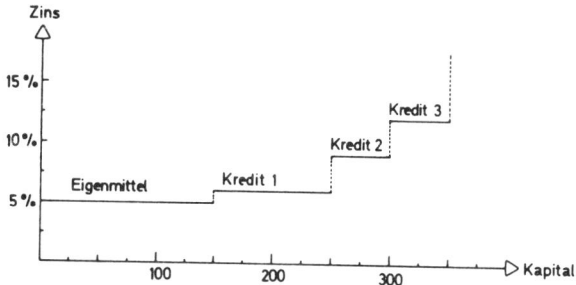

Abb. 10: Kapitalangebotskurve

Man bezeichnet die in Abbildung 10 dargestellte Kurve als Kapitalangebotskurve, die zugrundeliegende Funktion als Kapitalangebotsfunktion. Allgemein erhält man die Kapitalangebotsfunktion, indem man jedem Kapitalbetrag die bei optimaler Finanzierung entstehenden marginalen Kapitalkosten, d.h. den internen Zinsfuß der letzten noch erforderlichen Finanzierungsmaßnahme zuordnet.

Ist eine Kapitalangebots- und eine Kapitalnachfragefunktion gegeben, so kann man simultan über das Investitionsprogramm und über die Finanzierung desselben entscheiden. Gilt z.B. die Kapitalnachfragefunktion aus Beispiel 1 im ersten Abschnitt dieses Kapitels (o. S. 62f.), so kann man Kapitalangebots- und -nachfragefunktion in einer Darstellung zusammenfassen.

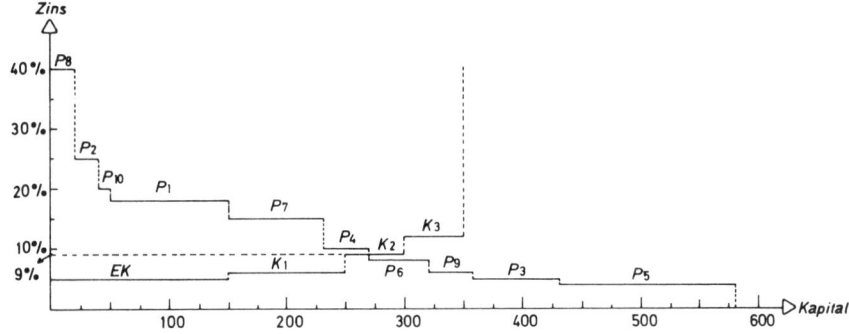

Abb. 11: Simultane Ableitung des Investitions- und Finanzierungsprogramms
(P_1 : Projekt 1, usw.; K_1 : Kredit 1, usw.; EK : Eigenmittel)

Aus der graphischen Darstellung ist zu ersehen, daß alle Projekte zu realisieren sind, deren interner Zinsfuß mindestens gleich dem Zinsfuß ist, der dem Schnittpunkt von Kapitalangebots- und Kapitalnachfragekurve entspricht, 9 % also. Zur Finanzierung des sich ergebenden Investitionsprogramms sind neben den Eigenmitteln die Kreditart 1 bis zum Höchstbetrag und Kreditart 2 bis zum Betrag von 20 heranzuziehen. Daß dieses Programm optimal ist, ergibt sich daraus, daß einerseits bei allen realisierten Projekten der interne Zinsfuß über den Kapitalkosten liegt, andererseits bei jeder weiteren Investition der interne Zinsfuß unter den Kapitalkosten des zur Finanzierung zusätzlich heranzuziehenden Kapitals liegen würde. (Unberücksichtigt bleiben hier wieder die Komplikationen, die sich aus der Unteilbarkeit von Investitionsprojekten ergeben können).

Der Entscheidungskalkül liefert gleichzeitig mit dem optimalen Investitionsprogramm Angaben über die optimale Finanzierung desselben. Das Investitions- und Finanzierungsprogramm, kurz als Kapitalbudget bezeichnet, wird simultan in einem einzigen Entscheidungskalkül bestimmt. Für die Ableitung der Kapitalangebotsfunktion muß nicht, wie im Beispielsfall, vorausgesetzt werden, daß die einzelnen Kreditaufnahmemöglichkeiten völlig unabhängig voneinander sind. So kann z.B. der Höchstbetrag einer Kreditart davon abhängig sein, welche anderen Kredite bereits aufgenommen worden sind. Bestehen derartige Abhängigkeiten, so muß zunächst für jeden Kapitalbedarf die günstigste Kombination von Finanzierungsmaßnahmen ermittelt werden; hieraus läßt sich dann der Verlauf der marginalen Kapitalkosten ableiten, der mit der Kapitalangebotsfunktion übereinstimmt.

b) Zur Problematik der Kapitalangebotsfunktion

Unter den Einwänden, die gegen die beschriebene Kapitalangebotsfunktion vorgebracht werden können, sind vor allem die beiden folgenden hervorzuheben:

1. Die Finanzierungsmöglichkeiten, sind nicht unabhängig vom Investitionsprogramm, da die Möglichkeit der Kreditsicherung davon abhängt, welche Vermögensgegenstände im Zusammenhang mit Investitionsprojekten angeschafft werden.
2. Die Kosten des Fremdkapitals können (z.B. infolge der Abzugsfähigkeit der Fremdkapitalzinsen bei der Ermittlung des körperschaftsteuerpflichtigen Gewinns) niedriger sein als die des Eigenkapitals; dann ist die Regel, daß die Finanzierungsquellen nacheinander gemäß der Höhe ihrer Kapitalkosten in Anspruch zu nehmen sind, nicht anwendbar, weil das billigere Fremdkapital nur aufgenommen werden kann, wenn auch teureres Eigenkapital eingesetzt wird.

Beiden Einwänden wird folgende Modifikation des bisher behandelten Verfahrens gerecht [*Solomon* 1955]: Vor Aufstellung der Kapitalnachfragefunktion wird für jedes Investitionsprojekt festgestellt, in welchem Umfang für seine Finanzierung Fremdkapital herangezogen werden kann. Unter der Voraussetzung, daß die Kosten des Fremdkapitals niedriger sind als die des Eigenkapitals, wird man von der Fremdfinanzierung in größtmöglichem Maße Gebrauch machen. Man kann daher die mit einem Projekt verbundene Anfangsauszahlung von vornherein um den maximal möglichen Fremdfinanzierungsbetrag und die spätere Einzahlung um die gleichzeitig fällige Auszahlung für Zins und Tilgung reduzieren. Mit Hilfe der so modifizierten Zahlungsreihen der Investitionsprojekte wird dann eine Nachfragefunktion für Eigenkapital abgeleitet. In der Kapitalangebotsfunktion werden dann nur noch die Kosten der Eigenfinanzierung berücksichtigt.

Ein weiterer und schwerwiegender Einwand gegen die Kapitalangebotsfunktion ergibt sich, wenn man berücksichtigt, daß die bei Ableitung der Kapitalnachfragefunktion zugrunde gelegten Einzahlungen am Periodenende unsicher sind, daß also nur Erwartungswerte eingesetzt werden, von denen die tatsächlich erzielten Einzahlungen abweichen können. In diesem Fall ist mit der Fremdfinanzierung eine Erhöhung des Risikos für den Investor verbunden. Dies sei an einem Beispiel gezeigt. Eine Investition sei mit einer Auszahlung von 100 verbunden; der mathematische Erwartungswert der Einzahlung am Periodenende sei 112; doch kann die tatsächliche Einzahlung um maximal 5 nach oben und unten vom Erwartungswert abweichen. Für Fremdkapital sind 10 % Zinsen zu entrichten. Den Einfluß des Fremdkapitalanteils auf die Unsicherheit des auf das Eigenkapital entfallenden Gewinns kann man aus folgender Übersicht ersehen:

Fremdkapitalanteil

	0 %	20 %	40 %	60 %	80 %
Erwarteter Gewinn	12	10	8	6	4
Erwartete Verzinsung des Eigenkapitals	12 %	12,5 %	13,33 %	15 %	20 %
Streubreite des Gewinns	7–17	5–15	3–13	1–11	(–1)–9
Streubreite der Verzinzung des Eigenkapitals	7–17 %	6,25–18,75 %	5–21,67 %	2,5–27,5 %	(–5)–45 %
Verhältnis der maximalen Abweichung zum Erwartungswert des Gewinns	0,417	0,5	0,625	0,833	1,25

Hieraus ist zu ersehen, daß die erwartete Verzinsung des Eigenkapitals mit dem Fremdkapitalanteil steigt, daß aber gleichzeitig die Unsicherheit größer wird; dies kommt deutlich darin zum Ausdruck, daß sowohl die Streubreite der Verzinsung des Eigenkapitals als auch das Verhältnis der maximal möglichen Abweichung zum Erwartungswert des Gewinns mit wachsendem Fremdkapitalanteil größer werden.

Hieraus ergibt sich die Frage, ob das mit dem Fremdkapitalanteil wachsende Risiko des Investors nicht auch zur Folge hat, daß die erforderliche Minimalverzinsung des Eigenkapitals, die Eigenkapitalkosten also, ansteigen. Die Beantwortung dieser Frage setzt eine grundsätzliche Klärung des Zusammenhangs zwischen Risiko und Kapitalkosten voraus. Dieser Problemkreis wird im Abschnitt 4.3.4 behandelt. Dort wird auch auf die Kapitalangebotsfunktion zurückzukommen sein.

3.1.3 Der Kalkulationszinsfuß

a) Ableitung des Kalkulationszinsfußes aus Kapitalangebots- und Kapitalnachfragefunktion

Dem Schnittpunkt von Kapitalangebots- und Kapitalnachfragekurve entspricht ein Zinsfuß, der folgende bemerkenswerte Eigenschaft hat: Er ist nicht größer als der interne Zinsfuß jeder im optimalen Kapitalbudget enthaltenen Investition und nicht kleiner als die Kapitalkosten jeder im optimalen Programm enthaltenen Finanzierungsmaßnahme. Mit Hilfe dieses Zinsfußes würde man für alle im optimalen Kapitalbudget enthaltenen Investitionsprojekte und Finanzierungsmaßnahmen nichtnegative Kapitalwerte, für alle anderen Projekte und Maßnahmen hingegen nichtpositive Kapitalwerte erhalten. Wäre dieser Kalkulationszinsfuß im voraus bekannt, so könnte man allein aufgrund der Kapitalwerte das optimale Programm ermitteln. Dieser Kalkulationszinsfuß ist jedoch erst bekannt, wenn man den Schnittpunkt von Kapitalangebots- und Kapitalnachfragekurve ermittelt und damit das optimale Kapitalbudget festgestellt hat. Er ist keine dem Entscheidungskalkül vorgegebene (exogene) Größe, sondern eine erst mit der Lösung des Entscheidungsproblems festzustellende (endogene) Variable [*Moxter* 1961].

Für einige besondere Fälle soll gezeigt werden, wovon die Höhe des Kalkulationszinsfußes abhängt.

Fall 1:

Das Kapitalangebot ist vollkommen elastisch, d.h. zu einem konstanten Kapitalkostensatz können beliebige Kapitalbeträge aufgenommen werden. In Abbildung 12 sei N die Kapitalnachfragekurve, A die Kapitalangebotskurve. Man erkennt, daß der Kalkulationszinsfuß unabhängig vom Verlauf der Kapitalnachfragekurve gleich dem konstanten Kapitalkostensatz ist.

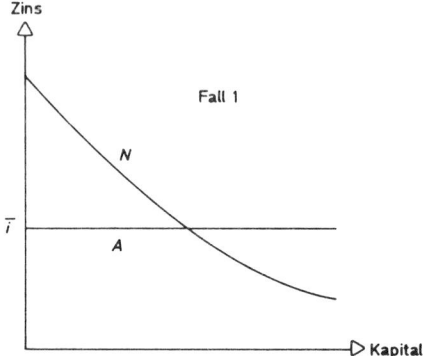

Abb. 12: Kalkulationszinsfuß bei vollkommen elastischer Kapitalangebotsfunktion

Fall 2:

Das Kapitalangebot ist vollkommen unelastisch, d.h. es ist über einen gegebenen Kapitalbetrag zu disponieren. Die Kapitalkosten können unberücksichtigt bleiben, weil sie von den Dispositionen über die Verwendung des gegebenen Kapitals unabhängig sind. Diese Situation wird auch als „Kapitalrationierung" bezeichnet. In der graphischen Darstellung (Abb. 13) erscheint die Kapitalangebotskurve als Parallele zur Ordinate. Der Kalkulationszinsfuß ist gleich dem marginalen internen Zinsfuß des Investitionsprogramms.

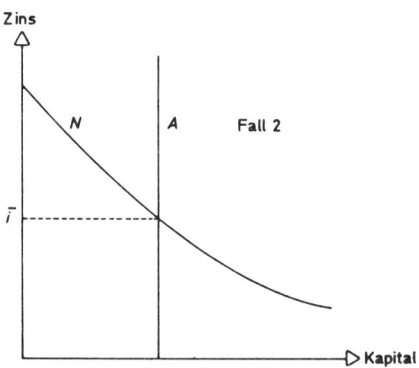

Abb. 13: Kalkulationszinsfuß bei vollkommen unelastischer Kapitalangebotsfunktion

Fall 3:

Die Kapitalnachfrage ist unterhalb einer bestimmten Grenze vollkommen unelastisch. Diese Situation tritt ein, wenn nur eine begrenzte Anzahl von Investitionsprojekten zur Wahl steht, deren Zinsfüße alle sehr hoch sind. Die Höhe des Kalkulationszinsfußes richtet sich dann nach den marginalen Kapitalkosten.

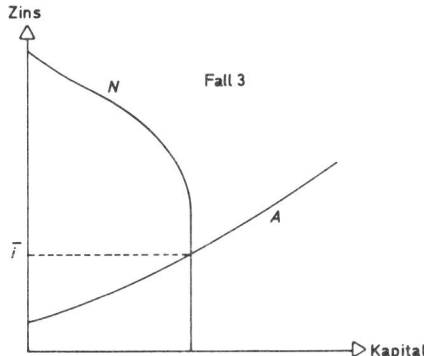

Abb. 14: Kalkulationszinsfuß bei teilweise unelastischer Kapitalnachfragefunktion

Fall 4:

Die Kapitalnachfragekurve fällt monoton, die Kapitalangebotskurve steigt monoton an. Der durch den Schnittpunkt beider Kurven bestimmte Kalkulationszinsfuß ist sowohl gleich dem marginalen Kapitalkostensatz als auch gleich dem marginalen internen Zinsfuß des Investitionsprogramms.

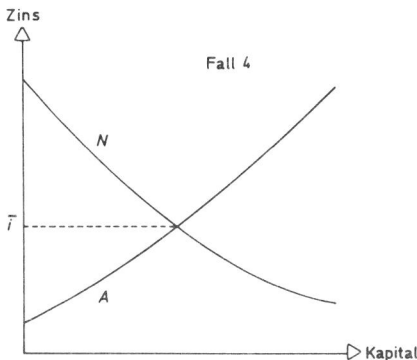

Abb. 15: Kalkulationszinsfuß bei monoton fallender Kapitalnachfragefunktion und monoton steigender Kapitalangebotsfunktion

Fall 5:

Die Kapitalkosten sind konstant bis zu einem bestimmten Punkt; dann steigen sie sprunghaft auf ein höheres Niveau, auf dem sie wieder konstant bleiben. Dieser Fall tritt z.B. ein, wenn die Eigenkapitalkosten und die Fremdkapitalkosten konstant, erstere jedoch niedriger als letztere sind. In Abbildung 16 sind drei Kapitalnachfragekurven eingetragen. Je nachdem, welche von ihnen gilt, ist der Kalkulationszinsfuß gleich dem höheren Kapitalkostensatz $\bar{i}_1$ (für N_1) oder dem niedrigeren Kapitalkostensatz $\bar{i}_3$ (für N_3) oder er liegt zwischen beiden Sätzen und wird dann nur durch den marginalen internen Zinsfuß $\bar{i}_2$ bestimmt (für N_2).

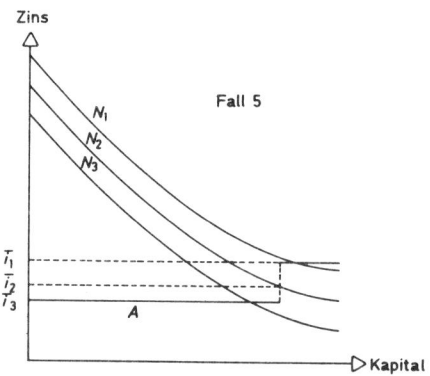

Abb. 16: Kalkulationszinsfuß bei unstetiger Kapitalangebotsfunktion und alternativer Kapitalnachfragefunktion

b) Ableitung des Kalkulationszinsfußes unter Berücksichtigung der subjektiven Zeitpräferenz des Investors.

Bei den bisherigen Überlegungen zum Kalkulationszinsfuß blieb die subjektive Zeitpräferenz des Investors unberücksichtigt, d.h. seine Vorstellung darüber, welcher Betrag im zweiten Zeitpunkt ihm den gleichen subjektiven Nutzen vermittelt wie ein bestimmter Betrag im ersten Zeitpunkt. Welche Bedeutung diese subjektive Zeitpräferenz hat, kann mit Hilfe einer etwas andersartigen Darstellungsweise gezeigt werden [*Fisher* 1930, S. 263, *Hirshleifer* 1958]. Geht man davon aus, daß der Investor zu Beginn der Periode über einen bestimmten Geldbetrag $\bar{G}_0$ verfügt, so kann er durch Investitionen Geld zu Periodenbeginn (G_0) in Geld zu Periodenende (G_1) transformieren.

Die (G_0, G_1)-Kombinationen, die man von der Ausgangsposition ($\bar{G}_0$, 0) aus durch Vornahme von Investitionen erreichen kann, können durch eine Transformationskurve dargestellt werden. Sie beruht auf der Annahme, daß zuerst das Projekt mit dem höchsten internen Zinsfuß realisiert wird, dann das mit dem nächstniederen usw. Von der Ausgangsposition ($\bar{G}_0$, 0) ausgehend, können in dieser Weise alle Punkte auf der Transformationskurve erreicht werden. Da jede Investition eine Minderung von G_0 und eine Erhöhung von G_1 bedeutet, verläuft die Transformationskurve mit negativer Steigung, und zwar wegen des mit dem Investitionsvolumen sinkenden marginalen internen Zinsfußes vom Punkte ($\bar{G}_0$, 0) aus zunächst steiler und dann immer flacher.

Die Transformationskurve beschreibt ebenso wie die Kapitalnachfragekurve die Möglichkeiten, durch Investitionen Geld im Zeitpunkt 0 gegen Geld im Zeitpunkt 1 einzutauschen. Sie ist eine Darstellung der Kapitalnachfragefunktion in etwas anderer Form. Geht man wie bei der Ableitung der Kapitalnachfragekurve von den einzelnen Investitionsprojekten aus, so erhält man eine stückweise lineare Transformationskurve wie in Abbildung 17a. An deren Stelle kann man zur Vereinfachung auch eine Kurve verwenden, deren Steigung sich kontinuierlich verändert.

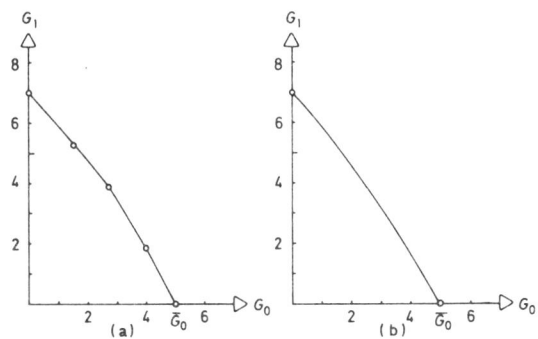

Abb. 17: Stückweise-lineare (a) und vereinfachte (b) Transformationskurve

Das negative Steigungsmaß der Kurve, ausgedrückt durch den Differentialquotienten ($-dG_1/dG_0$), sei als marginale Transformationsrate bezeichnet. Die marginale Transformationsrate ist gleich dem um 1 erhöhten marginalen internen Zinsfuß.

Die subjektiven Präferenzen des Investors hinsichtlich G_0 und G_1 lassen sich in dem Koordinatensystem durch Indifferenzkurven darstellen. Hat der Investor außer den durch die Transformationskurve beschriebenen Investionen keine andere Möglichkeit, einen Tausch zwischen G_1 und G_0 vorzunehmen, so wird das optimale Investitionsprogramm dadurch charakterisiert, daß eine Indifferenzkurve die Transformationskurve tangiert. In der Abbildung

18 wird dieses Optimum im Punkt A erreicht. In diesem Punkt ist die Grenzrate der Substitution (Steigung der Indifferenzkurve) gleich der marginalen Transformationsrate.

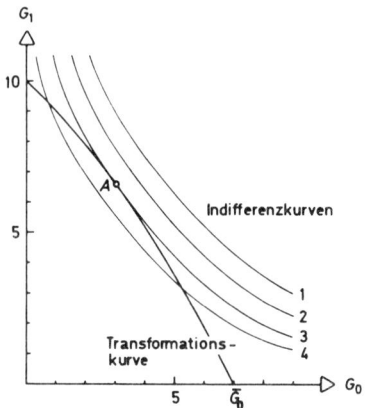

Abb. 18: Ableitung des optimalen Investitionsprogramms aus Transformations- und Indifferenzkurven

Ausgeführt werden alle Investitionen, bei denen die marginale Transformationsrate größer ist als die Grenzrate der Substitution im Punkt A. Dies ist gleichbedeutend damit, daß die um 1 verminderte Grenzrate der Substitution im Punkt A als Kalkulationszinsfuß dienen kann. Der Kalkulationszinsfuß hängt hier also von den subjektiven Präferenzen ab.

Bei dieser Darstellung blieb zunächst unberücksichtigt, daß ein Tausch zwischen G_0 und G_1 auch durch Anlage und Aufnahme von Mitteln auf dem Kapitalmarkt bewerkstelligt werden kann. Hier sollen zwei Fälle behandelt werden. Im ersten Fall, der hier als „*Fisher*-Fall" bezeichnet sei [*Fisher*, S. 127f.], können zu einem festen Marktzinsfuß r beliebige Beträge auf dem Kapitalmarkt angelegt oder aufgenommen werden. Der zweite Fall hingegen ist dadurch charakterisiert, daß es einen Anlagezinsfuß r_A und einen Aufnahmezinsfuß r_B gibt und ersterer kleiner als letzterer ist; dieser Fall sei hier „*Hirshleifer*-Fall" genannt [*Hirshleifer* 1959].

Im *Fisher*-Fall ist es stets möglich, $(1 + r)$ Einheiten von G_1 gegen 1 Einheit von G_0 einzutauschen und umgekehrt. Im (G_0, G_1)-Koordinatensystem dargestellt, erscheint dieser Tauschvorgang als Bewegung entlang einer Marktlinie mit der Steigung $-(1 + r)$. Man kann sich das gesamte System von einer Schar paralleler Marktlinien überdeckt denken. Geht man nun wieder von einer Transformationskurve aus, so erreicht man die Indifferenzkurve mit dem höchsten Niveau, indem man auf der Transformationskurve den Punkt realisiert, in dem eine Marktlinie tangiert wird (Punkt A in Abbildung 19), und dann auf dem Kapitalmarkt Mittel aufnimmt oder anlegt, bis ein Punkt erreicht ist, in dem die Marktlinie eine Indifferenzkurve tangiert (Punkt B in Abb. 19).

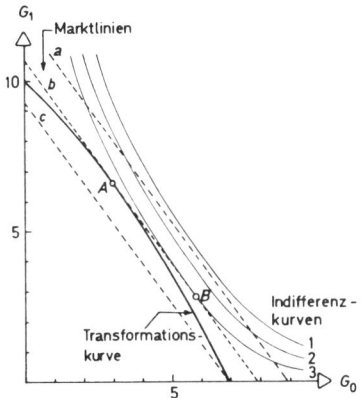

Abb. 19: Optimales Investitionsprogramm bei Kapitalaufnahme (*Fisher*-Fall)

Durchgeführt werden alle Investitionen, deren Transformationsrate größer als $(1 + r)$, deren interner Zinsfuß also größer als r ist. Der Kalkulationszinsfuß ist also gleich dem Marktzinsfuß. Subjektive Präferenzen des Investors beeinflussen den Kalkulationszinsfuß nicht, sie determinieren lediglich den Betrag, der auf dem Kapitalmarkt aufgenommen oder angelegt wird.

Im *Hirshleifer*-Fall muß man auf dem Kapitalmarkt $(1 + r_B)$ Einheiten von G_1 hingeben, um eine Einheit von G_0 zu erhalten. Gibt man hingegen eine Einheit von G_0 hin, so erhält man nur $(1 + r_A)$ Einheiten von G_1. Für die graphische Darstellung bedeutet das, daß es zwei Arten von Marktlinien gibt, solche mit der Steigung $-(1 + r_A)$ und solche mit der Steigung $-(1 + r_B)$. Erstere gelten, wenn G_1 auf Kosten von G_0 vergrößert wird, letztere im umgekehrten Fall.

Bei der Bestimmung des Optimums können sich drei Fälle ergeben. Fall *a*, in Abbildung 20a dargestellt, zeichnet sich dadurch aus, daß man zur Erreichung des Optimums zunächst auf der Transformationskurve den Punkt A realisiert, in dem eine Marktlinie mit der Steigung $-(1 + r_A)$ tangiert wird, und dann durch Anlage auf dem Kapitalmarkt Punkt B erreicht, in dem eine Indifferenzkurve tangiert wird. Alle Investitionen, deren interner Zinsfuß mindestens gleich r_A ist, werden durchgeführt.

Im Fall b, dargestellt in Abbildung 20b, wird auf der Transformationskurve der Punkt C realisiert, wo diese eine Marktlinie mit der Steigung $-(1 + r_B)$ tangiert. Durch Aufnahme von Mitteln auf dem Kapitalmarkt erreicht man Punkt D, den Optimalpunkt, wo die Marktlinie eine Indifferenzkurve berührt. In diesem Fall sind alle Investitionen vorteilhaft, deren interner Zinsfuß größer als oder gleich r_B ist.

Im Fall c schließlich wird der Optimalpunkt E als Berührungspunkt der Transformationskurve und einer Indifferenzkurve erreicht (Abb. 20c). Weder die Aufnahme noch die Anlage von Mitteln auf dem Kapitalmarkt ist vorteilhaft. Der Kalkulationszinsfuß liegt zwischen r_A und r_B. Seine genaue Höhe ergibt sich aus der Grenzrate der Substitution im Punkt E. Durchzuführen sind alle Investitionen, deren interner Zinsfuß mindestens so groß ist wie diese um 1 verminderte Grenzrate der Substitution.

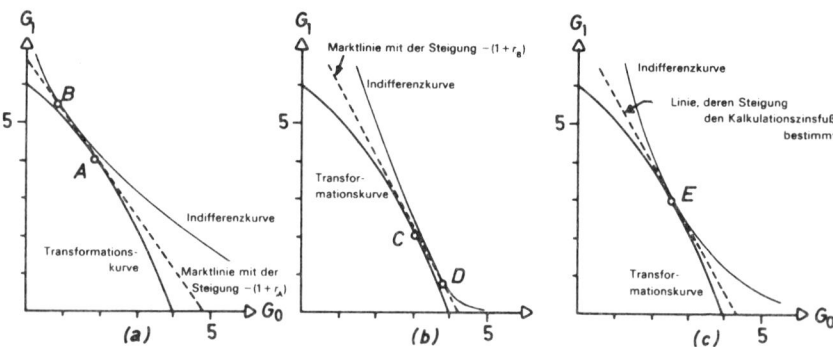

Abb. 20: Optimales Investitionsprogramm bei Kapitalaufnahme und Kapitalanlage zu unterschiedlichen Zinsfüßen (*Hirshleifer*-Fall)

Zusammenfassend läßt sich feststellen: Müssen zur Erreichung des Optimums Mittel auf dem Kapitalmarkt angelegt werden (Fall a), so ist der Kalkulationszinsfuß gleich dem Anlagezinsfuß. Müssen hingegen Mittel aufgenommen werden (Fall b), so ist der Kalkulationszinsfuß gleich dem Aufnahmezinsfuß. Kann das Optimum ohne Anlage oder Aufnahme auf dem Kapitalmarkt erreicht werden, so liegt der Kalkulationszinsfuß zwischen Anlage- und Aufnahmezinsfuß (Fall c); seine genaue Höhe wird durch die subjektiven Präferenzen des Investors bestimmt.

Es sei noch darauf hingewiesen, daß der *Hirshleifer*-Fall mit dem Fall 5 (o.S.74) übereinstimmt. Auch dort ergab sich, daß der Kalkulationszinsfuß gleich dem Anlagezinsfuß ist, wenn Mittel auf dem Kapitalmarkt angelegt werden, gleich dem Aufnahmezinsfuß, wenn Mittel aufgenommen werden müssen, und gleich einem dazwischenliegenden Satz, wenn weder Anlage noch Aufnahme erfolgt. Ebenso stimmt der *Fisher*-Fall in Prämissen und Ergebnis mit Fall 1 (o.S. 71) überein. Die zuletzt verwandte Darstellungsweise ermöglicht jedoch, die Bedeutung der subjektiven Präferenzen des Investors klarer herauszustellen.

3.1.4 Erweiterung des Modells auf mehr als zwei Zeitpunkte

Es liegt nahe, die Ergebnisse, die hier aus den speziellen Prämissen eines Zwei-Zeitpunkt-Modells abgeleitet wurden, zu verallgemeinern. Auch wenn Investitionsprojekte vorliegen, deren Zahlungen zu mehr als zwei verschiedenen Zeitpunkten anfallen, kann man eine Kapitalnachfrage- und eine Kapitalangebotsfunktion aufstellen und das Investitions- und Finanzierungsprogramm nach der Regel bestimmen, daß alle Investitionen und Finanzierungsmaßnahmen bis zum Schnittpunkt der beiden Kurven durchzuführen sind. Allerdings sind verschiedene Methoden zur Bestimmung von Kapitalangebots- und Kapitalnachfragefunktion denkbar; diese Methoden können zu unterschiedlichen Ergebnissen führen.

Ein naheliegender Ansatz ist, bei der Aufstellung der Kapitalnachfragefunktion von den internen Zinsfüßen der Investitionsprojekte auszugehen und dann in der gleichen Weise zu verfahren wie im Zwei-Zeitpunkt-Fall. Das ist aber nicht die einzige Möglichkeit, weil es auch andere Maßgrößen für die Verzinsung von Investitionsprojekten gibt, die bei mehr als zwei Zeitpunkten auch zu einer anderen Rangordnung der Projekte führen können. Insbesondere kommt die Initialverzinsung V (s.o.S. 24ff.) als Verzinsungsmaßstab in Frage. Eine weitere Möglichkeit ist, die Rangfolge der Investitionsprojekte überhaupt nicht nach einem Verzinsungsmaßstab, sondern nach der Kapitalwertrate zu bestimmen. Dieses Verfahren hat aber den Nachteil, daß die so ermittelte Kapitalnachfragefunktion nicht ohne weiteres der Kapitalangebotsfunktion gegenüber gestellt werden kann, in der jedem Kapitalbedarf die als Zinssatz ausgedrückten marginalen Kosten zugeordnet sind; mit einer auf der Kapitalwertrate basierenden Kapitalnachfragefunktion kann man deswegen nur im Falle der Kapitalrationierung, bei vollkommen unelastischem Kapitalangebot also, zu einem Ergebnis kommen. In jedem Fall aber erreicht man das gleiche Ergebnis mit Hilfe der Initialverzinsung, die stets zur gleichen Rangfolge der Investitionsprojekte führt wie die Kapitalwertrate. Im folgenden wird deswegen die Kapitalwertrate nicht mehr berücksichtigt.

An einem Beispiel soll nun gezeigt werden, daß die verschiedenen Varianten der Methode zu unterschiedlichen Ergebnissen führen können und daß die optimale Lösung verfehlt werden kann. Es gebe zwei Investitionsprojekte, A und B, mit folgenden Zahlungsreihen:

Simultane Planung des Investitions- und Finanzierungsprogramms

	Projekt	
Zeitpunkt	A	B
0	−120	−100
1	110	10
2	50	110

Für diese Projekte kann man den internen Zinsfuß und die Initialverzinsung berechnen. Die Initialverzinsung hängt von der Höhe des Kalkulationszinsfußes ab; hier werden zwei Varianten berechnet, und zwar die eine mit 10 %, die andere mit 5 % als Kalkulationszinsfuß.

Es ergibt sich:

	Projekt	
	A	B
Interner Zinsfuß	25 %	10 %
Initialverzinsung bei einem Kalkulationszinsfuß von 10 %	29,5 %	10 %
Initialverzinsung bei einem Kalkulationszinsfuß von 5 %	31,3 %	14,8 %

Für die Projekte gebe es zwei Finanzierungsmöglichkeiten: Aus der Kapitalquelle I kann maximal der Betrag 120 aufgebracht werden; die Kapitalkosten liegen hier bei 5 %. Darüber hinausgehender Kapitalbedarf ist aus Kapitalquelle II zu decken, bei der die Kapitalkosten 12 % betragen.

In den Abbildungen 21a, b und c sind die Kapitalnachfragefunktionen für die drei Varianten angegeben, außerdem jeweils die in allen drei Fällen gleiche Kapitalangebotsfunktion. In den beiden ersten Varianten kommt man zu dem Ergebnis, daß nur Projekt A durchzuführen ist; in der dritten Variante hingegen erweisen sich beide Projekte als vorteilhaft.

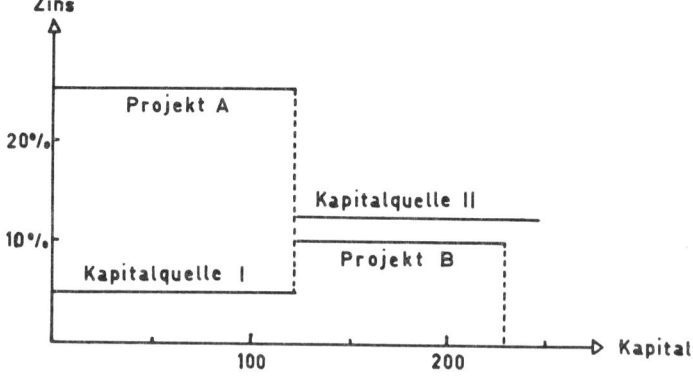

a) Kapitalnachfragefunktion aufgrund des internen Zinsfußes

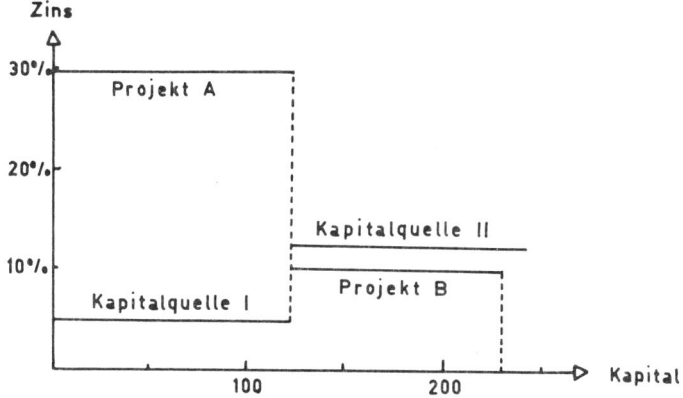

b) Kapitalnachfragefunktion aufgrund der Initialverzinsung (Kalkulationszinsfuß 10 %)

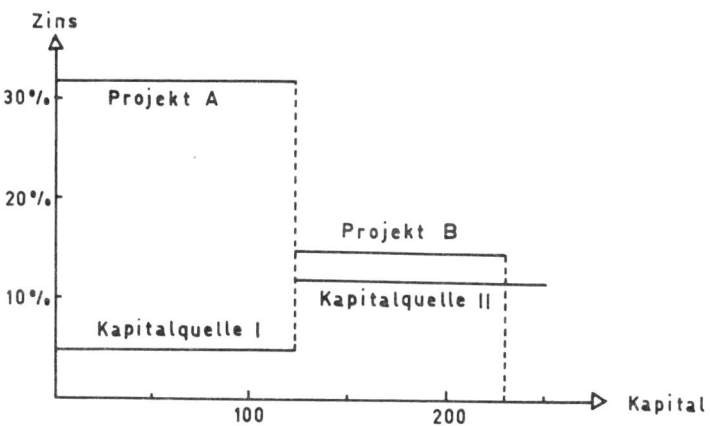

c) Kapitalnachfragefunktion aufgrund der Initialverzinsung (Kalkulationszinsfuß 5 %)

Abb. 21: Kapitalbudget im Drei-Zeitpunkt-Fall

Um diese divergierenden Ergebnisse besser beurteilen zu können, soll zunächst auf der Grundlage einer andersartigen Überlegung gezeigt werden, welche Lösung die beste ist. Nimmt man an, die am Ende der ersten Periode eingehenden Zahlungen würden voll dazu verwandt, die Zinsen auf das aufgenommene Kapital zu entrichten und darüber hinaus so viel wie möglich zu tilgen, so läßt sich die Vorteilhaftigkeit eines Kapitalbudgets allein danach beurteilen, welcher Überschuß im Zeitpunkt 2 nach Abzug der noch erforderlichen Zins-

und Tilgungszahlungen verbleibt. Für die zwei in Frage kommenden Möglichkeiten, nämlich nur Projekt A oder beide Projekte durchzuführen, läßt sich je ein Zahlungsplan aufstellen:

Nur Projekt A:

Zeitpunkt	Zahlungen aus Projekt A	Kapitalquelle I Kapitalaufnahme (+) bzw. -tilgung (−)	Zinsen	Überschuß
0	−120	120	−	−
1	110	−104	−6	−
2	50	− 16	−0,8	33,2

Beide Projekte:

Zeitpunkt	Zahlungen aus		Kapitalquelle I		Kapitalquelle II		Überschuß
	Projekt A	Projekt B	Kapitalaufnahme (+) bzw. -tilgung (−)	Zinsen	Kapitalaufnahme (+) bzw. -tilgung (−)	Zinsen	
0	−120	−100	120	−	100	−	−
1	110	10	−2	−6	−100	−12	−
2	50	110	−118	−5,9	−	−	36,1

Hier erweist es sich also als optimal, beide Projekte durchzuführen. Diese Lösung wird sowohl bei dem Ansatz auf der Grundlage des internen Zinsfußes als auch bei der ersten Variante der Initialverzinsung verfehlt. Dieses Ergebnis kann leicht erklärt werden.

Geht man von der Kapitalnachfragekurve aus, die auf dem internen Zinsfuß beruht, so scheint es unvorteilhaft zu sein, das Projekt B mit einem internen Zinsfuß von 10 % durchzuführen, da zu seiner Finanzierung Kapitalquelle II herangezogen werden muß, deren Kapitalkosten bei 12 % liegen. Dabei wird aber übersehen, daß man nur in der ersten Periode auf Kapitalquelle II zurückgreifen muß; in der zweiten Periode ist dieses Kapital bereits völlig getilgt. In der ersten Periode betragen die Kapitalkosten zwar 12 %, in der zweiten jedoch nur noch 5 %. Berechnet man mit diesen Zinsfüßen den Kapitalwert des Projekts B nach Formel (1.2.7), so erhält man mit 2,47 ein positives Ergebnis.

Damit wird deutlich, warum es nicht immer sinnvoll ist, ein Projekt abzulehnen, nur weil sein interner Zinsfuß unter den marginalen Kapitalkosten liegt, oder es anzunehmen, weil er darüber liegt. Der interne Zinsfuß gibt an, welche Verzinsung während der gesamten Lebensdauer des Projekts für das darin investierte Kapital erzielt wird. Die marginalen Kapitalkosten können sich aber von Periode zu Periode ständig ändern. Wenn sie später sinken, kann es, wie das Beispiel zeigt, sinnvoll sein, eine Investition durchzuführen, deren interner Zinsfuß zunächst unter den marginalen Kapitalkosten liegt. Es kann aber auch zweckmäßig sein, eine Investition zu unterlassen, deren interner Zinsfuß zunächst die Kapitalkosten überschreitet, wenn nämlich für spätere Perioden mit hoch verzinslichen Investitionen zu rechnen ist, die den marginalen Kapitalkostensatz zum Steigen bringen.

Bei den beiden Varianten der Initialverzinsung wird die optimale Lösung im ersten Fall verfehlt, im zweiten hingegen erreicht. Das ist damit zu erklären, daß im zweiten Fall die Initialverzinsung mit einem Kalkulationszinsfuß von 5 % berechnet wird; das entspricht genau den marginalen Kapitalkosten der zweiten Periode. Bei der ersten Variante beträgt der Kalkulationszinsfuß hingegen 10 %; damit erfaßt man die Kapitalkosten der zweiten Periode nicht richtig und gelangt deswegen auch nicht zur optimalen Lösung.

Man kann das Ergebnis der im Zusammenhang mit dem Beispiel angestellten Überlegungen verallgemeinern: Man kann das optimale Kapitalbudget mit Hilfe einer Kapitalnachfragekurve auf der Grundlage der Initialverzinsung bestimmen. Man findet das Optimum aber nur, wenn bei der Berechnung der Initialverzinsung für alle Perioden von der zweiten an Kalkulationszinsfüße verwandt werden, die gleich den marginalen Kapitalkosten der jeweiligen Perioden sind. Ein allgemeiner Beweis für diesen Satz wird in Abschnitt 3.3.3 (u.S. 107ff.) geführt.

Die praktische Anwendung des Satzes auf die Lösung von Investitionsentscheidungsproblemen stößt allerdings auf Schwierigkeiten. Um die marginalen Kapitalkosten aller künftigen Perioden richtig vorausschätzen zu können, müßte man sämtliche Investitions- und Finanzierungsmöglichkeiten dieser Perioden im voraus kennen. Man könnte dann allerdings auch ein Entscheidungsmodell aufstellen, das sämtliche Investitionsprojekte und Finanzierungsmaßnahmen während des gesamten Planungszeitraums einbezieht; Entscheidungsmodelle dieser Art werden in Kapital 3.2 behandelt.

Für die Planung des Kapitalbudgets ergeben sich grundsätzlich zwei Möglichkeiten: Man kann entweder versuchen, einen simultanen Planungsansatz für alle Investitionsprojekte und Finanzierungsmaßnahmen des gesamten Planungszeitraums zu entwickeln, oder bei der Methode der Kapitalangebots- und Kapitalnachfragekurven bleiben. Für den ersten Weg bietet sich, wie im Kapital 3.2 gezeigt werden wird, ein gut entwickeltes mathematisches Instrumentarium an. Schwierigkeiten ergeben sich aber vor allem bei der Beschaffung der für die Modellanalyse benötigten Informationen. Es fällt im allgemeinen schon schwer, einigermaßen fundierte Schätzungen für die Zahlungsströme der zu Beginn des Planungszeitraums anstehenden Investitionsprojekte zu erhalten; wenn darüber hinaus verlangt wird, daß derartige Schätzungen auch für alle Investitionsprojekte vorliegen müssen, die in späteren Zeitpunkten des Planungszeitraumes anlaufen, werden die zuständigen Stellen im Betrieb vermutlich in vielen Fällen überfordert.

Eine Alternative ist die Planung des Kapitalbudgets mit Hilfe von Kapitalangebots- und Kapitalnachfragekurven. Allerdings kann hierbei das optimale Kapitalbudget verfehlt werden; dies gilt, wenn man mit dem internen Zinsfuß arbeitet, aber auch, wenn man die Initialverzinsung zugrundelegt, weil man die marginalen Kapitalkosten späterer Perioden nicht genau ermitteln kann. Allerdings spricht vieles dafür, daß im allgemeinen das optimale Kapitalbudget nur geringfügig verfehlt wird, daß man also auf jeden Fall ein gutes Kapitalbudget erreicht, wenn auch nicht immer das beste. Als heuristisches Verfahren, d.h. als Verfahren zur Bestimmung guter Annäherungen an das optimale Kapitalbudget, bleibt die Methode der Gegenüberstellung von Kapitalangebots- und Kapitalnachfragekurven trotz aller theoretischen Mängel ein wesentlicher Bestandteil des Instrumentariums der Investitionstheorie.

Es bleibt die Frage, welche Variante der Methode als heuristisches Verfahren den Vorzug verdient. Zur Wahl stehen interner Zinsfuß und Initialverzinsung; auf die Kapitalwertrate, die nur im Fall der Kapitalrationierung verwendbar ist, dann aber stets zum gleichen Ergebnis führt wie die Initialverzinsung, braucht hier nicht mehr besonders eingegangen zu werden. Da es sich um heuristische Verfahren handelt, bei deren Verwendung eine gewisse Abweichung von der Optimallösung bewußt in Kauf genommen wird, muß die Beurteilung davon abhängig gemacht werden, bei welcher Variante diese Abweichung im allgemeinen geringer ist. Dies kann z.B. durch Modellrechnungen an zahlreichen Beispielen getestet werden [*Kruschwitz* 1977].

Ein gewichtiges theoretisches Argument spricht allerdings für die Initialverzinsung: Hier besteht wenigstens die Möglichkeit, durch richtige Schätzung der marginalen Kapitalkosten späterer Perioden das Optimum zu erreichen. Ein Vorzug des internen Zinsfußes scheint demgegenüber darin zu liegen, daß seine Berechnung nicht wie die der Initialverzinsung einen Kalkulationszinsfuß voraussetzt. Das ist aber in Wirklichkeit kein Vorzug, sondern ein Nachteil. Der Kalkulationszinsfuß soll auf der Schätzung zukünftiger marginaler Kapitalkosten beruhen. Dies ist eine für die Entscheidung sehr wesentliche Größe. Wegen der unvollständigen Information über zukünftige Investitions- und Finanzierungsmöglichkeiten ist die Gefahr fehlerhafter Schätzung sehr groß. Trotzdem sollte die Schätzung versucht werden; wenn man nämlich darauf verzichtet und statt dessen den internen Zinsfuß zugrundelegt, vergibt man vornherein die Chance, durch richtige Schätzung bessere Annäherungen an das Optimum zu erreichen. Bei Verwendung des internen Zinsfußes wird eine Schätzung der zukünftigen Kapitalkosten gar nicht erst versucht und damit von vornherein ein größerer Fehlerspielraum in Kauf genommen.

Ergänzende und vertiefende Literatur zum Abschnitt 3.1:
Dean 1951
Hirshleifer 1970, Kapitel 2 u. 3
Lorie u. *Savage* 1955
Moxter 1961
Solomon 1963a

3.2 Ein Mehr-Zeitpunkt-Modell

3.2.1 Die Problemstellung

Das Problem, eine optimale Kombination von Investitionsprojekten und Finanzierungsmaßnahmen zu finden, kann mit Hilfe der Kapitalangebots- und der Kapitalnachfragefunktion nicht immer befriedigend gelöst werden. Das Verfahren versagt, wenn der Planungszeitraum mehr als einen Zeitpunkt enthält, für den Kapitalangebot und Kapitalnachfrage aufeinander abgestimmt werden müssen. Der Schnittpunkt der Angebots- mit der Nachfragekurve, die beide auf einen bestimmten Zeitpunkt bezogen sind, gibt nur an, bei welchem Kapitalbudget für eben diesen Zeitpunkt der Kapitalbedarf gedeckt ist, läßt jedoch offen, ob und wie zu anderen Zeitpunkten diese Deckung erreicht wird. In dem Zwei-Zeitpunkt-Modell entfällt dieses Problem, weil nur im ersten Zeitpunkt die Deckung des Kapitalbedarfs problematisch ist, im zweiten Zeitpunkt hingegen kein Liquiditätsengpaß auftreten kann. Hat man mehr als zwei Zeitpunkte, so läßt sich allein aufgrund der Kapitalangebots- und Nachfragefunktionen für einen Zeitpunkt nicht angeben, wie das optimale Kapitalbudget aussieht.

Das durch den Schnittpunkt der Angebots- mit der Nachfragekurve repräsentierte Kapitalbudget hat folgende Eigenschaften:
1. Im Zeitpunkt 0 sind die (mit Investitionen verbundenen) Auszahlungen gleich den (mit Finanzierungsmaßnahmen verbundenen) Einzahlungen.
2. Von allen Kapitalbudgets, die der unter 1. genannten Zulässigkeitsbedingung genügen, ist es dasjenige mit dem maximalen Überschuß der Einzahlungen über die Auszahlungen im Zeitpunkt 1.

Entsprechende Eigenschaften muß das optimale Kapitalbudget im Mehr-Zeitpunkt-Fall haben. Zulässig ist nur ein Kapitalbudget, das für alle relevanten Zeitpunkte die Deckung der Auszahlungen durch Einzahlungen sichert; weiter muß ein Kriterium angegeben werden, mit dessen Hilfe man aus der

Menge der zulässigen Lösungen eine optimale Lösung herausfinden kann. Diese Problemstellung läßt sich in Form einer linearen Optimierungsaufgabe darstellen, wie im folgenden gezeigt werden soll [*Albach* 1962; *Weingartner* 1963].

3.2.2 Der Zulässigkeitsbereich

(1) Investitionsprojekte und Finanzierungsmaßnahmen haben gemeinsam, daß sie mit Zahlungsströmen verbunden sind; sie unterscheiden sich nur darin, daß im einen Fall Einzahlungen auf eine Auszahlung, im anderen Auszahlungen auf eine Einzahlung folgen. Für die formale Darstellung des Problems ist dies ohne Bedeutung; im folgenden können daher Investitionsprojekte und Finanzierungsmaßnahmen allgemein als Projekte bezeichnet werden.

Mit a_{it} wird nun die Auszahlung bezeichnet, die mit dem Projekt i im Zeitpunkt t verbunden ist. Einzahlungen können als negative Auszahlungen aufgefaßt werden, d.h. wenn aus Projekt i im Zeitpunkt t eine Einzahlung stattfindet, ist a_{it} negativ. Es werden auch solche Projekte in den Kalkül einbezogen, deren Zahlungen noch nicht im Zeitpunkt 0 beginnen oder noch vor T, dem letzten Zeitpunkt des Planungszeitraums, enden. Beginnen die Zahlungen des Projekts i erst im Zeitpunkt τ, so ist $a_{it} = 0$ für $t = 0, \ldots, \tau - 1$; entsprechendes gilt, wenn die Zahlungen zu einem früheren Zeitpunkt enden.

Jedem Projekt wird weiter eine Entscheidungsvariable x_i zugeordnet, die angibt, wie oft dieses Projekt im Kapitalbudget enthalten sein soll. Ist z.B. $x_i = 5$, so bedeutet dies, daß das Projekt i fünfmal durchzuführen ist, daß also z.B. fünf Maschinen eines bestimmten Typs anzuschaffen sind. Bei Finanzierungsmaßnahmen muß für die Bestimmung der a_{it} bereits von einem beliebig anzusetzenden Normalbetrag (etwa eine Kreditaufnahme in Höhe von 1.000) ausgegangen werden; das zugehörige x_i gibt an, das Wievielfache dieses Betrages aufzunehmen ist; (ist z.B. $x_i = 2.8$, so bedeutet dies eine Kreditaufnahme in Höhe von 2.800). Bei vielen Projekten, insbesondere Investitionsprojekten, wird x_i sinnvollerweise nur die Werte 0 und 1 annehmen können. Für alle Sachinvestitionen dürfte gelten, daß x_i nur ganzzahlig sein darf. Bei Finanzinvestitionen und Finanzierungsmaßnahmen wird man hingegen auch nichtganzzahlige Werte zulassen können.

Für die Modellformulierung werden noch weitere Größen benötigt. Die Ausschüttungen an Anteilseigner der Unternehmung im Zeitpunkt t seien mit d_t bezeichnet. Außerdem muß berücksichtigt werden, wann mit Zahlungen zu rechnen ist, die unabhängig von dem zu planenden Kapitalbudget eintreten, Zahlungen etwa, die auf früher durchgeführte Projekte zurückgehen. Mit b_t sei hier die im Zeitpunkt t erfolgende, vom Kapitalbudget unabhängige Einzahlung bezeichnet; im Falle einer Auszahlung ist b_t negativ. Der zu Anfang vorhandene Kassenbestand wird als Einzahlung im Zeitpunkt 0 behandelt, ist also in den Betrag b_0 einzubeziehen. Schließlich muß noch für jede Entscheidungsvariable x_i eine Obergrenze angegeben werden, da kein Projekt in unbegrenztem Umfang durchgeführt werden kann; diese Obergrenzen seien mit c_i bezeichnet.

(2) Als zulässig kann man nun ein Kapitalbudget bezeichnen, das folgende Bedingungen erfüllt:

$$\sum_{i=1}^{n} a_{it} x_i + d_t = b_t \qquad (t = 0, 1, \ldots, T) \qquad (3.2.1)$$

$$x_i \leqslant c_i \qquad (i = 1, \ldots, n) \qquad (3.2.2)$$

und
$$x_i \geqslant 0 \qquad (i = 1, \ldots, n) \qquad (3.2.3)$$

Hierbei ist n die Anzahl der überhaupt erwogenen Projekte. Zusätzlich wird man in der Regel auch fordern müssen, daß ein Teil der Variablen nur ganzzahlige Werte annehmen darf. Diese Bedingung soll jedoch zunächst unberücksichtigt bleiben; auf sie wird noch zurückzukommen sein.

Die Bedingungen (3.2.1) besagen, daß in jedem Zeitpunkt die Einzahlungen genau gleich den Auszahlungen sein müssen. Illiquidität ist damit ausgeschlossen, ebenso aber auch die Möglichkeiten der Kassenhaltung. Man kann, sofern man dies als unbefriedigend empfindet, die Bedingung auch anders formulieren. Statt festzusetzen, daß zu jedem Zeitpunkt die Einzahlungen genau gleich den Auszahlungen sein müssen, kann man auch für jeden Zeitpunkt die Bedingung aufstellen, daß die Summe aller bis zu diesem Zeitpunkt anfallenden Auszahlungen nicht größer sein darf als die Summe aller bis zu dem Zeitpunkt eingehenden Einzahlungen. An die Stelle von (3.2.1) treten dann die Bedingungen [*Albach* 1962, S. 311]:

$$\sum_{i=1}^{n} x_i \sum_{\tau=0}^{t} a_{i\tau} + \sum_{\tau=0}^{t} d_\tau \leqslant \sum_{\tau=0}^{t} b_\tau \quad (t = 0, 1, \ldots, T) \qquad (3.2.1a)$$

Diese Bedingungen schließen ebenfalls Illiquidität aus, lassen aber im Gegensatz zu (3.2.1) Kassenhaltung zu. Hier kann trotzdem die einfachere Version (3.2.1) beibehalten werden. Unter den Voraussetzungen des Modellansatzes kann es nämlich nicht sinnvoll sein, Kassenbestände zu halten, wenn es möglich ist, beliebige Beträge von einem Zeitpunkt zum anderen zinsbringend anzulegen. Daß derartige Anlagemöglichkeiten bestehen, kann in der Regel angenommen werden; sie sind auf jeden Fall in den Kreis der in Frage kommenden

Projekte einzubeziehen. Aber auch wenn diese Voraussetzung nicht erfüllt ist, kann man (3.2.1) beibehalten, indem man Kassenhaltung von einem Zeitpunkt bis zum nächsten als Investition auffaßt, die mit einer Auszahlung im ersten und einer gleich hohen Einzahlung im zweiten Zeitpunkt verbunden ist, und diese Investition als mögliches Projekt in den Kalkül einbezieht.

3.2.3 Das Optimalitätskriterium
a) Planung für die gesamte Lebensdauer des Betriebes

(1) Durch die Bedingungen (3.2.1), (3.2.2) und (3.2.3) wird eine Menge zulässiger Lösungen definiert. Es ist nun ein Kriterium zur Bestimmung der optimalen Lösung anzugeben, damit für die Optimierungsaufgabe eine Zielfunktion formuliert werden kann. Zunächst sei angenommen, daß der Planungszeitraum die gesamte Lebensdauer des Betriebes umfaßt. T ist dann der Zeitpunkt der endgültigen Liquidation; es gibt keine Projekte, die nach dem Zeitpunkt T noch Ein- oder Auszahlungen verursachen.

Die allgemeinste Lösung geht von den subjektiven Präferenzen des Investors aus. Diese lassen sich in einer Nutzenfunktion darstellen, die angibt, in welcher Weise der Nutzen des Investors von den Ausschüttungen d_t abhängt.

$$U = U(d_0, d_1, d_2, \ldots, d_T) \tag{3.2.4}$$

Mit derartigen Nutzenfunktionen kann man im theoretischen Modell arbeiten, nicht mehr jedoch bei der praktischen Anwendung, da hierbei diese Funktion nicht als bekannt vorausgesetzt werden kann.

(2) Eine zweite Lösungsmöglichkeit ist die Maximierung des Kapitalwertes aller Ausschüttungen [*Laux* 1969a, S. 19], also der Funktion

$$K = \sum_{t=0}^{T} d_t \cdot q^{-t} \tag{3.2.5}$$

Da nach (3.2.1) die Beziehung $d_t = b_t - \sum_{i=1}^{n} a_{it} \cdot x_i$
gilt, kann man statt (3.2.5) auch schreiben:

$$K = \sum_{t=0}^{T} b_t \cdot q^{-t} - \sum_{t=0}^{T} \sum_{i=1}^{n} a_{it} \cdot x_i \cdot q^{-t} \tag{3.2.5a}$$

Die erste Summe ist eine konstante Größe, kann bei der Maximierung der Funktion also unberücksichtigt bleiben. Der zweite Ausdruck gibt die Summe aller abgezinsten Einzahlungsüberschüsse (Auszahlungsüberschüsse mit negati-

Ein Mehr-Zeitpunkt-Modell

vem Vorzeichen) aus dem gesamten Kapitalbudget an. Hieraus geht hervor, daß die Maximierung des Kapitalwertes aller Projekte der Maximierung des Kapitalwertes aller Ausschüttungen äquivalent ist.

Die Zielfunktion (3.2.5) kann nicht damit begründet werden, daß der Investor zu einem gegebenen Marktzins beliebige Beträge aufnehmen oder anlegen kann; dann könnte man nämlich alle Investitionsentscheidungen nach dem Kapitalwertkriterium treffen, und es wäre nicht mehr nötig, ein lineares Optimierungsmodell aufzustellen und zu lösen. Nur weil die Prämisse beliebiger Anlage und Aufnahme zum Marktzins nicht erfüllt ist, ergibt sich die Notwendigkeit, mit einem derartigen Modell zu arbeiten.

Schließt man diese erste Begründung aus, so bleiben zwei weitere Möglichkeiten. Eine zweite denkbare Begründung für die Abzinsung zukünftiger Zahlungen wäre, daß darin die subjektive Zeitpräferenz des Investors zum Ausdruck komme. Die Abzinsung mit einem Zinsfuß von 10 % z.B. bedeutet dann, daß der Investor indifferent ist bei der Wahl zwischen dem Betrag von 100 im Zeitpunkt 0 und dem Betrag von 110 im Zeitpunkt 1. Faßt man (3.2.5) so auf, so ist es eine spezielle Form von (3.2.4). Vom Gesichtspunkt der praktischen Anwendung lassen sich auch dieselben Einwände dagegen vorbringen; die Zinsfüße, die Ausdruck subjektiver Zeitpräferenz sind, können nicht als bekannt vorausgesetzt werden.

Die dritte Möglichkeit, die Zielfunktion (3.2.5) zu begründen, besteht darin, daß man die Abzinsung zukünftiger Ausschüttungen als Methode zu Ermittlung des Marktwertes von Zahlungsströmen auffaßt [*Laux* 1969a, S. 17]. An der Börse werden Unternehmungsanteile gehandelt, die Ansprüche auf Beteiligung an den Ausschüttungen verkörpern. Hier läßt sich die den Marktverhältnissen entsprechende Relation zwischen Preis und erwarteten Ausschüttungen feststellen und damit der Kapitalisierungssatz des Marktes. Dieser Kapitalisierungssatz kann dann allgemein bei der Bewertung von Zahlungsströmen angewandt werden.

Die Maximierung von (3.2.5) läuft dann auf die Maximierung des Marktwertes der Unternehmung hinaus, eines Marktwertes, der allerdings rein hypothetisch ist, wenn eine Veräußerung der Unternehmung oder eines Anteils der Unternehmung nicht in Frage kommt. Auf die Zielfunktion der Marktwertmaximierung wird vor allem noch im Zusammenhang mit der Behandlung der Unsicherheit zurückzukommen sein (Abschnitt 4.3). Bei der empirischen Feststellung des den Marktverhältnissen entsprechenden Kalkulationszinsfußes ergeben sich jedenfalls erhebliche Schwierigkeiten.

(3) Grundsätzlich ist es möglich, eine Zielfunktion aufzustellen, die nicht wie (3.2.5) einen Kalkulationszinsfuß als bekannt voraussetzt und daher auch die mit dessen Ermittlung verbundenen Schwierigkeiten vermeidet. Sinnvoll

erscheint z.B. die Zielsetzung, bei gegebenen Werten für d_t ($t = 0, \ldots, T - 1$) das zum Ende des Planungszeitraums ausschüttbare Barvermögen, d_T also, zu maximieren [*Weingartner* 1963, S. 141f; *Hax* 1964b]:

$$d_T \to \text{Max} \tag{3.2.6}$$

Diese Zielfunktion liegt auch dem im Abschnitt 3.1 behandelten Zwei-Zeitpunkt-Modell zugrunde, bei dem das optimale Kapitalbudget durch den Schnittpunkt von Kapitalangebots- und Kapitalnachfragefunktion bestimmt wird. Die Entnahme im ersten Zeitpunkt, d_0 also, wird in diesem Modell als gegeben angenommen und spielt daher keine Rolle; die Regel, so lange zu investieren, bis die marginale interne Verzinsung der Investitionen gleich den Grenzkosten des Kapitals ist, führt zur Maximierung des Einzahlungsüberschusses im zweiten Zeitpunkt, also von d_T. Hingegen liegt den ebenfalls im Abschnitt 3.1 dargestellten Modellansätzen von *Fisher* und *Hirshleifer* eine Zielfunktion des Typs (3.2.4) zugrunde. Die Nutzenfunktion erscheint in der graphischen Darstellung als Schar von Indifferenzkurven.

(4) Eine andere Lösung wäre, den in jeder Periode auszuschüttenden Betrag d, (wobei $d_t = d$ für $t = 0, 1, \ldots, T - 1$ gilt), zu maximieren unter Beachtung der zusätzlichen Nebenbedingung, daß das in T vorhandene Barvermögen d_T ein bestimmtes Minimum V nicht unterschreitet [*Hax* 1964b]:

$$d \to \text{Max} \tag{3.2.7}$$

mit der zusätzlichen Nebenbedingung

$$d_T \geq V \tag{3.2.7a}$$

Die Zielfunktionen (3.2.6) und (3.2.7) führen nicht notwendig zu einem Optimum im Sinne der Zielfunktion (3.2.4). Bei (3.2.6) müssen für alle Ausschüttungen außer der allerletzten feste Werte vorgegeben werden; bei (3.2.7) wird Konstanz der Ausschüttungen im Zeitablauf postuliert. Jede der beiden Annahmen schließt aus, daß Substitutionen zwischen den Ausschüttungen zu verschiedenen Zeitpunkten vorgenommen werden, um eine günstigere Position zu erreichen. Um zu einem praktikablen Lösungsansatz zu gelangen, muß man jedoch auf theoretische Perfektion verzichten, eine Notwendigkeit, die sich immer wieder bei der praktischen Anwendung theoretischer Entscheidungsmodelle ergibt.

b) Planung für einen Teilabschnitt der Lebensdauer des Betriebes
(1) Aus Gründen der Praktikabilität kommt es in der Regel auch nicht in Frage, daß, wie bisher angenommen, der Planungszeitraum die gesamte Lebensdauer des Betriebes bis zur endgültigen Liquidation umfaßt. Ist das nicht der Fall, so ergibt sich die Frage, in welcher Weise die Ein- und Auszahlungen zu berücksichtigen sind, die erst nach Ende des Planungszeitraums erfolgen, aber auf Projekte zurückgehen, die schon während des Planungszeitraums anlaufen. Eine völlige Vernachlässigung dieser Größen würde sicherlich zu fehlerhaften Ergebnissen führen.

Damit ergibt sich ein Bewertungsproblem; der (positive oder negative) Wert der nach Ende des Planungszeitraums noch erfolgenden Zahlungen eines jeden Projekts muß im Kalkül berücksichtigt werden. Bezeichnet man den auf den Zeitpunkt T bezogenen Wert dieser Zahlungen für das Projekt i mit w_i, so sind die bisher behandelten Modellvarianten in folgender Weise zu modifizieren:
1. An die Stelle der Zielfunktion (3.2.4) tritt

$$U = U(d_0, d_1, d_2, \ldots, d_T, \sum_{i=1}^{n} w_i \cdot x_i) \tag{3.2.8}$$

2. Entsprechend ist (3.2.5) zu ersetzen durch

$$K = \sum_{t=0}^{T} d_t \cdot q^{-t} + \sum_{i=1}^{n} w_i \cdot x_i \cdot q^{-T} \tag{3.2.9}$$

Die Bedeutung von (3.2.9) wird klarer, wenn man analog zu (3.2.5a) folgendermaßen schreibt:

$$K = \sum_{t=0}^{T} b_t \cdot q^{-t} - \sum_{t=0}^{T} \sum_{i=1}^{n} a_{it} \cdot x_i \cdot q^{-t} + \sum_{i=1}^{n} w_i \cdot x_i \cdot q^{-T} \tag{3.2.9a}$$

Sieht man von dem konstanten und daher irrelevanten ersten Summenausdruck ab, so ist der verbleibende Ausdruck nichts anders als der Kapitalwert aller Projekte, die innerhalb des Planungszeitraums durchgeführt werden.
(2) Verfolgt man das Ziel, bei gegebenen laufenden Ausschüttungen das am Ende des Planungszeitraums vorhandene Vermögen zu maximieren, so wird aus (3.2.6):

$$d_T + \sum_{i=1}^{n} w_i \cdot x_i \to \text{Max} \tag{3.2.10}$$

Soll hingegen der gleichbleibende laufende Ausschüttungsbetrag d maximiert werden unter der Nebenbedingung, daß am Ende des Planungszeitraums das Vermögen V nicht unterschritten wird, so bleibt es bei der Zielfunktion (3.2.7), bei deren Maximierung aber nun statt (3.2.7a) die folgende Nebenbedingung zu beachten ist:

$$d_T + \sum_{i=1}^{n} w_i \cdot x_i \geq V \qquad (3.2.7b)$$

(3) Bei allen diesen Modellversionen besteht die Frage, wie die Größen w_i zu ermitteln sind. Bezeichnet man mit T^* den spätesten Zeitpunkt, zu dem noch Zahlungen aus im Planungszeitraum angelaufenen Projekten anfallen, so müssen die Größen a_{it} ($t = T+1, T+2, \ldots, T^*$) als bekannt vorausgesetzt werden. Für w_i bietet sich folgende Definition an:

$$w_i = \sum_{t=T+1}^{T^*} (-a_{it}) \cdot q^{-(t-T)}$$

Fraglich ist jedoch, wie hier die Größe q bestimmt werden kann. Auch für die Zeit nach Ende des Planungszeitraums kann nicht angenommen werden, daß ein Marktzinsfuß existiert, zu dem beliebige Beträge angelegt und aufgenommen werden können; vielmehr wird die Situation ebenso sein wie während der Planungsperiode. Für den Zwei-Zeitpunkt-Fall wurde bereits gezeigt, daß auch bei Fehlen eines einheitlichen Marktzinsfußes ein Kalkulationszinsfuß existiert, mit dessen Hilfe man das optimale Kapitalbudget bestimmen kann; das gleiche kann auch für den Mehr-Zeitpunkt-Fall nachgewiesen werden (Abschnitt 3.3). In beiden Fällen ist dieser Kalkulationszinsfuß jedoch keine vorgegebene, sondern eine endogene Größe des Kalküls. Man kann ihn nur bestimmen im Rahmen eines Modells, das alle Zahlungen aus Investitions- und Finanzierungsmöglichkeiten erfaßt, die in dem Zeitraum stattfinden, auf den sich der Kalkulationszinsfuß bezieht.

Für die vorliegende Problemstellung würde dies bedeuten, daß alle in der Zeit zwischen T^* und $T+1$ anlaufenden Projekte berücksichtigt werden müßten. Der Planungszeitraum muß also bis T^* erweitert werden. Gewonnen wäre damit jedoch nur wenig, da es nun wieder Projekte gäbe, die vor T^* anlaufen, deren Zahlungen aber noch nach T^* weitergehen. Um diese Zahlungen richtig bewerten zu können, müßte man den Planungszeitraum wieder verlängern. Dies müßte sich so lange wiederholen, bis der Planungszeitraum die gesamte Lebensdauer des Betriebes umfaßt. Für einen kurzen Zeitraum ist also **eine** theoretisch völlig einwandfreie Planung nicht möglich.

Da Betriebe in der Regel auf unbestimmte Zeit bestehen, kann man praktikable Planungsmodelle nur für einen kleinen Teilabschnitt ihrer Lebenszeit aufstellen. Daraus ergibt sich, daß man bei der Bewertung von Zahlungsströmen, die über den Planungszeitraum hinausreichen, einen Kalkulationszinsfuß zugrunde legen muß, der theoretisch nicht völlig einwandfrei begründet werden kann. Man muß vielmehr einen geschätzten Zinsfuß benutzen; die Theorie kann, wie noch zu zeigen sein wird, gewisse Anhaltspunkte für diese Schätzung liefern. Im allgemeinen wird man annehmen können, daß die fehlerhafte Schätzung des nach T geltenden Kalkulationszinsfußes sich um so weniger auswirken wird, je länger der Planungszeitraum ist.

Hier ergibt sich ein Problem, das bei der Formulierung praktisch anwendbarer Entscheidungsmodelle häufig auftaucht. Soll das Modell praktikabel bleiben, so kann es meist nur einen Teilbereich des gesamten Entscheidungsfeldes erfassen, der in der Regel sachlich oder zeitlich abzugrenzen ist. Wegen der Interdependenz zwischen allen Bereichen des Entscheidungsfeldes haben aber die Entscheidungen, die aufgrund des Modells getroffen werden, auch Auswirkungen, die außerhalb des durch das Modell erfaßten Teilbereichs liegen; im vorliegenden Fall sind das die Zahlungen, die außerhalb des zeitlich abgegrenzten Modellbereichs erfolgen. Derartige Auswirkungen müssen durch Wertansätze erfaßt werden, die nicht exakt ermittelt werden können, ohne daß man den Modellbereich erweitert. Dieses Problem ergibt sich z.B. auch, wenn für einen betrieblichen Teilbereich ein optimaler Produktionsplan aufgestellt wird; die Wertansätze für Faktoren, die auch in anderen betrieblichen Teilbereichen gebraucht werden, lassen sich exakt nur ermitteln, wenn man alle diese Teilbereiche in das Planungsmodell einbezieht.

Will man sich im Hinblick auf die Praktikabilität auf Teilbereichsmodelle beschränken, so muß man ungenaue Schätzungen von Wertansätzen in Kauf nehmen. Diesem Dilemma ist bei der praktischen Anwendung von Entscheidungsmodellen nicht zu entgehen [*Hax* 1967].

3.2.4 Ganzzahligkeitsbedingungen
a) Unteilbarkeit von Projekten

(1) Bei der bisherigen Betrachtung blieb unberücksichtigt, daß in der Regel für einen Teil der Variablen des Problems gefordert werden muß, daß sie nur ganzzahlig sein dürfen. Dies ergibt sich insbesondere aus der Unteilbarkeit mancher Projekte. Bereits im Zwei-Zeitpunkt-Modell tauchte dieses Problem auf (o. S. 64); die Unteilbarkeit der Investitionsprojekte hat in diesem Fall zur Folge, daß das dem Schnittpunkt von Kapitalangebots- und Kapitalnachfragekurve entsprechende Kapitalbudget nicht immer realisiert werden kann.

Wenn viele, im Verhältnis zum gesamten Kapitalbudget kleine Projekte zur Auswahl stehen, spielt die Unteilbarkeit für die Lösungen im Zwei-Zeitpunkt-

Fall keine große Rolle. Da man höchstens für ein Projekt einen nicht ganzzahligen Wert erhält, kann man diesen Wert, ohne wesentlich vom optimalen Kapitalbudget abzuweichen, auf- oder abrunden. Das gleiche gilt aber auch im Mehr-Zeitpunkt-Fall, da auch für diesen nach einem erstmalig von *Weingartner* [1963, S. 35] bewiesenen Satz die Zahl der nicht-ganzzahligen Lösungswerte eine bestimmte Grenze nicht überschreiten kann.

(2) Dies soll an folgender Modellvariante gezeigt werden:

$$d_T \to \text{Max} \tag{3.2.6}$$

unter Beachtung der Nebenbedingungen

$$\sum_{i=1}^{n} a_{it} x_i + d_t = b_t \quad (t = 0, 1, \ldots, T) \tag{3.2.1}$$

$$x_i \leq c_i \quad (i = 1, \ldots, n) \tag{3.2.2}$$

und

$$x_i \geq 0 \quad (i = 1, \ldots, n) \tag{3.2.3}$$

Dies ist eine lineare Optimierungsaufgabe mit $(n + 1)$ Variablen und $(n + T + 1)$ Nebenbedingungen (außer den Nichtnegativitätsbedingungen).

Es sei nun

U die Zahl der Nebenbedingungen aus der Gruppe (3.2.2), die in der Optimallösung als Gleichungen erfüllt sind.

V die Zahl der Nebenbedingungen aus der Gruppe (3.2.2), die in der Optimallösung als Ungleichungen erfüllt sind, deren zugehöriges x_i aber von Null verschieden ist.

W die Zahl der Nebenbedingungen aus der Gruppe (3.2.2), deren zugehöriges x_i gleich Null ist.

Man kann davon ausgehen, daß alle c_i von Null verschieden und ganzzahlig sind. Es gilt

$$U + V + W = n$$

Die Anzahl der nicht ganzzahligen Lösungswerte kann nicht größer als V sein. Für lineare Optimierungsaufgaben gilt, daß unter ihren optimalen Lösungen, sofern solche überhaupt existieren, stets mindestens eine Basislösung ist. Basislösungen haben die Eigenschaft, daß die Summe aus der Anzahl der von

Null verschiedenen Variablenwerte und der Anzahl der nicht streng als Gleichung erfüllten Nebenbedingungen nicht größer sein kann als die Zahl der Nebenbedingungen. Da jeder der Variablen x_i eine der Nebenbedingungen (3.2.2) entspricht, haben insgesamt $U + V$ dieser Variablen von Null verschiedene Werte, außerdem, so darf angenommen werden, die zu maximierende Variable d_T. Es gilt also:

$$(U + V + 1) + (V + W) \leqslant n + T + 1 = U + V + W + T + 1$$

Hieraus folgt $\quad V \leqslant T$

Die Zahl der nicht ganzzahligen Lösungswerte kann also nicht größer sein als T. Dies entspricht dem Ergebnis des Zwei-Zeitpunkt-Falls, für den $T = 1$ gilt. Ähnliche Ergebnisse lassen sich auch für alle anderen Modellvarianten ableiten, soweit sie die Form linearer Optimierungsaufgaben haben. Nur bei Zugrundelegung der Zielfunktionen (3.2.4) oder (3.2.8) gilt dies nicht allgemein. Da diese Funktionen nichtlinear sein können, gilt hier nicht der Satz, daß unter den optimalen Lösungen mindestens eine Basislösung ist.

(3) Die Unteilbarkeit von Projekten ist somit weniger problematisch, wenn die Anzahl der Projekte n die Anzahl der Zeitpunkte T wesentlich übersteigt und die einzelnen Projekte im Verhältnis zum gesamten Kapitalbudget klein sind. Durch Auf- und Abrunden der nicht ganzzahligen Lösungswerte gelangt man dann zu einem zulässigen Kapitalbudget, das nur wenig von dem unter Vernachlässigung der Ganzzahligkeitsbedingungen errechneten Optimum abweicht.

Sind diese Voraussetzungen nicht gegeben, so wird man auf die Beachtung von Ganzzahligkeitsbedingungen bei der Lösung der Optimierungsaufgabe nicht verzichten können. Algorithmen zur Lösung linearer Optimierungsaufgaben mit Ganzzahligkeitsbedingungen liegen bereits seit längerem vor; hier sei auf die Übersichtsreferate von *Balinski* [1965] und *Lüder* [1967] verwiesen. Keines dieser Verfahren ist allerdings bisher so leistungsfähig wie etwa der Simplex-Algorithmus zur Lösung einfacher linearer Optimierungsaufgaben; insbesondere sind die benötigten Rechenzeiten erheblich länger. Man wird daher zweckmäßigerweise versuchen, zunächst ohne Ganzzahligkeitsbedingungen zu guten Näherungslösungen zu kommen, und erst wenn hierbei kein befriedigendes Ergebnis erzielt wird, ein Verfahren der ganzzahligen Optimierung anwenden.

b) Abhängigkeiten zwischen Projekten

(1) Mit Hilfe von Ganzzahligkeitsbedingungen lassen sich bestimmte Komplikationen erfassen, die dadurch entstehen, daß die einzelnen Projekte nicht,

wie bisher angenommen wurde, völlig unabhängig voneinander sind [*Hax* 1964b, *Weingartner* 1966]. Drei Formen der Abhängigkeit seien hier behandelt:
a) Zwei Projekte schließen sich gegenseitig aus.
b) Ein Projekt kann nur durchgeführt werden, wenn ein anderes auch durchgeführt wird.
c) Die Zahlungen eines Projektes hängen davon ab, ob ein anderes durchgeführt wird oder nicht.

(2) Bezeichnet man im Fall a die Variablen, die den beiden Projekten entsprechen, mit x_1 und x_2, so gelten für die Optimierung folgende Nebenbedingungen:

$$x_1 + x_2 \leqslant 1$$
$$x_1 \geqslant 0 \quad x_2 \geqslant 0$$
$$x_1, x_2 \text{ ganzzahlig}$$

Entsprechend ist zu verfahren, wenn man mehr als zwei Projekte hat, die sich gegenseitig ausschließen.

(3) Fall b wird, wenn Projekt 2 nur gemeinsam mit Projekt 1 durchgeführt werden kann, durch folgende Nebenbedingungen erfaßt:

$$0 \leqslant x_1 \leqslant 1$$
$$0 \leqslant x_2 \leqslant x_1$$
$$x_1, x_2 \text{ ganzzahlig}$$

Eine Problemstellung des Typs a läßt sich im übrigen stets in eine äquivalente Problemstellung des Typs b überführen und umgekehrt. Wenn zwei Projekte sich gegenseitig ausschließen, kann man die Differenzinvestition bilden und dann so vorgehen, daß man nur eines der Projekte als Grundprojekt und die Differenzinvestition in den Entscheidungskalkül einbezieht. Da die Differenzinvestition nur im Kapitalbudget enthalten sein darf, wenn auch das Grundprojekt durchgeführt wird, hat man eine Problemstellung vom Typ b. Andererseits kann man, wenn Projekt 2 nur gemeinsam mit Projekt 1 durchgeführt werden kann, die Kombination von 1 und 2 als besonderes Projekt 3 auffassen und hat dann zwischen den einander ausschließenden Projekten 1 und 3 zu wählen.

(4) Im Fall c schließlich kann man, wenn die Zahlungen des Projekts 1 von der Durchführung von Projekt 2 abhängig sind und /oder umgekehrt, drei einander ausschließende Projekte definieren, nämlich Projekt 1, Projekt 2 und die Kombination der beiden. Dann kann so verfahren werden wie im Fall a. Bei

mehr als zwei Projekten, die in ihren Zahlungen in der beschriebenen Weise voneinander abhängig sind, kann man grundsätzlich ebenso vorgehen. Da aber jede denkbare Kombination dann als besonderes Projekt behandelt werden muß, kann sich leicht ergeben, daß die Zahl der Variablen sehr groß wird, was der rechentechnischen Bewältigung der Aufgabe entgegenstehen kann. Allerdings wird man häufig einen Teil der Kombinationen von vornherein als irrelevant ausscheiden können.

Ergänzende und vertiefende Literatur zum Abschnitt 3.2:
Albach 1962
Hax 1964
Moxter 1963
Schweim 1969, 2. Kapitel
Weingartner 1963

3.3 Kalkulationszinsfüße als endogene Größen der Modellanalyse

3.3.1 Die Ableitung von Kalkulationszinsfüßen mit Hilfe des Theorems von Kuhn und Tucker

(1) Im Zwei-Zeitpunkt-Fall ergab sich im Schnittpunkt von Kapitalangebots- und Kapitalnachfragekurve ein Zinssatz, mit dessen Hilfe man, sofern man ihn im voraus gekannt hätte, das optimale Kapitalbudget hätte bestimmen können. Hier soll nun gezeigt werden, daß Entsprechendes auch für den Mehr-Zeitpunkt-Fall gilt, wobei allerdings nicht nur ein einzelner, sondern eine Reihe von Kalkulationszinsfüßen zu ermitteln ist, die jeweils für genau eine Periode des Planungszeitraums gelten und die nicht miteinander übereinzustimmen brauchen. Berechnet man mit diesen Kalkulationszinsfüßen gemäß Formel (1.2.7) Kapitalwerte für die einzelnen Projekte, so ergibt sich, daß alle Projekte mit positivem Kapitalwert im optimalen Kapitalbudget enthalten sind, alle Projekte mit negativem Kapitalwert hingegen nicht. Man kann also das optimale Kapitalbudget mit Hilfe der Kapitalwerte bestimmen [*Baumol* u. *Quandt* 1965; *Hax* 1964b; *Franke* u. *Laux* 1968; *Hax* u. *Laux* 1969; *Jääskeläinen* 1966, S. 84; *Schweim* 1969, S. 58; *Weingartner* 1963, S. 139].

Dieser Satz läßt sich beweisen mit Hilfe des Theorems von *Kuhn* und *Tucker*, oder, falls man von einer linearen Zielfunktion ausgeht, des Preistheorems der linearen Optimierung; (eine ausführliche Behandlung des *Kuhn-Tucker*-Theorems findet sich bei *Künzi* und *Krelle* [1962], S. 59ff.). Diese Theoreme gelten allerdings nur für Optimierungsaufgaben ohne Ganzzahligkeitsbedingungen. Nur unter Vernachlässigung der Unteilbarkeit der Projekte kann man also in dieser Weise die Existenz geeigneter Kalkulationszinsfüße beweisen. Dies gilt übrigens schon für den Zwei-Zeitpunkt-Fall; falls es hier unteilbare Projekte gibt, kann man nicht allgemein nach der Regel verfahren, daß alle Investitionsprojekte durchzuführen sind, deren interner Zinsfuß den Satz im Schnittpunkt von Kapitalangebots- und Kapitalnachfragefunktion überschreitet. Die folgenden Überlegungen gelten somit nur dann, wenn die Unteilbarkeit von Projekten für die Bestimmung des optimalen Kapitalbudgets keine wesentliche Rolle spielt, wenn also das ganzzahlige Optimum nicht erheblich von dem Optimum abweicht, das man bei Vernachlässigung der Ganzzahligkeitsbedingungen erhält. Wie bereits gezeigt wurde, gilt dies, wenn die Projekte im Verhältnis zum Kapitalbudget klein sind und die Zahl der Projekte wesentlich größer ist als die Zahl der Perioden des Planungszeitraums.

(2) Ausgegangen sei von folgender Problemstellung:

$$U(d_0, d_1, \ldots, d_T) \to \text{Max} \tag{3.2.4}$$

unter Beachtung der Nebenbedingungen

$$\sum_{i=1}^{n} a_{it} x_i + d_t = b_t \tag{3.2.1}$$

$$x_i \leq c_i \qquad (i = 1, \ldots, n) \tag{3.2.2}$$
$$x_i \geq 0 \qquad (i = 1, \ldots, n) \tag{3.2.3}$$
$$d_t \geq 0 \qquad (t = 0, 1, \ldots, T)$$

Unter der Voraussetzung, daß die Zielfunktion (3.2.4) konkav ist (was der in der ökonomischen Theorie geläufigen Annahme abnehmender Grenznutzen entspricht), besagt das Kuhn-Tucker-Theorem für die vorliegende Problemstellung folgendes [*Künzi* u. *Krelle*, S. 63]:

Die Zahlen $(x_1^*, x_2^*, \ldots, x_n^*, d_0^*, d_1^*, \ldots, d_T^*)$ stellen genau dann eine optimale Lösung der Aufgabe (3.2.1–4) dar, wenn für $(T + 1 + n)$ Zahlen $(u_0, u_1, \ldots, u_T, v_1, v_2, \ldots, v_n)$ folgende Bedingungen erfüllt sind:

$$\sum_{t=0}^{T} a_{it} u_t + v_i = 0 \text{ und } x_i^* \geq 0$$

oder $\qquad (i = 1, 2, \ldots, n) \qquad (3.3.1)$

$$\sum_{t=0}^{T} a_{it} u_t + v_i > 0 \text{ und } x_i^* = 0$$

Kalkulationszinsfüße als endogene Größen der Modellanalyse 99

$$u_t = \frac{\delta U}{\delta d_t} \text{ und } d_t^* \geq 0$$

oder $\qquad(t = 0, 1, \ldots, T)\qquad$ (3.3.2)

$$u_t > \frac{\delta U}{\delta d_t} \text{ und } d_t^* = 0$$

$$\sum_{i=1}^{n} a_{it} x_i^* + d_t^* = b_t \text{ und } u_t \gtreqless 0 \qquad (t = 0, 1, \ldots, T)\qquad (3.3.3)$$

$$x_i^* < c_i \text{ und } v_i = 0$$

oder $\qquad(i = 1, 2, \ldots, n)\qquad$ (3.3.4)

$$x_i^* = c_i \text{ und } v_i \geq 0$$

Es kann angenommen werden, daß stets $\frac{\delta U}{\delta d_t} > 0$ gilt. Dann folgt aus (3.3.2): $u_t > 0$ $(t = 0, 1, \ldots, T)$.
Es sei nun:

$$Q_t = \frac{u_t}{u_0} \ (t = 0, 1, \ldots, T) \qquad (3.3.5)$$

Aus (3.3.1) erhält man nach einer einfachen Umformung

$$\sum_{t=0}^{T} (-a_{it}) Q_t = \frac{v_i}{u_0} \text{ und } x_i^* \geq 0 \qquad (3.3.6)$$

oder

$$\sum_{t=0}^{T} (-a_{it}) Q_t < \frac{v_i}{u_0} \text{ und } x_i^* = 0$$

Die Größen Q_t können nun als Abzinsungsfaktoren aufgefaßt werden. Genauer gesagt: Q_t wird aufgefaßt als der Faktor, mit dem man eine im Zeitpunkt t erfolgende Zahlung multiplizieren muß, um ihren Barwert im Zeitpunkt 0 zu erhalten. Diese Interpretation der Q_t ist möglich, da $Q_t > 0$

($t = 0, 1, \ldots, T$) und $Q_0 = 1$ gilt. Mit Hilfe dieser Abzinsungsfaktoren erhält man für das Projekt i folgenden Kapitalwert:

$$K_i = \sum_{t=0}^{T} (-a_{it}) Q_t$$

Nach (3.3.6) gilt entweder $K_i = v_i/u_0$ und $x_i^* \geq 0$ oder $K_i < v_i/u_0$ und $x_i^* = 0$. Im ersten Fall hat das Projekt, da $v_i \geq 0$ und $u_0 > 0$ gilt, einen nichtnegativen Kapitalwert; hat das Projekt einen positiven Kapitalwert, so ist auch v_i positiv und nach (3.3.4) muß $x_i = c_i$ sein. Im zweiten Fall hingegen gilt $x_i^* < c_i$, so daß nach (3.3.4) $v_i = 0$ und folglich der Kapitalwert negativ sein muß.

Es ergibt sich also: Projekte mit positivem Kapitalwert werden in höchstzulässigem Umfang durchgeführt, Projekte mit negativem Kapitalwert werden nicht durchgeführt. Für Projekte mit einem Kapitalwert von Null bleibt offen, ob und in welchem Umfang sie durchzuführen sind.

(3) Wenn die Abzinsungsfaktoren Q_t bekannt wären, könnte man offenbar allein mit Hilfe der Kapitalwerte feststellen, welche Projekte durchzuführen sind und welche nicht. Man brauchte, um das optimale Kapitalbudget festzustellen, nicht mehr die Optimierungsaufgabe (3.2.1-4) zu lösen. Das Kapitalwertkriterium ist demnach in seiner Anwendbarkeit nicht auf den Fall des vollkommenen Kapitalmarktes beschränkt, auf dem zum Marktzins beliebige Beträge aufgenommen und angelegt werden können. Es gilt vielmehr immer, wenn die Problemstellung die Form einer Optimierungsaufgabe wie in (3.2.1-4) hat.

Für die praktische Lösung des Entscheidungsproblems ist damit noch nicht viel gewonnen. Die Anwendung des Kapitalwertkriteriums setzt voraus, daß die Abzinsungsfaktoren Q_t bekannt sind, und dies ist zunächst nicht der Fall. Man kann sie zwar berechnen; hierzu muß man jedoch die Optimierungsaufgabe (3.2.1-4) lösen. Man kennt die Abzinsungsfaktoren also erst, wenn die Lösung des Entscheidungsproblems bereits auf anderem Wege gefunden ist. Zu einem derartigen Ergebnis führte bereits die Betrachtung des Zwei-Zeitpunkt-Modells. Durch den Schnittpunkt von Kapitalangebots- und Kapitalnachfragekurve wird in diesem Modell ein geeigneter Kalkulationszinsfuß bestimmt, den man in der Regel aber erst kennt, wenn man das optimale Kapitalbudget ermittelt hat. Es hat sich erwiesen, daß dieses Ergebnis verallgemeinert werden kann und auch im Mehr-Zeitpunkt-Fall gilt. Eine weitere Verallgemeinerung auf den Fall, in dem Ganzzahligkeitsbedingungen gelten, ist möglich; allerdings existieren in diesem Fall nicht immer geeignete endogene Kalkulationszinsfüße [*Hellwig* 1973, S. 7–26, *Hellwig* 1976].

Bewiesen ist zunächst, daß Abzinsungsfaktoren existieren, mit deren Hilfe man das Kapitalwertkriterium anwenden kann, sofern man sie kennt. Aus dieser theoretischen Erkenntnis lassen sich jedoch auch praktisch verwendbare Folgerungen ziehen. Unter bestimmten Voraussetzungen läßt sich nämlich aus den *Kuhn-Tucker*-Bedingungen ableiten, daß der zur Bestimmung des optimalen Kapitalbudgets geeignete Kalkulationszinsfuß in einem bestimmten Intervall liegen muß, dessen Grenzen genau angegeben werden können. Die Lösung des Entscheidungsproblems kann dadurch erheblich vereinfacht werden. Dies soll im folgenden an einer speziellen Problemstellung gezeigt werden.

3.3.2 Der endogene Kalkulationszinsfuß bei gegebenem Anlage- und Aufnahmezinsfuß

a) Das Entscheidungsmodell

(1) Die Prämissen des hier zu behandelnden Falls [*Hax* u. *Laux*] sind zunächst die gleichen wie die des Modells (3.2.1—4). Es soll aber zusätzlich berücksichtigt werden, daß von jedem Zeitpunkt bis zum nächstfolgenden beliebige Beträge auf dem Kapitalmarkt aufgenommen und angelegt werden können. Der Zinssatz für im Zeitpunkt t angelegte Mittel ist r_{At}, der für im Zeitpunkt t aufgenommene Mittel r_{Bt}. Der Anlagezinssatz ist kleiner oder höchstens gleich dem Aufnahmezinssatz: $r_{At} \leq r_{Bt}$.

Dieses Modell ist eine Verallgemeinerung der im Abschnitt 3.1.3 behandelten Modelle von *Fisher* und von *Hirshleifer*, die nur den Zwei-Zeitpunkt-Fall erfassen. *Fisher* geht von einem einheitlichen Marktzinssatz aus; der Sonderfall, in dem $r_{At} = r_{Bt}$ ist, kann daher als *Fisher*-Fall bezeichnet werden. Entsprechend sei der *Hirshleifer*-Fall dadurch charakterisiert, daß $r_{At} < r_{Bt}$ gilt.

(2) Es sei nun:

y_{At} der im Zeitpunkt t auf dem Kapitalmarkt angelegte Betrag.
y_{Bt} der im Zeitpunkt t auf dem Kapitalmarkt aufgenommene Betrag.

Das Modell kann nun formuliert werden:

$$U(d_0, d_1, \ldots, d_T) \to \text{Max} \qquad (3.3.7)$$

$$\sum_{i=1}^{n} a_{i0} x_i + y_{A0} - y_{B0} + d_0 = b_0 \qquad (3.3.8)$$

$$\sum_{i=1}^{n} a_{it} x_i + y_{At} - y_{Bt} - y_{A,t-1}(1 + r_{A,t-1}) + y_{B,t-1}(1 + r_{B,t-1}) + d_t = b_t$$

$$(t = 1, \ldots, T-1)$$

$$\sum_{i=1}^{n} a_{iT} x_i - y_{A,T-1}(1 + r_{A,T-1}) + y_{B,T-1}(1 + r_{B,T-1}) + d_T = b_T$$

$$x_i \leq c_i \qquad (i = 1, \ldots, n) \qquad (3.3.9)$$

$$x_i \geq 0 \qquad (i = 1, \ldots, n)$$

$$y_{At} \geq 0 \qquad (t = 0, 1, \ldots, T-1) \qquad (3.3.10)$$

$$y_{Bt} \geq 0 \qquad (t = 0, 1, \ldots, T-1)$$

$$d_t \geq 0 \qquad (t = 0, 1, \ldots, T)$$

Für diese nichtlineare Optimierungsaufgabe lassen sich nun wieder die *Kuhn-Tucker*-Bedingungen angeben: Die Zahlen $(x_1^*, x_2^*, \ldots, x_n^*, y_{A0}^*, \ldots, y_{A,T-1}^*, y_{B0}^*, \ldots, y_{B,T-1}^*, d_0^*, d_1^* \ldots, d_T^*)$ stellen genau dann eine optimale Lösung der Aufgabe (3.3.7–10) dar, wenn für $(T + 1 + n)$ Zahlen $(u_0, u_1, \ldots, u_T, v_1, v_2, \ldots, v_n)$ folgende Bedingungen erfüllt sind:

$$\sum_{t=0}^{T} a_{it} u_t + v_i = 0 \text{ und } x_i^* \geq 0$$

oder $\qquad (i = 1, 2, \ldots, n) \qquad (3.3.11)$

$$\sum_{t=0}^{T} a_{it} u_t + v_i > 0 \text{ und } x_i^* = 0$$

$$u_t - (1 + r_{At}) u_{t+1} = 0 \text{ und } y_{At}^* \geq 0$$
oder $\qquad (t = 0, 1, \ldots, T-1) \; (3.3.12)$
$$u_t - (1 + r_{At}) u_{t+1} > 0 \text{ und } y_{At}^* = 0$$

$$-u_t + (1 + r_{Bt}) u_{t+1} = 0 \text{ und } y_{Bt}^* \geq 0$$
oder $\qquad (t = 0, 1, \ldots, T-1) \; (3.3.13)$
$$-u_t + (1 + r_{Bt}) u_{t+1} > 0 \text{ und } y_{Bt}^* = 0$$

$$u_t = \frac{\delta U}{\delta d_t} \quad \text{und} \quad d_t^* \geqslant 0$$

oder $\hspace{5cm}$ $(t = 0, 1, \ldots, T)$ $\quad$ (3.3.14)

$$u_t > \frac{\delta U}{\delta d_t} \quad \text{und} \quad d_t^* = 0$$

$$\sum_{i=1}^{n} a_{i0} x_i^* + y_{A0}^* - y_{B0}^* + d_0^* = b_0 \tag{3.3.15}$$

$$\sum_{i=1}^{n} a_{it} x_i^* + y_{At}^* - y_{Bt}^* - y_{A,t-1}^*(1 + r_{A,t-1}) + y_{B,t-1}^*(1 + r_{B,t-1}) + d_i^* = b_t$$

$$(t = 1, \ldots, T-1)$$

$$\sum_{i=1}^{n} a_{iT} x_i^* - y_{A,T-1}^*(1 + r_{A,T-1}) + y_{B,T-1}^*(1 + r_{B,T-1}) + d_T^* = b_T$$

und

$u_t \geqslant 0 \; (t = 0, 1, \ldots, T)$

$x_i^* = c_i \; \text{und} \; v_i \geqslant 0$

oder $\hspace{5cm}$ $(i = 1, 2, \ldots, n)$ $\quad$ (3.3.16)

$x_i^* < c_i \; \text{und} \; v_i = 0$

(3.3.11), (3.3.14) und (3.3.16) stimmen mit (3.3.1), (3.3.2) und (3.3.4) überein. Hieraus läßt sich, wie gezeigt wurde, ableiten, daß es Abzinsungsfaktoren gibt, mit deren Hilfe man die Entscheidungen über die einzelnen Projekte nach dem Kapitalwertkriterium treffen kann. Hier sollen die Abzinsungsfaktoren Q_t betrachtet werden, und zwar zunächst für den *Fisher*-Fall, dann für den *Hirshleifer*-Fall.

b) Der *Fisher*-Fall

Im *Fisher*-Fall gilt $r_{At} = r_{Bt} = r_t$
Dann folgt aus (3.3.12) und (3.3.13):

$$u_t = (1 + r_t) u_{t+1} \qquad (t = 0, 1, \ldots, T-1) \quad (3.3.17)$$

Unter Berücksichtigung von (3.3.5) ergibt sich

$$Q_t = (1 + r_t) Q_{t+1} \qquad (t = 0, 1, \ldots, T-1) \quad (3.3.18)$$

Abzinsungsfaktoren ergeben sich aus den für die einzelnen Zeiträume geltenden Kalkulationszinsfüßen $\bar{r}_t$ nach der Formel:

$$Q_t = \prod_{j=0}^{t-1} (1 + \bar{r}_j)^{-1}$$

Hieraus folgt:

$$\frac{Q_{t+1}}{Q_t} = (1 + \bar{r}_t)^{-1}$$

Nach (3.3.18) ist aber $\dfrac{Q_{t+1}}{Q_t} = (1 + r_t)^{-1}$. Also ist $\bar{r}_t = r_t$. Der Kalkulationszinsfuß stimmt also mit dem Marktzinsfuß überein.

Daß im *Fisher*-Fall der Marktzinsfuß als Kalkulationszinsfuß dient, ist unmittelbar einleuchtend. Bereits in Abschnitt 2.1 wurde von diesem Satz Gebrauch gemacht.

Hier liegt nun auch ein formaler Beweis vor.

c) Der *Hirshleifer*-Fall

(1) Ist $r_{At} < r_{Bt}$, so gilt nach (3.3.12) und (3.3.13) in Verbindung mit (3.3.5):

a) $y_{At}^* \geqslant 0, y_{Bt}^* = 0$ und $(1 + r_{Bt}) Q_{t+1} > Q_t = (1 + r_{At}) Q_{t+1}$

oder

b) $y_{At}^* = 0, y_{Bt}^* = 0$ und $(1 + r_{Bt}) Q_{t+1} > Q_t > (1 + r_{At}) Q_{t+1}$ \qquad (3.3.19)

oder

c) $y_{At}^* = 0, y_{Bt}^* \geqslant 0$ und $(1 + r_{Bt}) Q_{t+1} = Q_t > (1 + r_{At}) Q_{t+1}$

Im Fall a, der immer gegeben ist, wenn im Zeitpunkt t Geld auf dem Kapitalmarkt angelegt wird, ist also

$$\frac{Q_{t+1}}{Q_t} = (1 + r_{At})^{-t}$$

und folglich $\bar{r}_t = r_{At}$. Entsprechend erhält man im Fall c $\bar{r}_t = r_{Bt}$; dies gilt stets, wenn im Zeitpunkt t Geld auf dem Kapitalmarkt aufgenommen wird. Im Fall b ist:

$$(1 + r_{At})^{-1} > \frac{Q_{t+1}}{Q_t} > (1 + r_{Bt})^{-1}$$

und hieraus folgt $r_{Bt} > \bar{r}_t > r_{At}$.

Ergebnis ist also: Wird im Zeitpunkt t Geld auf dem Kapitalmarkt angelegt, so ist der bis zum folgenden Zeitpunkt geltende Kalkulationszinsfuß gleich dem Anlagezinsfuß. Wird im Zeitpunkt t Geld auf dem Kapitalmarkt aufgenommen, so ist der bis zum folgenden Zeitpunkt geltende Kalkulationszinsfuß gleich dem Aufnahmezinsfuß. Wird im Zeitpunkt t weder Geld angelegt noch aufgenommen, so liegt der Kalkulationszinsfuß in dem von Anlage- und Aufnahmezinsfuß begrenzten Intervall. Dieses Ergebnis entspricht dem, das für den Zwei-Zeitpunkt-Fall mit Hilfe einer graphischen Darstellung abgeleitet werden konnte (o.S. 77f.).

(2) Vor Bestimmung des optimalen Kapitalbudgets ist nicht bekannt, ob in einem bestimmten Zeitpunkt Geld aufgenommen oder angelegt wird; man kennt daher auch nicht den Kalkulationszinsfuß. Man weiß aber, daß er nur in dem Intervall zwischen Anlage- und Aufnahmezinsfuß liegen kann. Dies ermöglicht eine erhebliche Vereinfachung der Entscheidungsrechnung. Es kann Projekte geben, die bei allen Kalkulationszinsfüßen des bekannten Intervalls positive Kapitalwerte haben, und andere, die für diesen Bereich nur negative Kapitalwerte aufweisen. Erstere können ohne weiteres akzeptiert, letztere ausgeschieden werden [*Pye* 1966].

Bei Projekten, deren Kapitalwert mit wachsendem Kalkulationszinsfuß sinkt (vgl. o. S. 20), ergibt sich der größtmögliche Kapitalwert, wenn man nur mit Anlagezinsfüßen rechnet, der niedrigstmögliche, wenn man nur mit Aufnahmezinsfüßen rechnet. Hinreichende Bedingung dafür, daß ein derartiges Projekt akzeptiert wird, ist also, daß

$$-\sum_{t=0}^{T} a_{it} \prod_{j=0}^{t-1} (1 + r_{Bj})^{-1} > 0 \qquad (3.3.20)$$

gilt. Hingegen ist hinreichend für die Ablehnung die Bedingung

$$-\sum_{t=0}^{T} a_{it} \prod_{j=0}^{t-1} (1 + r_{Aj})^{-1} < 0 \qquad (3.3.21)$$

(3) Nach dieser Vorauswahl verbleiben in der Regel Projekte, für die keine dieser beiden Bedingungen erfüllt ist, für die also der Kapitalwert nach (3.2.20) nicht positiv und nach (3.2.21) nicht negativ ist. Über diese Projekte kann nur mit Hilfe eines Optimierungsmodells des Typs (3.3.7–10) entschieden werden. Allerdings wird das Modell durch die aufgrund der Bedingungen (3.3.20) und (3.3.21) mögliche Vorauswahl vereinfacht. Projekte, die nach (3.3.21) abzulehnen sind, können bei der Formulierung des Optimierungsansatzes unberücksichtigt bleiben. Für Projekte, die nach (3.3.20) auf jeden Fall durchzuführen sind, gehen ebenfalls keine Variablen in das Modell ein. Die mit diesen Projekten verbundenen Zahlungen werden als konstante Größen berücksichtigt.

Stellt man also bei einem Optimierungsproblem des Typs (3.3.7–10) fest, daß für die Projekte $1, 2, \ldots, n'$ die Bedingung (3.3.20), für die Projekte $n'+1, n'+2, \ldots, n''$ die Bedingung (3.3.21) und für restlichen Projekte $n''+1, n''+2, \ldots, n$ keine der beiden Bedingungen erfüllt ist, so sieht das vereinfachte Modell folgendermaßen aus:

$$U(d_0, d_1, \ldots, d_T) \to \text{Max} \tag{3.3.7}$$

$$\sum_{i=n''+1}^{n} a_{i0} x_i + y_{A0} - y_{B0} + d_0 = b_0 - \sum_{i=1}^{n'} a_{i0} c_i$$

$$\sum_{i=n''+1}^{n} a_{it} x_i + y_{At} - y_{Bt} - y_{A,t-1}(1+r_{A,t-1}) + y_{B,t-1}(1+r_{B,t-1}) + d_t$$

$$= b_t - \sum_{i=1}^{n'} a_{it} c_i \quad (t = 1, \ldots, T-1) \tag{3.3.8}$$

$$\sum_{i=n''+1}^{n} a_{iT} x_i - y_{A,T-1}(1+r_{A,T-1}) + y_{B,T-1}(1+r_{B,T-1}) + d_T = b_T - \sum_{i=1}^{n'} a_{iT} c_i$$

$$x_i \leq c_i \quad (i = n''+1, \ldots, n) \tag{3.3.9}$$

$$\begin{aligned}
&x_i \geq 0 \quad (i = n''+1, \ldots, n) \\
&y_{At} \geq 0 \quad (t = 0, 1, \ldots, T-1) \\
&y_{Bt} \geq 0 \quad (t = 0, 1, \ldots, T-1) \\
&d_t \geq 0 \quad (t = 0, 1, \ldots, T)
\end{aligned} \tag{3.3.10}$$

Die Zahl der Variablen wird um so stärker reduziert, je mehr Projekte eine der Bedingungen (3.3.20) oder (3.3.21) erfüllen. In der Regel werden um so mehr Projekte eine dieser Bedingungen erfüllen, je geringer die Differenz zwischen Aufnahme- und Anlagezinsfuß ist.

3.3.3 Die Beurteilung von Investitionsprojekten nach der Initialverzinsung

In Abschnitt 3.1.4 wurde darauf hingewiesen, daß eine Alternative zur Lösung des Entscheidungsproblems der Kapitalbudgetierung mit Hilfe der linearen Programmierung darin besteht, daß man durch Gegenüberstellung von Kapitalangebots- und Kapitalnachfragefunktionen eine gute Annäherung an das optimale Kapitalbudget zu erreichen versucht. Hierbei wurde an einem Beispiel gezeigt, daß mit Hilfe dieses heuristischen Verfahrens unter bestimmten Voraussetzungen die optimale Lösung gefunden werden kann, wenn man die Initialverzinsung als Beurteilungskriterium für die Investitionsprojekte verwendet. Dafür kann jetzt ein allgemeiner Beweis geführt werden.

Zwischen den Abzinsungsfaktoren Q_t und den Kalkulationszinsfüßen $\bar{r}_t$ besteht, wie oben S. 104 bereits gezeigt wurde, die Beziehung:

$$\frac{Q_{t+1}}{Q_t} = (1 + \bar{r}_t)^{-1}$$

Aus (3.3.5) ergibt sich, daß $Q_0 = 1$ ist; daraus folgt, daß für $\bar{r}_0$, d.h. den Kalkulationszinsfuß der dem Zeitpunkt 0 folgenden Periode die Beziehung

$$(1 + \bar{r}_0)^{-1} = Q_1$$

oder

$$(1 + \bar{r}_0) = Q_1^{-1} \tag{3.3.22}$$

gilt. Aus der Definition der Q_t als Abzinsungsfaktoren ergibt sich weiter, daß der auf den Zeitpunkt 1 bezogene Gegenwartswert von Zahlungen im Zeitpunkt t durch Multiplikation mit dem Faktor Q_t/Q_1 ermittelt werden kann.

Für Investitionsprojekte und Finanzierungsmaßnahmen, die im Zeitpunkt 0 beginnen, für die also $a_{i0} \neq 0$ ist, kann die Initialverzinsung nach folgender aus (1.2.17) abzuleitender Formel berechnet werden:

$$V_i = \frac{\sum_{t=1}^{T} (-a_{it}) \cdot Q_t \cdot Q_1^{-1}}{a_{i0}} - 1 \tag{3.3.23}$$

Notwendige und hinreichende Bedingung für die Aufnahme eines Investitionsprojekts oder einer Finanzierungsmaßnahme in das optimale Kapitalbudget ist, daß der Kapitalwert positiv ist:

$$K_i = \sum_{t=0}^{T} (-a_{it}) \cdot Q_t > 0$$

Durch einfache Umformung erhält man hieraus:

$$\sum_{t=1}^{T} (-a_{it}) \cdot Q_t \cdot Q_1^{-1} - a_{i0} > a_{i0} \cdot Q_1^{-1} - a_{i0} \qquad (3.3.24)$$

Bei einem Investitionsprojekt, das im Zeitpunkt 0 anläuft, ist $a_{i0} > 0$. Dann ergibt sich aus (3.3.24):

$$\frac{\sum_{t=1}^{T} (-a_{it}) \cdot Q_t \cdot Q_1^{-1}}{a_{i0}} - 1 > Q_1^{-1} - 1$$

Durch Einsetzen von (3.3.22) und (3.3.23) erhält man:

$$V_i > \bar{r}_0 \qquad (3.3.25)$$

Handelt es sich um eine im Zeitpunkt 0 anlaufende Finanzierungsmaßnahme, so ist $a_{i0} < 0$ und man erhält aus (3.3.24):

$$\frac{\sum_{t=1}^{T} (-a_{it}) \cdot Q_t \cdot Q_1^{-1}}{a_{i0}} - 1 < Q_1^{-1} - 1$$

und wieder durch Einsetzen von (3.3.22) und (3.3.23):

$$V_i < \bar{r}_0 \qquad (3.3.26)$$

In gleicher Weise kann man beweisen, daß ein negativer Kapitalwert gleichbedeutend damit ist, daß bei Investitionsprojekten die Initialverzinsung kleiner als der Kalkulationszinsfuß $\bar{r}_0$, bei Finanzierungsmaßnahmen hingegen die

Initialverzinsung größer als der Kalkulationszinsfuß $\bar{r}_0$ ist. Ebenso läßt sich zeigen, daß bei einem Kapitalwert von Null die Initialverzinsung gleich dem Kalkulationszinsfuß ist, und zwar bei Investitionsprojekten und Finanzierungsmaßnahmen.

Damit lassen sich folgende Regeln aufstellen: Investitionsprojekte sind in höchstmöglichem Umfang durchzuführen, wenn ihre Initialverzinsung den Kalkulationszinsfuß der ersten Periode übersteigt; sie sind hingegen abzulehnen, wenn die Initialverzinsung unter diesem Kalkulationszinsfuß liegt; bei Gleichheit von Initialverzinsung und Kalkulationszinsfuß bleibt offen, in welchem Umfang sie durchzuführen sind. Für Finanzierungsmaßnahmen gelten entsprechende Regeln, nur daß sie durchzuführen sind, wenn die Initialverzinsung unter dem Kalkulationszinsfuß liegt, und abzulehnen, wenn das Gegenteil gilt.

Kennt man nun für alle im Zeitpunkt 0 zur Auswahl stehenden Investitionsprojekte und Finanzierungsmaßnahmen den Kapitalbetrag a_{i0} und die Initialverzinsung V_i, so kann man das optimale Kapitalbudget bestimmen, auch wenn $\bar{r}_0$, der Kalkulationszinsfuß für die erste Periode, zunächst nicht bekannt ist. Man stellt auf der Grundlage der Initialverzinsungen die Kapitalnachfragekurve und die Kapitalangebotskurve und deren Schnittpunkt fest. Man erhält so ein Kapitalbudget, bei dem für den ersten Zeitpunkt der Ausgleich von Einzahlungen und Auszahlungen gesichert ist und bei dem außerdem die Optimalitätsbedingung erfüllt ist, daß die Initialverzinsungen aller Investitionsprojekte und Finanzierungsmaßnahmen über bzw. unter dem Kalkulationszinsfuß liegen, der dem Schnittpunkt der beiden Kurven entspricht.

Man findet also die im optimalen Gesamtplan enthaltenen Investitionsprojekte und Finanzierungsmaßnahmen für den Zeitpunkt 0 auch ohne explizite Berücksichtigung der Investitionsprojekte und Finanzierungsmaßnahmen späterer Zeitpunkte. Alle relevanten Informationen über die Knappheitsverhältnisse des Kapitals in späteren Zeitpunkten sind in den Kalkulationszinsfüßen enthalten, die der Berechnung der Initialverzinsung zugrundeliegen. In der Schätzung dieser Kalkulationszinsfüße liegt allerdings dann die Problematik des Verfahrens, die bereits in Abschnitt 3.1.4 behandelt wurde.

Ergänzende und vertiefende Literatur zum Abschnitt 3.3:
Baumol u. *Quandt* 1965
Franke u. *Laux* 1968
Hax 1964
Hax u. *Laux* 1969
Jääskeläinen 1966, 5. Kapitel
Weingartner 1963, 8. und 9. Kapitel

3.4 Erweiterungen des Grundmodells

Das in Abschnitt 3.2 behandelte Optimierungsmodell ist einer der einfachsten Ansätze zur simultanen Bestimmung eines optimalen Investitions- und Finanzierungsprogramms. Dieses Grundmodell läßt sich in die verschiedensten Richtungen erweitern und damit der Realität besser anpassen. Einige Ausbaumöglichkeiten sollen hier näher erörtert werden, und zwar die Einbeziehung der Beteiligungsfinanzierung in das Modell, die Berücksichtigung von Ertragsteuern und die Erweiterung zur simultanen Investitions- und Produktionsplanung.

3.4.1 Einbeziehung der Beteiligungsfinanzierung

(1) Die Beteiligungsfinanzierung ist im Grundmodell nicht erfaßt. Dieses berücksichtigt nur Projekte, deren Zahlungsströme eindeutig festliegen. Im Finanzierungsbereich ist diese Voraussetzung in der Regel nur bei Fremdfinanzierungsmaßnahmen erfüllt, deren Zins- und Tilgungszahlungen vertraglich fixiert sind. Bei der Aufnahme zusätzlichen Eigenkapitals liegen die Dinge anders. Wird z.B. ein neuer Teilhaber aufgenommen, so richten sich die an diesen zu entrichtenden Zahlungen nach der allgemein verfolgten Ausschüttungspolitik. Die Ausschüttungsbeträge sind aber wieder Variablen des Problems. Dem Projekt „Aufnahme von Beteiligungskapital" lassen sich also nicht bestimmte Zahlungen im voraus zuordnen.

Die Prämissen des folgenden Modells sind die gleichen wie bei Modell (3.2.1–4). Nur soll zusätzlich die Möglichkeit der Aufnahme von Beteiligungskapital berücksichtigt werden. Mit Y_t sei im folgenden der Betrag der im Zeitpunkt t stattfindenen Eigenkapitalerhöhung bezeichnet. Y_t ist der mit der Kapitalerhöhung eingehende Geldbetrag, umfaßt also, falls es sich um eine Aktiengesellschaft handelt, nicht nur den Betrag, um den das Grundkapital erhöht wird, sondern zusätzlich auch das Agio. Der Zulässigkeitsbereich wird unter diesen Voraussetzungen durch folgende Nebenbedingungen bestimmt:

$$\sum_{i=1}^{n} a_{it} x_i + d_t - Y_t = b_t \qquad (t = 0, 1, \ldots, T) \qquad (3.4.1)$$

$$x_i \leqslant c_i \qquad (i = 1, 2, \ldots, n) \qquad (3.4.2)$$

$$x_i \geqslant 0 \qquad (i = 1, 2, \ldots, n) \qquad (3.4.3)$$

$$\begin{aligned} d_t &\geqslant 0 \\ Y_t &\geqslant 0 \end{aligned} \qquad (t = 0, 1, \ldots, T)$$

(2) Gewisse Schwierigkeiten ergeben sich aber bei der Zielfunktion. Einen bestimmten Ausschüttungsstrom oder ein bestimmtes Endvermögen zu maximieren, ist nicht immer im Interesse des Eigentümers oder der Anteilseigner im Zeitpunkt der Planaufstellung, da die Ausschüttungen und eventuellen Liquidationserlöse im Falle der Aufnahme von Beteiligungskapital zum Teil den später eintretenden Teilhabern zufließen. Vom Standpunkt des oder der Eigentümer im Planungszeitpunkt ist eine Kapitalerhöhung nicht vorteilhaft, bei der die gesamten Ausschüttungen zwar steigen, der ihnen selber zufließende Betrag jedoch sinkt. Mit der Zielfunktion (3.2.4) kann daher hier nicht ohne weiteres gearbeitet werden.

Diese Schwierigkeiten werden umgangen, wenn man von der Annahme ausgeht, daß die Unternehmungsanteile einen Marktwert haben, der gleich dem Barwert aller in Zukunft dem Anteilseigner zufließenden Zahlungen ist. Der diesem Barwert zugrunde liegende Kalkulationszinsfuß ist hierbei eine Marktgröße. Einen derartigen Marktwert haben Aktien, die an der Börse gehandelt werden, gelegentlich aber auch Anteile von Unternehmungen anderer Rechtsform. Diesen Marktwert zu maximieren, liegt im Interesse der Anteilseigner [*Laux* 1969 a, S. 17].

Zunächst sei angenommen, daß das zusätzliche Eigenkapital durch den oder die ursprünglichen Eigentümer aufgebracht wird, wobei sich die Beteiligungsverhältnisse nicht verändern. Der Marktwert K_0 der Unternehmung ist dann annahmegemäß gleich dem Barwert aller dem oder den Eigentümern zufließenden Zahlungen; von den Eigentümern zu leistende Zahlungen gehen mit negativem Vorzeichen in diese Berechnung ein. Falls die Lebensdauer der Unternehmung nicht über T hinausgeht, gilt also:

$$K_0 = \sum_{t=0}^{T} (d_t - Y_t) q^{-t} \tag{3.4.4}$$

(3) Diese Beziehung gilt aber, wie nun gezeigt werden soll, auch dann, wenn das zusätzliche Eigenkapital ganz oder teilweise durch neue Teilhaber aufgebracht wird. Bei der Kapitalerhöhung wird festgelegt, in welchem Verhältnis die Beteiligungsquote der alten Anteilseigner zur Beteiligungsquote derer stehen soll, die neue Anteile erwerben. Das Verhältnis dieser beiden Beteiligungsquoten sei mit R bezeichnet. Bei einer Aktiengesellschaft gilt:

$$R = \frac{\text{Altes Grundkapital}}{\text{Grundkapitalerhöhung}}$$

Weiter kann angenommen werden, daß den alten Anteilseignern ein Recht auf Bezug neuer Anteile im Verhältnis ihrer bisherigen Beteiligung eingeräumt wird. Sofern sie keine neuen Anteile erwerben, können sie das Bezugsrecht verkaufen. Der Wert aller Unternehmungsanteile vor einer Kapitalerhöhung (K_0) ist nun gleich dem Kapitalwert aller in Zukunft auf diese Anteile entfallenden Ausschüttungen (d_{0t}), erhöht um den Marktwert aller mit den Anteilen verbundenen Bezugsrechte (BR). Im Zeitpunkt 0 unmittelbar vor der Kapitalerhöhung gilt also:

$$K_0 = \sum_{t=0}^{T} d_{0t} \cdot q^{-t} + BR \tag{3.4.5}$$

Zwischen d_{0t} und den Gesamtausschüttungen d_t besteht die Beziehung

$$d_{0t} = d_t \cdot \frac{R}{1+R} \tag{3.4.6}$$

Der Marktwert aller Bezugsrechte wird gleich dem zu erwartenden Marktwert der neuen Anteile vermindert um die noch zu leistenden Kapitalzahlungen (Y_0) sein. Da der Marktwert der neuen Anteile gleich dem Barwert der auf sie entfallenden Ausschüttungen ist, ergibt sich:

$$BR = \sum_{t=0}^{T} d_t \cdot \frac{1}{1+R} \cdot q^{-t} - Y_0 \tag{3.4.7}$$

Setzt man (3.4.6) und (3.4.7) in (3.4.5) ein, so erhält man:

$$K_0 = \sum_{t=0}^{T} d_t \cdot \frac{R}{1+R} \cdot q^{-t} + \sum_{t=0}^{T} d_t \cdot \frac{1}{1+R} \cdot q^{-t} - Y_0 = \sum_{t=0}^{T} d_t \cdot q^{-t} - Y_0 \tag{3.4.8}$$

(3.4.8) gibt den Marktwert der alten Anteile für den Fall einer einmaligen Kapitalerhöhung im Zeitpunkt 0 an. Im Fall mehrmaliger Kapitalerhöhungen geht man so vor, daß man zunächst gemäß Formel (3.4.8) den Marktwert aller Anteile vor der letzten Kapitalerhöhung ermittelt, dann den vor der vorletzten usw. Vor jeder Kapitalerhöhung ist der Marktwert aller Anteile gleich dem Barwert aller künftigen Ausschüttungen, vermindert um den Barwert aller künftigen Kapitaleinzahlungen. Es gilt somit die Formel (3.4.4). Geht man al-

Erweiterungen des Grundmodells

so vom Ziel der Marktmaximierung bei durch den Markt gegebenem Kalkulationszinsfuß aus, so ist die Funktion (3.4.4) zu maximieren unter Beachtung der Nebenbedingungen (3.4.1–3).

(4) Gibt man die Annahme begrenzter Lebensdauer der Unternehmung auf, so müssen auch die Zahlungen, die nach dem Zeitpunkt T erfolgen, berücksichtigt werden. Das sich ergebende Bewertungsproblem wurde bereits im Abschnitt 3.2 erörtert (o.S. 91ff.).

An die Stelle der Zielfunktion (3.4.4) tritt der (3.2.9) entsprechende Ausdruck

$$K = \sum_{t=0}^{T} (d_t - Y_t) \cdot q^{-t} + \sum_{i=1}^{n} w_i \cdot x_i \cdot q^{-T} \qquad (3.4.9)$$

Unter Berücksichtigung von (3.4.1) kann man für (3.4.9) in Anlehnung an (3.2.9a) auch schreiben

$$K = \sum_{t=0}^{T} b_t \cdot q^{-t} - \sum_{t=0}^{T}\sum_{i=1}^{n} a_{it} \cdot x_i \cdot q^{-t} + \sum_{i=1}^{n} w_i \cdot x_i \cdot q^{-T} = \sum_{t=0}^{T} b_t \cdot q^{-t} +$$

$$\sum_{i=1}^{n} \left(w_i \cdot x_i \cdot q^{-T} - \sum_{t=0}^{T} a_{it} \cdot x_i \cdot q^{-t} \right) \qquad (3.4.9a)$$

Der erste Summenausdruck ist konstant und für die Lösung des Problems ohne Bedeutung. Der zweite Ausdruck gibt die Summe der Barwerte aller Projekte an. Die Maximierung dieser Summe führt also zur Maximierung des Marktwertes. Dieses Ergebnis ist im Abschnitt 3.2 schon für das Grundmodell nachgewiesen worden. Es erweist sich, daß es auch im Falle der Beteiligungsfinanzierung gilt.

Da in dem Optimierungsmodell (3.4.1–3, 3.4.9) für d_t und Y_t keine Obergrenzen gelten, kann man das optimale Kapitalbudget sehr einfach ermitteln, indem man alle Projekte mit positivem Kapitalwert in höchstzulässigem Umfang durchführt. Man setzt also:

$$x_i = c_i, \text{ falls } w_i \cdot q^{-T} - \sum_{t=0}^{T} a_{it} \cdot q^{-t} > 0 \text{ und}$$

$$x_i = 0, \text{ falls } w_i \cdot q^{-T} - \sum_{t=0}^{T} a_{it} \cdot q^{-t} \leq 0.$$

Offenbar wird dann die Zielfunktion (3.4.9a) maximiert. Durch Einsetzen geeigneter Werte für d_t und Y_t kann ohne Schwierigkeit erreicht werden, daß keine der Bedingungen (3.4.1) verletzt wird. Daß die Lösung in dieser trivialen Weise gefunden werden kann, läßt sich übrigens auch nachweisen, indem man mit der im Abschnitt 3.3 beschriebenen Methode endogene Kalkulationszinsfüße ermittelt; es läßt sich nachweisen, daß der endogene Kalkulationszinsfuß unter den Voraussetzungen des Modells stets gleich dem Marktzinsfuß ist.

Allerdings entfällt dieser triviale Lösungsweg, wenn zusätzliche Komplikationen auftreten, insbesondere wenn Ausschüttungen und Kapitalerhöhungen weiteren Begrenzungen unterliegen, aber auch wenn Ausschüttungen besteuert werden. Dieser Fall soll im nächsten Abschnitt erläutert werden.

3.4.2 Die Berücksichtigung von Ertragsteuern

(1) Durch die Besteuerung von Gewinnen und Gewinnausschüttungen ergeben sich für die Investitionsplanung vielfältige zusätzliche Probleme. Hier soll nur an einem verhältnismäßig einfachen Fall gezeigt werden, wie die Ertragsbesteuerung in das Grundmodell einbezogen werden kann [*Laux* 1969a, S. 167].

Angenommen wird, daß die betrachtete Unternehmung eine Aktiengesellschaft ist, die im Zeitpunkt T liquidiert wird. Vom Gewinn ist zunächst Körperschaftsteuer in Höhe von $(s_k \cdot 100)\%$ zu zahlen. Soweit aus Gewinnen, die im laufenden oder in früheren Jahren mit diesem Satz besteuert worden sind, Ausschüttungen bestritten werden, wird diese Belastung jedoch wieder rückgängig gemacht. Dies kann in der Weise geschehen, daß die Steuer der Unternehmung erstattet wird, aber auch so, daß den Empfängern der Ausschüttung die darauf entrichtete Körperschaftsteuer auf ihre Einkommensteuerschuld angerechnet wird. Nach derzeit geltendem Körperschaftsteuerrecht werden beide Verfahren miteinander kombiniert. Wesentlich ist in diesem Zusammenhang, daß für diese Ausschüttungen im Effekt eine völlige Entlastung von der zunächst anfallenden Körperschaftsteuer eintritt. Für die empfangenen Gewinnausschüttungen einschließlich eventueller Steuergutschriften haben die Anteilseigner Einkommensteuer in Höhe von $(s_e \cdot 100)\%$ zu zahlen.

(2) Bemessungsgrundlage für die Körperschaftsteuer ist der in der Steuerbilanz ausgewiesene Gewinn, eine Größe, die im Grundmodell, das nur Einzahlungen und Auszahlungen berücksichtigt, nicht vorkommt. Die Abweichungen zwischen Einzahlungsüberschüssen und Gewinnen ergeben sich daraus, daß Zahlungen nicht immer in der Periode als Aufwand oder Ertrag verrechnet werden, in der sie stattfinden; insbesondere wird die am Anfang einer Investition stehende Auszahlung erst in den folgen Jahren in Form von Abschreibungen als Aufwand erfaßt. Sind die Regeln zur Gewinnermittlung, insbesondere das Abschreibungsverfahren gegeben und bekannt, so kann man für jedes

Projekt ermitteln, welchen Gewinn es in jeder Periode seiner Lebensdauer erbringt. Mit g_{it} sei der im Zeitpunkt t zu versteuernde Gewinn aus dem Projekt i bezeichnet. Außerdem ist im Zeitpunkt t noch ein Gewinn von g_{0t} zu versteuern, der aus früheren Investitionen stammt und unabhängig von dem aufzustellenden Investitionsprogramm ist. Der steuerpflichtige Gewinn G_t im Zeitpunkt t beträgt also:

$$G_t = g_{0t} + \sum_{i=1}^{n} g_{it} x_i \quad (t = 0, 1, \ldots, T) \tag{3.4.10}$$

Bei den Ausschüttungen muß unterschieden werden zwischen denjenigen, die aus dem zunächst mit dem Körperschaftsteuersatz s_k belasteten Gewinn bestritten werden, und denjenigen, die aus thesaurierten Gewinnen früherer Jahre stammen und bei denen eine nachträgliche Entlastung durch Erstattung oder Anrechnung auf die Steuerschuld nicht infrage kommt; (letzteres ist nach geltendem Recht für die thesaurierten Gewinne aus der Zeit vor Inkrafttreten der Körperschaftsteuerreform von 1977 der Fall). Mit d_{t1} seien die Ausschüttungen der ersten Art, mit d_{t2} die der zweiten Art im Zeitpunkt t bezeichnet; in beiden Fällen umfaßt die Ausschüttung nicht nur die Barausschüttung, sondern auch die damit verbundene Steuergutschrift. Mit D_T wird die im Liquidationszeitpunkt T erfolgende Kapitalrückzahlung bezeichnet. Der im Zeitpunkt t fällige Körperschaftsteuerbetrag S_t kann so berechnet werden, daß er nicht die Steuern enthält, die mit den Ausschüttungen verbunden sind und den Empfängern der Ausschüttungen als Gutschrift angerechnet werden; diese Steuern werden im folgenden stets in die Ausschüttungen einbezogen, sind also in d_{t1} und d_{t2} enthalten.

Dann gilt die einfache Formel:

$$S_t = s_k (G_t - d_{t1}) \quad (t = 0, 1, \ldots, T) \tag{3.4.11}$$

Diese Beziehung gilt nicht, wenn ein Verlust ausgewiesen wird, G_t also negativ ist. In diesem Fall ist für G_t in (3.4.11) Null einzusetzen; durch Verlustvortrag vermindert sich der steuerpflichtige Gewinn späterer Zeitpunkte. Man kann auch diese Möglichkeit berücksichtigen, indem man (3.4.10) durch folgende Bedingungen ersetzt:

$$G_t = g_{0t} + \sum_{i=1}^{n} g_{it} x_i + V_t - V_{t-1} \tag{3.4.10a}$$

$$G_t \geq 0, V_t \geq 0 \quad (t = 0, 1, \ldots, T) \tag{3.4.10b}$$

und
$$G_t \cdot V_t = 0 \tag{3.4.10c}$$

V_t bezeichnet hierin den Verlustvortrag vom Zeitpunkt t zum Zeitpunkt $t+1$, G_t den Gewinn im Zeitpunkt t, vermindert um einen eventuellen Verlustvortrag aus $t-1$ und erhöht um einen eventuellen Verlustvortrag auf $t+1$. Die Bedingungen (3.4.10c) besagen, daß höchstens eine der beiden Variablen G_t und V_t von Null verschieden werden darf. Ließe man zu, daß beide Variablen positiv werden, so könnte durch Bildung eines Verlustvortrages ein beliebig hoher Gewinn ausgewiesen und ausgeschüttet werden. Mit (3.4.10c) hat man nichtlineare Nebenbedingungen, was die Lösung der Optimierungsaufgabe erheblich erschwert.

Statt (3.4.10c) kann man auch schreiben:

$$\begin{aligned} G_t &\leq M u_t \\ V_t &\leq M(1-u_t) \qquad (t=0,1,\ldots,T) \\ 0 &\leq u_t \leq 1 \end{aligned} \tag{3.4.10d}$$

u_t ganzzahlig.

Hier ist M eine beliebige, sehr große Zahl; die u_t sind Hilfsvariablen, die nur die Werte 0 oder 1 annehmen dürfen. Man kann also auf die nichtlinearen Nebenbedingungen (3.4.10c) verzichten, muß dann aber mit (3.4.10d) die Hilfsvariablen einführen, für die Ganzzahligkeitsbedingungen gelten. Auch dies bedeutet, daß die Lösung erheblich erschwert wird.

Diese Komplikationen ergeben sich jedoch nur, wenn mit Verlusten in einzelnen Perioden gerechnet werden muß. Häufig wird man sie unberücksichtigt lassen können, weil der Verlustfall von vornherein ausgeschlossen werden kann.

(3) Die mit d_{t1} bezeichnete Gewinnausschüttung kann nur aus Gewinnen bestritten werden, die zunächst mit dem Satz s_k besteuert wurden. Sind im Zeitpunkt 0 Rücklagen aus thesaurierten Gewinnen dieser Art in Höhe von RL_1 vorhanden, so kann daraus eine Ausschüttung in Höhe von $RL_1/1-s_k$ geleistet werden. Allgemein lassen sich folgende Restriktionen angeben:

$$\sum_{\tau=0}^{t} d_{\tau 1} \leq \frac{RL_1}{1-s_k} + \sum_{\tau=0}^{t} G_\tau \quad (t=0,1,\ldots,T-1) \tag{3.4.12}$$

$$\sum_{\tau=0}^{T} d_{\tau 1} = \frac{RL_1}{1-s_k} + \sum_{\tau=0}^{T} G_\tau$$

Die mit d_{t2} bezeichnete Gewinnausschüttung ist begrenzt durch die im Zeitpunkt 0 bereits vorhandenen Rücklagen RL_2, die aus thesaurierten Gewinnen stammen, bei deren Ausschüttung zwar Einkommensteuer fällig wird, aber keine Entlastung um früher bezahlte Körperschaftsteuer eintritt:

$$\sum_{\tau=0}^{T} d_{\tau 2} = RL_2 \qquad (3.4.13)$$

Durch die Nebenbedingungen (3.4.12–13) ist gewährleistet, daß bis zum Zeitpunkt T alle in Form von Rücklagen ausgewiesenen thesaurierten Gewinne in der einen oder anderen Form ausgeschüttet werden, wobei die Ausschüttung einschließlich der Steuergutschrift beim Empfänger der Einkommensteuer unterliegt. Einkommensteuerfrei ist lediglich die Kapitalrückzahlung D_T, die den nicht aus thesaurierten Gewinnen stammenden, sondern von den Anteilseignern als Grundkapital und Agio geleisteten Kapitaleinzahlungen entspricht. Eine besondere Nebenbedingung braucht dafür nicht in das Modell eingeführt zu werden, weil bereits durch die Nebenbedingungen (3.4.12–13) gewährleistet ist, daß alle aus Gewinnen stammenden Ausschüttungen in einer der Einkommensteuer unterliegenden Form erfolgen.

Die finanzielle Bedingung, daß Auszahlungen durch Einzahlungen gedeckt sein müssen, lautet nun:

$$\sum_{i=1}^{n} a_{it} x_i + S_t + d_{t1} + d_{t2} - Y_t = b_t \quad (t = 0, 1, \ldots, T-1) \qquad (3.4.14)$$

$$\sum_{i=1}^{n} a_{iT} x_i + S_T + d_{T1} + d_{T2} + D_T = b_T$$

(4) Bei der Formulierung der Zielfunktion muß berücksichtigt werden, daß die den Anteilseignern zufließenden Gewinne noch um die Einkommensteuer gekürzt werden. Steuerfrei ist nur die Kapitalrückzahlung D_T. Zu maximieren ist der Marktwert der Unternehmung; dieser ist gleich dem Barwert aller Ausschüttungen nach Einkommensteuer vermindert um den Barwert aller Kapitaleinzahlungen. Zu maximieren ist also die Funktion

$$K = \sum_{t=0}^{T-1} [(d_{t1} + d_{t2})(1-E) - Y_t] q^{-t} + [(d_{T1} + d_{T2})(1-E) + D_T] q^{-T}$$

$$(3.4.15)$$

Die Abzinsungsfaktoren q^{-t} sind hier wieder aus dem Marktzinsfuß abzuleiten. Dieser Marktzinsfuß wird sich gegenüber dem Zustand ohne Steuern verändern, da auch die Einkünfte aus allen alternativen Kapitalverwendungsmöglichkeiten besteuert werden. Wenn man also vergleichen will, welches Investitionsprogramm sich einerseits mit und andererseits ohne Berücksichtigung von Steuern ergibt, darf man dies nicht unbeachtet lassen. Dieser Vergleich ist allerdings auch aus anderen Gründen nicht geeignet, die Frage zu klären, wie Investitionen durch die Besteuerung beeinflußt werden; die Gewinnbesteuerung hat vielfältige gesamtwirtschaftliche Auswirkungen, durch die auch andere Größen des Entscheidungskalküls, vor allem die mit den Investitionen verbundenen Ein- und Auszahlungen, wieder verändert werden.

Das Modell (3.4.10—15) kann in vielfältiger Hinsicht weiter ausgebaut werden. Man kann weitere Steuerarten, insbesondere auch Substanzsteuern, einbeziehen, Entscheidungsprobleme wie Kapitalherabsetzung oder Ausnutzung von Bewertungswahlrechten bei der Gewinnermittlung berücksichtigen. Hierzu wird auf die weiterführende Literatur verwiesen [*Jääskeläinen* 1966, S. 124; *Laux* 1969a, S. 13; *Haberstock* 1971; *Rosenberg* 1975, S. 104].

3.4.3 Simultane Produktions- und Investitionsplanung

(1) Alle bisher behandelten Modellvarianten beruhen auf der Annahme, daß die mit den Investitionsprojekten verbundenen Ein- und Auszahlungen Daten des Entscheidungskalküls sind. Bei betrieblichen Sachinvestitionen ist dies jedoch in der Regel nicht der Fall. Die Zahlungen hängen bei derartigen Investitionen vielmehr davon ab, in welcher Weise die Sachanlagen genutzt werden, welche Güter und Leistungen also mit ihnen produziert und verkauft werden. Nur wenn man von einem gegebenen Produktions- und Absatzplan für jedes Projekt ausgeht, kann man die Zahlungen als gegeben annehmen.

Die mit Investitionen verbundenen Zahlungen hängen also von der Produktions- und Absatzplanung ab, die Produktionsplanung wiederum muß sich nach den Kapazitäten richten, die durch Investitionen geschaffen werden. Ein Optimum kann daher nur für beide Bereiche gleichzeitig mit einem simultanen Planungsmodell gefunden werden. Planungsmodelle dieser Art sind von *Albach* [1960b], *Jacob* [1964], *Swoboda* [1965], *Jääskeläinen* [1966, S. 50] und *Schweim* [1969, S. 75] entwickelt worden. Der im folgenden behandelte Lösungsansatz ist eine leicht abgewandelte und in den Prämissen etwas vereinfachte Version des Modells von *Jacob*.

(2) Es geht um folgendes Problem: Ein Betrieb stellt mehrere Produkte her, für die Preise und Höchstabsatzmengen gegeben sind. Produziert wird mit Hilfe von Mehrzweckmaschinen, die jeweils für verschiedene Produkte eingesetzt werden; denkbar ist auch, daß ein Produkt auf verschiedenen Maschinen hergestellt wird, also das Problem der Verfahrenswahl auftritt. Die Produktion ist

Erweiterungen des Grundmodells 119

einstufig, d.h. der gesamte Produktionsgang von Rohstoff bis zum Fertigprodukt wird auf einer Anlage durchgeführt. (*Jacob* berücksichtigt auch mehrstufige Produktion. Zur Vereinfachung der Darstellung wird hier nur der einfachere Fall behandelt). Maschinen können wieder veräußert werden, möglicherweise allerdings nur zum Schrottwert; die optimalen Veräußerungszeitpunkte und damit die optimalen Nutzungsdauern sind gleichzeitig mit dem Investitions- und Produktionsprogramm zu bestimmen.

Zunächst müssen einige Symbole definiert werden.

Die Variablen des Modells sind:

x_{it} Anzahl der Maschinen vom Typ i, die im Zeitpunkt t gekauft werden,

$y_{it't}$ Anzahl der Maschinen vom Typ i, die im Zeitpunkt t' gekauft und im Zeitpunkt t verkauft werden,

$u_{it't}$ Anzahl der im Zeitpunkt t' gekauften Maschinen vom Typ i, die in der dem Zeitpunkt t folgenden Periode zur Verfügung stehen,

z_{ikt} Einsatzzeit der Maschinen vom Typ i in der dem Zeitpunkt t folgenden Periode zur Herstellung von Produkt k,

v_{kt} Verkaufsmenge des Produkts k in der dem Zeitpunkt t folgenden Periode,

x'_j Variable, die angibt, in welchem Umfang Projekte durchgeführt werden, die keine Sachinvestitionen sind (Finanzinvestitionen und Finanzierungsmaßnahmen),

d_t Ausschüttungen im Zeitpunkt t.

Konstante Parameter sind folgende Größen:

A_{it} Anschaffungsauszahlung für eine im Zeitpunkt t gekaufte Maschine vom Typ i,

$a_{it't}$ fixe (von der Nutzung unabhängige) Auszahlungen, die durch eine im Zeitpunkt t' beschaffte Maschine vom Typ i in der dem Zeitpunkt t folgenden Periode entstehen,

e_{ik} Auszahlungsbetrag je Zeiteinheit, der entsteht, wenn eine Maschine vom Typ i zur Herstellung des Produkts k eingesetzt wird,

$Q_{it't}$ Veräußerungspreis, der im Zeitpunkt t für im Zeitpunkt t' gekaufte Maschinen vom Typ i erzielt werden kann,

$Z_{it't}$ Maximal verfügbare Einsatzzeit von im Zeitpunkt t' beschafften Maschinen vom Typ i während der dem Zeitpunkt t folgenden Periode,

f_{ik} Ausbringung je Zeiteinheit von Maschinen des Typs i bei der Herstellung von Produkt k.

V_{kt} Höchstabsatzmenge für Produkt k in der dem Zeitpunkt t folgenden Periode,

p_{kt} Preis des Produkts k in der dem Zeitpunkt t folgenden Periode,

120 Simultane Planung des Investitions- und Finanzierungsprogramms

a'_{jt} Auszahlungsüberschuß aus dem Projekt j (Finanzinvestition oder Finanzierungsmaßnahme) im Zeitpunkt t,
c_j Obergrenze für Projekt j,
b_t Einzahlung im Zeitpunkt t, die unabhängig von dem zu planenden Investitions- und Produktionsprogramm eintritt.
$w_{it'}$ Wert von im Zeitpunkt t' beschafften Maschinen vom Typ i am Ende des Planungszeitraums,
w'_j Wert des Projekts j am Ende des Planungszeitraums.

(3) Einzuhalten sind nun folgende Nebenbedingungen:
Die maximal verfügbare Einsatzzeit darf bei keiner Maschine und in keiner Periode überschritten werden (Kapazitätsbedingungen):

$$\sum_{k=1}^{K} z_{ikt} \leq \sum_{t'=0}^{t} Z_{it't} u_{it't} \qquad (i = 1, 2, \ldots, m;\ t = 0, 1, \ldots, T-1) \tag{3.4.16}$$

Die Anzahl der im Zeitpunkt t' gekauften und in der Periode nach Zeitpunkt t noch vorhandenen Maschinen ergibt sich aus den vorausgehenden Investitionen und Desinvestitionen (Kontinuitätsbedingungen):

$$u_{it't} = x_{it'} - \sum_{t''=t'+1}^{t} y_{it't''} \quad (i=1,2,\ldots,m; t'=0, 1,\ldots,t; t=0,1,\ldots,T-1) \tag{3.4.17}$$

Die Produktion möge eine Periode dauern. Die in der auf den Zeitpunkt t folgenden Periode hergestellten Produkte können also frühestens in der auf den Zeitpunkt $t+1$ folgenden Periode verkauft werden. Bei keinem Produkt darf folglich die bis zum Zeitpunkt $t+1$ verkaufte Menge größer sein als die bis zum Zeitpunkt t produzierte Menge (Produktionsbedingungen):

$$\sum_{t'=0}^{t-1} \sum_{i=1}^{m} f_{ik} z_{ikt'} \geq \sum_{t'=0}^{t} v_{kt'} \quad (k = 1, 2, \ldots, K; t = 1, 2, \ldots, T) \tag{3.4.18}$$

Die Höchstabsatzmengen sind einzuhalten (Absatzbedingungen):

$$v_{kt} \leq V_{kt}\ (k = 1, 2, \ldots, K; t = 1, 2, \ldots, T) \tag{3.4.19}$$

Für Projekte, die nicht Sachinvestitionen sind, gelten Obergrenzen:

$$x'_i \leq c_j\ (j = 1, 2, \ldots, n) \tag{3.4.20}$$

Erweiterungen des Grundmodells

(4) Es bleiben nun die Finanzbedingungen zu formulieren. Hierzu wird die Annahme gemacht, daß alle Zahlungen jeweils zu Periodenbeginn erfolgen. Diese Annahme stimmt wohl kaum je mit dem tatsächlich zu erwartenden Zahlungsverlauf überein. Der damit verbundene Fehler ist aber um so geringer, je kürzer die Perioden sind. Für jeden Zeitpunkt müssen nun die Einzahlungen genau gleich den Auszahlungen sein (Finanzbedingungen):

$$\sum_{i=1}^{m} \sum_{k=1}^{K} e_{ik} z_{ikt} + \sum_{i=1}^{m} \sum_{t'=0}^{t} a_{it't} u_{it't} + \sum_{i=1}^{m} A_{it} x_{it} + \sum_{j=1}^{n} a'_{jt} x'_j + d_t \quad (3.4.21)$$

$$= b_t + \sum_{k=1}^{K} p_{kt} v_{kt} + \sum_{i=1}^{m} \sum_{t'=0}^{t-1} Q_{it't} y_{it't} \quad (t = 0, 1, \ldots, T)$$

Es mag naheliegen, diese Finanzbedingungen noch zu ergänzen, indem man die im Zusammenhang mit der Produktion entstehende Kapitalbindung und spätere Kapitalfreisetzung im Umlaufvermögen ausdrücklich berücksichtigt [*Jacob* 1964, S. 560].

Dies ist jedoch nicht erforderlich. Kapitalbindung im Umlaufvermögen entsteht dadurch, daß die mit der Produktion verbundenen Auszahlungen zeitlich früher liegen als die durch den Verkauf erzielten Einnahmen. Dies wurde aber indirekt schon in den Produktionsbedingungen (3.4.18) berücksichtigt, denen die Annahme einer zeitlichen Verschiebung zwischen Produktion und Absatz zugrunde liegt. Die hierdurch entstehende Kapitalbindung ist in den Finanzbebedingungen indirekt dadurch erfaßt, daß die Auszahlungen zu einem früheren Zeitpunkt erfolgen als die Einzahlungen. Nun mag man die Annahme einer zeitlichen Verschiebung um mindestens genau eine Periode als zu starke Vereinfachung gegenüber der Realität ansehen. Eine exakte Erfassung der Kapitalbindung im Umlaufvermögen ist aber nur möglich, indem man genauere Angaben über den Zeitpunkt der Ein- und Auszahlungen macht und im Modell berücksichtigt. Eine Verfeinerung des Modells ist z.B. erzielbar, indem man berücksichtigt, daß die Auszahlungen für Materialbeschaffung zeitlich vor der Produktion und die Einzahlungen aus dem Verkauf z.T. erst später als der Verkauf selber erfolgen. Grundsätzlich kann eine bessere Erfassung der Kapitalbindung nur über eine genauere Berücksichtigung der Zeitpunkte aller Zahlungen erreicht werden, nicht jedoch indem man fiktive Zahlungsgrößen für Kapitalbindung und -freisetzung in die Finanzbedingungen (3.4.21) einsetzt.

(5) Es bleibt nun noch die Zielfunktion des Modells zu formulieren. Hier gelten die gleichen Überlegungen wie bei der Entwicklung des Grundmodells im Abschnitt 3.2. Sinnvoll ist auch hier die Maximierung des Vermögens am Ende des Planungszeitraums unter der Bedingung gegebener Ausschüttun-

gen. Umfaßt der Planungszeitraum die gesamte Lebensdauer des Betriebes, so ist die Größe d_T zu maximieren. Soll der Betrieb jedoch nach dem Zeitpunkt T weiterbestehen, so ist zusätzlich der Wert der in T vorhandenen Maschinen und der sonstigen noch nicht abgeschlossenen Projekte zu berücksichtigen. Die Zielfunktion lautet dann:

$$d_T + \sum_{i=1}^{m} \sum_{t'=0}^{T-1} w_{it'} u_{it'} + \sum_{j=1}^{n} w'_j x'_j \to \text{Max} \qquad (3.4.22)$$

Die Bewertungsfragen, die bei der Bestimmung der $w_{it'}$ und w'_j auftauchen, wurden ebenfalls bereits im Abschnitt 3.2 behandelt. Die Zielfunktion (3.4.22) ist nun also zu maximieren unter Einhaltung der Bedingungen (3.4.16−21) und der weiteren Bedingung, daß die Variablen keine negativen Werte annehmen dürfen. Außerdem kann gefordert werden, daß die Variablen x_{it}, $y_{it't}$ und $u_{jt't}$ nur ganzzahlige Werte annehmen dürfen.

Ergänzende und vertiefende Literatur zum Abschnitt 3.4:
Albach 1960b
Franke u. *Laux* 1970
Jacob 1964
Jääskeläinen 1966, 4. und 5. Kapitel
Laux 1969, Teil B und Anhang I
Rosenberg 1975
Schweim 1969, 2. und 3. Kapitel
Swoboda 1965

4. Investitionsentscheidungen bei unsicheren Erwartungen

4.1 Sensitivitätsanalyse

4.1.1 Problemstellung der Sensitivitätsanalyse

(1) In einem Entscheidungsmodell ist die zu maximierende oder zu minimierende Zielgröße abhängig von den Variablen, die die Aktionsmöglichkeiten charakterisieren (z.B.: Produktionsmengen; Variablen, die angeben, ob ein Investitionsprojekt durchgeführt wird oder nicht) und von konstanten, dem Einfluß des Entscheidenden entzogenen Parametern (z.B.: Marktpreise; Höchstabsatzmengen). Bei einem Entscheidungsmodell, das auf der Annahme sicherer Erwartungen beruht, werden diese Parameter als bekannt vorausgesetzt. Es kommt dann darauf an, zulässige Werte für die Aktionsvariablen zu finden, die die Zielgröße maximieren oder minimieren.

Sind nun aber die Parameter alle oder zum Teil nicht mit Sicherheit bekannt, so kann man so vorgehen, daß man abschätzt, innerhalb welcher Grenzen die Werte der einzelnen Parameter zu erwarten sind, und dann aus den möglichen Werten innerhalb dieses Intervalls einen Mittelwert berechnet, der als quasi-sichere Größe in den Entscheidungskalkül eingeht. Man muß aber damit rechnen, daß der tatsächliche Wert dieses Parameters von dem der Rechnung zugrunde gelegten Wert abweicht. Daraus ergibt sich die Frage, ob und wieweit die praktische Brauchbarkeit des Entscheidungskalküls durch derartige Abweichungen beeinträchtigt wird. Man muß festzustellen suchen, wie empfindlich das Ergebnis der Rechnung gegenüber Variationen der Parameter ist; der Entscheidungskalkül ist also durch eine Sensitivitätsanalyse zu ergänzen.

Bezeichnet man mit z die zu maximierende Zielgröße, mit x den Vektor der Aktionsvariablen und mit y den Vektor der unbeeinflußbaren Parameter, so gilt:

$$z = z(y, x)$$

Ist X die Menge aller zulässigen Wertekombinationen für die Aktionsvariablen, so werden zunächst für eine als quasi-sicher angenommene Parameter-Konstellation y^* die optimalen Werte der Aktionsvariablen gesucht. Man sucht also ein x^*, für das gilt:

$$z(y^*, x^*) = \underset{x \in X}{\text{Max }} z(y^*, x)$$

(2) Bezeichnet man nun mit Y die Menge aller für möglich gehaltenen Parameter-Konstellationen, so kann man bei der Sensitivitätsanalyse die Frage stellen, um wieviel man im ungünstigsten Fall das erreichbare Optimum von z verfehlt, wenn man die Aktion x^* wählt. Meist geht man bei der Sensitivitätsanalyse von einer etwas allgemeineren Form des Problems aus [*Dinkelbach*, S. 25]. Die speziellere Fragestellung, die hier formuliert wird, entspricht der in der Investitionstheorie, insbesondere im Zusammenhang mit der Berechnung kritischer Punkte üblichen Betrachtungsweise [*Schweim*, S. 108].

Die höchstmögliche Abweichung der tatsächlich erreichten Zielgröße vom erreichbaren Optimum sei mit e bezeichnet. Es gilt:

$$e = \underset{y \in Y}{\text{Max}} \; [\underset{x \in X}{\text{Max }} z(y, x) - z(y, x^*)] \tag{4.1.1}$$

Der Ausdruck in der eckigen Klammer gibt die Differenz zwischen dem bei der Parameter-Konstellation y maximal erreichbaren und dem mit der Aktion x^* tatsächlich erreichten Wert der Zielgröße an; e ist definiert als das Maximum dieser Differenz im Bereich von Y. Je geringer diese maximal mögliche Abweichung vom Optimum ist, desto weniger bedeutsam ist die Unsicherheit hinsichtlich der Parameter.

(3) Die Frage kann aber auch anders gestellt werden. Man kann davon ausgehen, daß die bei Wahl der Aktion x^* mögliche Abweichung zwischen dem erreichten Wert der Zielvariablen und dem theoretisch erreichbaren Optimum nicht größer als ϵ sein darf, und dann feststellen, wieweit die Parameter-Kon-

stellation von y^* abweichen darf, ohne daß diese Grenze überschritten wird. Man sucht also eine Menge von Parameter-Konstellationen Y_ϵ, die folgendermaßen definiert ist:

$$Y_\epsilon = \{y | \underset{x \in X}{\text{Max}}\, z(y, x) - z(y, x^*) \leq \epsilon\} \qquad (4.1.2)$$

Insbesondere kann man auch die Menge Y_0 suchen, für die $\epsilon = 0$ ist:

$$Y_0 = \{y | \underset{x \in X}{\text{Max}}\, z(y, x) - z(y, x^*) = 0\} \qquad (4.1.3)$$

Wenn eine zu Y_0 gehörige Parameter-Konstellation eintritt, ist x^* auf jeden Fall optimal. Sofern Abweichungen von y^* nur innerhalb des Bereichs Y_0 auftreten können, ist die Unsicherheit der Parameter ohne Bedeutung.

(4) Die beiden möglichen Fragestellungen der Sensitivitätsanalyse laufen auf dasselbe hinaus. Im ersten Fall geht man von einem gegebenen Schwankungsbereich der Parameter aus und ermittelt die im ungünstigsten Fall eintretende Abweichung vom Optimum. Man wird dann entscheiden müssen, ob der für e ermittelte Wert noch innerhalb der Grenze liegt, die man zu tolerieren bereit ist, oder nicht. Im zweiten Fall wird mit ϵ diese Toleranzgrenze vorgegeben und dann der zugeordnete Schwankungsbereich Y_ϵ ermittelt. Anschließend ist zu prüfen, ob der tatsächlich zu erwartende Schwankungsbereich Y die Grenzen von Y_ϵ nicht überschreitet. Beide Verfahren müssen zum gleichen Ergebnis führen, da $e \leq \epsilon$ genau dann gilt, wenn $Y \subset Y_\epsilon$ ist.

4.1.2 Sensitivitätsanalyse in bezug auf einen Parameter: Kritische Punkte

(1) Bei der einfachsten Form der Sensitivitätsanalyse wird nur ein Parameter daraufhin betrachtet, inwieweit Abweichungen innerhalb eines bestimmten Schwankungsbereichs das Ergebnis des Optimierungskalküls beeinträchtigen. Y_ϵ enthält dann alle Zahlenwerte, die dieser Parameter annehmen kann, ohne daß man bei Wahl der Aktion x^* um mehr als den Betrag ϵ hinter dem jeweils erreichbaren Optimalwert der Zielgröße zurückbleibt. Y_0 enthält alle Zahlenwerte dieses Parameters, bei denen x^* zum Optimum führt. Y_ϵ und Y_0 sind in der Regel Intervalle auf der Skala der reellen Zahlen, die entweder nach oben oder nach unten oder nach beiden Seiten begrenzt sind, d.h. es gilt

$$Y_\epsilon = \{y | y \geq \underline{y}\} \text{ oder } Y_\epsilon = \{y | y \leq \bar{\bar{y}}\} \text{ oder } Y_\epsilon = \{y | \underline{y} \leq y \leq \bar{\bar{y}}\}$$

Die Grenzen des Zahlenintervalls werden als kritische Punkte bezeichnet.

Kritische Punkte werden vor allem zur Bestimmung der Menge Y_0 berechnet. Sie geben dann die Grenzen an, innerhalb deren der Parameter variieren kann, ohne daß x^* nicht-optimal wird. Im folgenden soll gezeigt werden, wie eine Investitionsrechnung auf der Grundlage des Kapitalwertkriteriums durch Berechnung kritischer Punkte ergänzt werden kann [*E. Schneider* 1962, S. 62, *Kilger* 1965a].

(2) Einer der Parameter, von denen abhängt, ob der Kapitalwert einer Investition positiv oder negativ wird, ist der Kalkulationszinsfuß. Der kritische Punkt, der angibt, für welche Werte dieses Parameters die Durchführung der Investition vorteilhaft ist, ist der interne Zinsfuß. In der Regel gilt, so wurde gezeigt, daß eine Investition vorteilhaft ist, wenn ihr interner Zinsfuß den Kalkulationszinsfuß übersteigt. Die Menge Y_0 umfaßt somit alle Kalkulationszinsfüße, die nicht größer als der interne Zinsfuß sind.

Ebenfalls bereits behandelt wurde die Amortisationsdauer. Sie gibt die Lebensdauer an, die mindestens erreicht werden muß, damit der Kapitalwert positiv wird, ist also der kritische Punkt in bezug auf den Parameter Lebensdauer.

(3) Wichtige Parameter, von denen der Kapitalwert einer Sachinvestition abhängen kann, sind Preis und Menge eines Gutes, das mit Hilfe der zu beschaffenden Anlage produziert wird. Bezeichnet man mit A_0 die Anschaffungsauszahlungen, mit p den Preis, mit k den Satz der der Produktionsmenge proportionalen Auszahlungen, mit F die fixen Auszahlungen einer Periode und mit x die Menge des Gutes, so erhält man den Kapitalwert nach der Formel:

$$K = \sum_{t=1}^{T} [(p-k)x - F] q^{-t} - A_0 = [(p-k)x - F] R_T - A_0 \quad (4.1.4)$$

R_T ist hierbei der nachschüssige Rentenbarwertfaktor:

$$R_T = (q^T - 1) : [q^T (q-1)]$$

Indem man K gleich Null setzt und die Gleichung (4.1.4) nach p bzw. nach x auflöst, erhält man die kritischen Punkte für diese beiden Parameter. Diese seien mit $\bar{p}$ bzw. $\bar{x}$ bezeichnet. Es gilt:

$$\bar{p} = k + (A_0 : R_T + F) : x \quad (4.1.5)$$

$$\bar{x} = (A_0 : R_T + F) : (p - k) \quad (4.1.6)$$

Der Ausdruck auf der rechten Seite von (4.1.5) gibt die der Beschäftigung x entsprechenden Stückkosten an. In der Klammer stehen die fixen Auszahlungen und der durch Multiplikation der Anschaffungsauszahlung mit dem Kehrwert des Rentenbarwertfaktors, dem Wiedergewinnungsfaktor also, berechnete Kapitaldienst, insgesamt somit die fixen Kosten. Diese werden durch die Produktionsmenge x dividiert und zu dem proportionalen Auszahlungssatz k addiert. Die so ermittelten Stückkosten geben die Preisuntergrenze an, von der ab sich die Investition lohnt.

Die kritische Menge $\bar{x}$ ist die Größe, die man häufig als Gewinnschwelle oder „break-even-point" bezeichnet. Man erhält sie nach (4.1.6) durch Division der fixen Kosten durch den Deckungsbeitrag je produzierte Einheit.

(4) In den bisher genannten Beispielen war das Intervall Y_0 immer nur nach einer Seite begrenzt, so daß es nur einen kritischen Punkt gab. Im folgen-

126   Investitionsentscheidungen bei unsicheren Erwartungen

den Beispiel ist Y_0 nach oben und unten durch zwei kritische Punkte begrenzt. Der Parameter, auf den sie sich beziehen, sei der Faktorpreis p_F, etwa der Lohnsatz. Es stehen zwei Produktionsverfahren zur Wahl. Die Anschaffungsauszahlungen sind beim ersten A_{01}, beim zweiten A_{02}. Weiter bezeichne x die produzierte Menge, p den Verkaufspreis, F_1 bzw. F_2 die fixen Auszahlungen je Periode, a_1 bzw. a_2 den Faktorverbrauch je produzierte Einheit und k_1 bzw. k_2 die sonstigen proportionalen Auszahlungen je produzierte Einheit. Es sei
$A_{01} < A_{02}, F_1 < F_2, k_1 < k_2,$ jedoch $a_1 > a_2$.

Beim ersten Verfahren ist also der Faktorverbrauch größer, während alle sonstigen Auszahlungen geringer als beim zweiten sind. Das zweite Verfahren wird daher nur für einen bestimmten Bereich des Faktorpreises lohnend sein. Ist der Preis sehr hoch, lohnt sich die Investition überhaupt nicht, ist er sehr niedrig, so ist das erste Verfahren günstiger. Die Kapitalwerte der beiden Verfahren ergeben sich wie folgt:

$$K_1 = [(p - k_1 - a_1 p_F) \cdot x - F_1] \cdot R_T - A_{01} \qquad (4.1.7)$$

$$K_2 = [(p - k_2 - a_2 p_F) \cdot x - F_2] \cdot R_T - A_{02} \qquad (4.1.8)$$

Die obere kritische Faktorpreisgrenze des zweiten Verfahrens ($\bar{p}_{FO}$) erhält man, indem man K_2 gleich Null setzt und die Gleichung nach p_F auflöst. Es ergibt sich:

$$\bar{p}_{FO} = [(p - k_2)x - A_{02} : R_T - F_2] : (a_2 \cdot x) \qquad (4.1.9)$$

Zur Ermittlung der unteren kritischen Grenze setzt man K_2 gleich K_1 und löst nach p_F auf. Man erhält

$$\bar{p}_{Fu} = [(k_2 - k_1)x + (F_2 - F_1) + (A_{02} - A_{01}) : R_T] : [(a_1 - a_2)x]$$
$$(4.1.10)$$

In diesem Fall ist also: $Y_0 = \{p_F | \bar{p}_{FO} \geq p_F \geq \bar{p}_{Fu}\}$
Natürlich kann sich auch ergeben, daß Y_0 leer ist, weil $\bar{p}_{FO} < \bar{p}_{Fu}$ wird. Dann ist das zweite Verfahren bei keinem Faktorpreis optimal.

4.1.3 Sensitivitätsanalyse in bezug auf mehrere Parameter

(1) Der Bereich Y_ϵ bzw. Y_0 kann auch in bezug auf mehrere Parameter ermittelt werden. Bei n Parametern ist dieser Bereich eine Menge von Wertkombinationen für die Parameter, also eine Punktmenge im n-dimensionalen Raum. Die Grenze dieses Bereichs wird nicht wie im Fall eines Parameters durch einen kritischen Punkt gebildet, sondern durch eine kritische Punktmenge, in der Regel eine Hyperfläche im n-dimensionalen Raum.

Als Beispiel sei der Fall betrachtet, der der Formel (4.1.4) zugrunde liegt. Der Kapitalwert ist hier von den Parametern Preis und Menge abhängig. Die Grenze des Bereichs Y_0 wird durch die Wertkombinationen der beiden Parameter gebildet, bei denen der Kapitalwert gerade gleich Null wird. Zur kritischen Punktmenge gehören also alle Vektoren $(\bar{p}, \bar{x})$ die die folgende Gleichung erfüllen:

$$\bar{p} = k + (A_0 : R_T + F) : \bar{x} \qquad (4.1.11)$$

Für Y_0 gilt somit:

$$Y_0 = \{(p, x) \mid p \geqslant \bar{p}, x \geqslant \bar{x}, \bar{p} = k + (A_0 : R_T + F) : \bar{x}\} \qquad (4.1.12)$$

In graphischer Darstellung ergibt sich das in Abbildung 22 dargestellte Bild. Die kritische Punktmenge erscheint als Hyperbel; sie entspricht hier der Kurve der Durchschnittskosten. Y_0 ist der schraffierte Bereich rechts oberhalb dieser Hyperbel.

(2) Entsprechend kann auch verfahren werden, wenn es sich um mehr als zwei Parameter handelt. Geht man z.B. davon aus, daß die Absatzmengen in den einzelnen Perioden unterschiedlich hoch sein können, so erhält man statt (4.1.4) folgenden Ausdruck für den Kapitalwert:

$$K = \sum_{t=1}^{T} [(p-k)x_t - F] q^{-t} - A_0 \qquad (4.1.13)$$

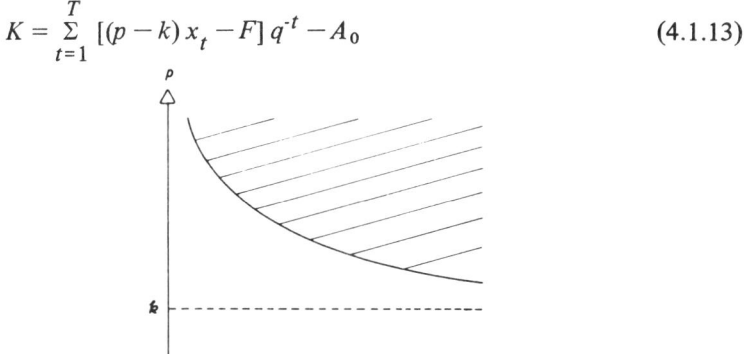

Abb. 22: Kritische Preis-Mengen-Kombinationen bei der Sensitivitätsanalyse

Die Sensitivitätsanalyse soll nun in bezug auf die Parameter $x_1, x_2, \ldots, x_T$ durchgeführt werden. Indem man K gleich Null setzt, erhält man die Bestimmungsgleichung für die kritische Punktmenge. Für Y_0 ergibt sich:

$$Y_0 = \{(x_1, x_2, \ldots, x_T) \mid x_t \geqslant \bar{x}_t \; (t=1, 2, \ldots, T), \sum_{t=1}^{T} q^{-t}(p-k)\bar{x}_t = A_0 + F \cdot R_T\}$$
$$(4.1.14)$$

4.1.4 Sensitivitätsanalyse bei Kapitalbudgetierung mit Hilfe der linearen Optimierung

a) Parameter der Zielfunktion

(1) Das im Abschnitt 3.2 beschriebene Entscheidungsmodell soll nun unter dem Gesichtspunkt der Sensitivitätsanalyse betrachtet werden. Es handelt sich

um ein lineares Optimierungsmodell. Zunächst soll gezeigt werden, wie die Sensitivitätsanalyse in bezug auf die Parameter in der Zielfunktion durchgeführt werden kann [*Dinkelbach* 1969, S. 71]. Für das Modell kommen, wie in Abschnitt 3.2.3 gezeigt wurde, verschiedene Zielfunktionen in Frage. Zum Teil liegen deren Parameter eindeutig fest, z.B. bei Maximierung des Ausschüttungsbetrags nach Liquidation der Unternehmung (3.2.6) oder bei Maximierung eines gleichbleibenden jährlichen Ausschüttungsbetrages (3.2.7). Unter dem Gesichtspunkt der Sensitivitätsanalyse dürfte vor allem die Zielfunktion (3.2.10) von Interesse sein, die besagt, daß der Wert, der am Ende des Planungszeitraums noch bestehenden Unternehmung zu maximieren ist. Besonders problematisch sind hierbei die Werte der am Ende des Planungszeitraums noch nicht abgeschlossenen Projekte, der Parameter w_i also. Diese beruhen auf weit in der Zukunft liegenden Zahlungen, die mit einem Kalkulationszinsfuß abgezinst werden, für dessen Höhe man allenfalls vage Anhaltspunkte hat. Diese Parameter sind also in besonderem Maße ungewiß. Es ist von besonderem Interesse festzustellen, inwieweit Schätzungsfehler bei diesen Größen das Ergebnis des Kalküls beeinflussen.

(2) Es geht um folgende Optimierungsaufgabe: Die Zielfunktion (3.2.10) ist zu maximieren unter Einhaltung der Nebenbedingungen (3.2.1–3). Zur Vereinfachung der Darstellung wird im folgenden die Vektoren- und Matrizenschreibweise benutzt. Die Ungleichungen in (3.2.2) werden durch Einführung der Schlupfvariablen $x_{n+1}, x_{n+2}, \ldots, x_{2n}$ in Gleichungen umgewandelt. Der Vektor der Variablen sei nun mit x bezeichnet:

$$x' = (x_1, \ldots, x_n, x_{n+1}, \ldots, x_{2n}, d_T)$$

Weiter sei

$$w = (w_1, \ldots, w_n, 0, \ldots, 0, 1)$$

der Vektor der Koeffizienten in der Zielfunktion. A sei die Matrix der Koeffizienten in den Nebenbedingungen:

$$A = \begin{pmatrix} a_{10} & a_{20} & \ldots & a_{n0} & 0 & 0 & \ldots & 0 & 0 \\ a_{11} & a_{21} & \ldots & a_{n1} & 0 & 0 & \ldots & 0 & 0 \\ a_{1T} & a_{2T} & \ldots & a_{nT} & 0 & 0 & \ldots & 0 & 1 \\ 1 & 0 & \ldots & 0 & 1 & 0 & \ldots & 0 & 0 \\ 0 & 1 & \ldots & 0 & 0 & 1 & \ldots & 0 & 0 \\ 0 & 0 & \ldots & 1 & 0 & 0 & \ldots & 1 & 0 \end{pmatrix}$$

Schließlich sei noch

$$b' = (b_0 - d_0, b_1 - d_1, \ldots, b_{T-1} - d_{T-1}, b_T, c_1, c_2, \ldots, c_n)$$

Die Aufgabe kann nun folgendermaßen geschrieben werden:

$w \cdot x \to \text{Max}$ \hfill (3.2.10a)

$A \cdot x = b$ \hfill (3.2.1–2a)

$x \geqslant 0$ \hfill (3.2.3a)

(3) In der optimalen Lösung einer linearen Optimierungsaufgabe unterscheidet man Basisvariablen und Nebenbasisvariablen. Erstere können im Optimum von Null verschieden sein, letztere nicht. Bezeichnet man mit $\bar{x}$ den Vektor der Basisvariablen und mit $\bar{A}$ eine quadratische Matrix, die aus den den Basisvariablen entsprechenden Spalten von A besteht, so ergeben sich die Optimalwerte für die Basisvariablen aus dem Gleichungssystem:

$$\bar{x} = \bar{A}^{-1} b$$

Für diese Optimallösung soll festgestellt werden, innerhalb welcher Grenzen sich die Koeffizienten w_i ändern dürfen, ohne daß die Lösung nicht-optimal wird. Es geht also um die Bestimmung des Bereiches Y_0 in bezug auf diese Parameter.

Nun ist nach dem Preistheorem der linearen Optimierung, (das dem *Kuhn-Tucker*-Theorem der nichtlinearen Optimierung entspricht), der Optimallösung der Zahlenvektor

$$u = (u_0, u_1, \ldots, u_T, v_1, \ldots, v_n)$$

zugeordnet. Mit $\bar{w}$ sei der Zielfunktionskoeffizientenvektor der Basisvariablen bezeichnet; u ergibt sich dann aus der Formel:

$u = \bar{w} \cdot \bar{A}^{-1}$ \hfill (4.1.15)

Das Preistheorem besagt, daß die betrachtete Lösung $\bar{x}$ genau dann optimal ist, wenn folgende Bedingungen erfüllt sind:

$u \cdot A \geqslant w$ oder $\bar{w} \cdot \bar{A}^{-1} \cdot A \geqslant w$ \hfill (4.1.16)

Es gilt also:

$$Y_0 = \{w | \bar{w} \cdot \bar{A}^{-1} \cdot A \geqslant w\} \tag{4.1.17}$$

(4) Man kann nun auch die Grenzen feststellen, innerhalb deren einzelne Zielfunktionskoeffizienten bei Konstanz aller anderen variieren dürfen. Hinsichtlich der Koeffizienten von Nebenbasisvariablen ist die Optimalitätsbedingung erfüllt, solange gilt:

$$\sum_{t=0}^{T} a_{it} \cdot u_t + v_i \geqslant w_i \tag{4.1.18}$$

Die kritische Grenze für w_i ist erreicht, wenn das Gleichheitszeichen gilt. Da der Vektor u von den Zielfunktionskoeffizienten der Nebenbasisvariablen unabhängig ist, kann der Ausdruck auf der linken Seite der Ungleichung leicht berechnet werden. Damit hat man den kritischen Wert von w_i.

(5) Ist x_i Basisvariable, so muß etwas anders verfahren werden, weil u dann gemäß (4.1.15) von w_i abhängig ist. Man muß das gesamte Ungleichungssystem (4.1.16) betrachten und für jede Ungleichung feststellen, bei welchem Wert von w_i sie gerade als Gleichung erfüllt ist. Man findet so die kritischen Grenzen, innerhalb deren keine der Ungleichungen verletzt wird.

Diese Berechnung kann auch für die Variable d_T durchgeführt werden. Dies mag zunächst wenig sinnvoll erscheinen, weil diese Variable in der Zielfunktion (3.2.10) nur den Koeffizienten 1 haben kann. Es ist aber zu beachten, daß in der Zielfunktion einer linearen Optimierungsaufgabe die Lösung nicht von der absoluten Größe der Koeffizienten, sondern von den Relationen der Koeffizienten untereinander abhängt.

Gibt man also der Variablen d_T den Koeffizienten 0,5 statt 1, so läuft das im Ergebnis auf dasselbe hinaus, wie wenn man alle übrigen Koeffizienten verdoppelt. Stellt man also fest, daß die kritischen Grenzen des Koeffizienten von d_T beispielsweise bei 0,8 und 1,5 liegen, so kann man daraus schließen, daß die betrachtete Lösung optimal bleibt, wenn man alle übrigen Koeffizienten um einen Prozentsatz erhöht, der nicht größer als 25 % ist, oder um einen Prozentsatz vermindert, der nicht größer als $33^1/_3$ % ist. Man kann somit beurteilen, ob und von welchen Grenzen ab eine systematische Unter- oder Überschätzung der w_i von Bedeutung ist.

b) Parameter in den Nebenbedingungen

(1) Die wichtigsten Parameter in den Nebenbedingungen sind Zahlungsgrößen. Die a_{it} sind die mit den Projekten verbundenen Auszahlungsüberschüsse,

die b_t sind Einzahlungsüberschüsse, die unabhängig von dem zu planenden Programm sind. Die Zahlungen sind unsichere Zukunftsgrößen. Daher erscheint auch für sie eine Sensitivitätsanalyse angebracht.

(2) Hinsichtlich der a_{it}, die zu den Nebenbasisvariablen der Optimallösung gehören, ist die Analyse einfach [*Dinkelbach* 1969, S. 76]. Es handelt sich hierbei um Zahlungen in Verbindung mit Projekten, die aufgrund des Optimierungskalküls nicht durchzuführen sind. Sind diese Zahlungen größer oder kleiner, als bei der Rechnung angenommen wurde, so wird dadurch die Zulässigkeit der ermittelten Optimallösung nicht berührt. Wohl aber ist es möglich, daß infolge der genannten Abweichung die ursprüngliche Lösung nicht mehr optimal ist, weil man mit Hilfe der zunächst ausgeschlossenen Projekte ein günstigeres Ergebnis erzielen könnte.

Der Bereich, innerhalb dessen die a_{it} der Nebenbasisvariablen schwanken dürfen, ohne daß die ursprüngliche Lösung nicht-optimal wird, kann mit Hilfe der Bedingung (4.1.18) bestimmt werden. Die u_t ergeben sich aus (4.1.15), sind also von den Koeffizienten der Nebenbasisvariablen unabhängig; aus dem Preistheorem ergibt sich weiter, daß v_t für alle Nebenbasisvariablen gleich Null wird. Der Bereich Y_0 in bezug auf die Koeffizienten der Nebenbasisvariablen x_i läßt sich somit nach folgender Formel bestimmen:

$$Y_0 = \left\{ (a_{i0}, a_{i1}, \ldots, a_{iT}) \mid \sum_{t=0}^{T} a_{it} \cdot u_t \geq w_i \right\} \qquad (4.1.19)$$

Für jeden der Koeffizienten kann man auch bei gegebenen Werten für alle anderen den kritischen Wert $\bar{a}_{it*}$ berechnen.

$$\bar{a}_{it*} = \left(w_i - \sum_{\substack{t=0 \\ t \neq t*}}^{T} a_{it} \cdot u_t \right) : u_{t*} \qquad (4.1.20)$$

(3) Anders liegt das Problem, wenn a_{it} ein Koeffizient ist, der zu einer Basisvariablen gehört oder wenn Abweichungen bei den b_t in Betracht gezogen werden. Ändert sich ein einzelnes a_{it} oder ein b_t, so wird die ursprüngliche Lösung unzulässig, da zwangsläufig eine der Bedingungen (3.2.1) verletzt wird. Ändern sich mehrere dieser Größen gleichzeitig, so ist theoretisch denkbar, daß die Veränderungen sich in ihren Wirkungen kompensieren und die ursprüngliche Lösung zulässig bleibt. Dies ist aber praktisch bedeutungslos, da eine derartige gegenseitige Kompensation der Abweichungen zwischen erwarteten und tatsächlichen Zahlungen ein Zufall wäre, der nur mit sehr geringer

Wahrscheinlichkeit eintreten wird. In bezug auf die genannten Parameter ist Menge Y_0 somit zwar nicht leer; bei Unsicherheit wird der gegebene Schwankungsbereich Y der Parameter aber nie ganz in Y_0 enthalten sein.

Man kann statt dessen versuchen, die Menge Y_ϵ für ein positives ϵ zu bestimmen, also die Frage zu beantworten, innerhalb welcher Grenzen die Parameter von den erwarteten Werten abweichen können, ohne daß man mit der ursprünglichen Lösung das theoretisch erreichbare Optimum um mehr als ϵ verfehlt. Hierbei stößt man aber auf die Schwierigkeit, daß die ursprüngliche Lösung durch die Abweichungen in den Zahlungen nicht nur nicht-optimal, sondern unzulässig wird. Die ursprüngliche Lösung muß auf jeden Fall abgeändert werden. Sind die Einzahlungen geringer oder die Auszahlungen höher als erwartet, so muß man die ursprünglich vorgesehenen Investitionen einschränken oder zusätzliche Finanzierungsmaßnahmen durchführen. Im umgekehrten Fall kann man auf Finanzierungsmaßnahmen verzichten oder zusätzliche Investitionen einplanen. In beiden Fällen kann die Zulässigkeit auch durch Änderung der Ausschüttungsbeträge wiederhergestellt werden.

(4) Welche Möglichkeiten man hat, sich an Abweichungen zwischen erwarteten und tatsächlichen Zahlungen anzupassen, hängt vor allem davon ab, zu welchem Zeitpunkt man über diese Abweichungen informiert wird. Meist wird das erst in dem Zeitpunkt der Fall sein, in dem die Zahlung stattfindet. Eine Abänderung der ursprünglichen Lösung ist dann nur noch in der Weise möglich, daß man Projekte hinzunimmt oder wegläßt, die in oder nach diesem Zeitpunkt zu laufen beginnen, oder bereits früher angelaufene Projekte abändert, etwa durch Prolongation einer Finanzierungsmaßnahme oder vorzeitige Liquidation eines Investitionsprojekts.

Um zu beurteilen, um wieviel man bei einer bestimmten Abweichung der Parameter das theoretische Optimum verfehlt, müßte man wissen, in welcher Weise man sich an diese Abweichungen anpassen kann und wird. Man müßte von einem Investitions- und Finanzierungsplan ausgehen, der für jede mögliche Abweichung eine Anpassungsmaßnahme vorsieht. Man bezeichnet ein derartiges Programm von Eventualplänen für alle möglichen Bedingungskonstellationen als einen flexiblen Plan.

Die Lösung des linearen Optimierungsmodells (3.2.1–3, 10) ist aber kein flexibler Plan. Damit fehlen die Voraussetzungen für eine sinnvolle Sensitivitätsanalyse. Ehe man Aussagen über die Wirkung von Zahlungsabweichungen macht, muß angegeben werden, wie man zu einem flexiblen Plan kommt. Auf diese Frage wird im Abschnitt 4.4 zurückzukommen sein.

4.1.5 Zusammenfassende Beurteilung

Die Sensitivitätsanalyse liefert offenbar vor allem bei einfacheren Entscheidungsmodellen, die auf dem Kapitalwertkriterium beruhen, anschauliche und nützliche Ergebnisse. Bei den komplizierteren Modellen auf der Basis der linearen Optimierung kommt sie auch als Ergänzung des Entscheidungskalküls in Betracht, stößt allerdings z. T. auf Schwierigkeiten.

Das Problem der Entscheidung bei Unsicherheit wird aber durch die Sensitivitätsanalyse nicht in allgemeingültiger Form gelöst. Ergebnis der Analyse kann sein, daß der Unsicherheitsbereich der Parameter Y ganz in Y_0 oder Y_ϵ enthalten ist. Das bedeutet, daß die Unsicherheit für den betreffenden Entscheidungsfall ohne Bedeutung ist. Es kann aber natürlich auch sein, daß Y nicht in Y_ϵ enthalten ist, so etwa, wenn man zu dem Ergebnis kommt, daß die Lebensdauer eines Projektes sowohl größer als auch kleiner als die Amortisationsdauer sein kann. In diesem Fall ergibt die Sensitivitätsanalyse nur, daß die Unsicherheit nicht bedeutungslos ist. Wie man sich aber in dieser Situation entscheiden soll, bleibt offen.

Ergänzende und vertiefende Literatur zum Abschnitt 4.1:
Dinkelbach 1969
Kilger 1965a
E. Schneider 1962, II. Kapitel, § 4
Schweim 1969, 4. Kapitel, Abschnitt II

4.2 Investitionsentscheidungen aufgrund subjektiver Risikopräferenzen

4.2.1 Entscheidungstheoretische Grundlagen

(1) Entscheidungen bei Unsicherheit sind dadurch charakterisiert, daß der Entscheidende nicht in der Lage ist, jeder seiner Aktionen eindeutig ein bestimmtes Ergebnis zuzuordnen. Vielmehr ist bei jeder Aktion mit mehreren möglichen Ergebnissen zu rechnen. Man kann daher auch nicht die Entscheidung in der Weise treffen, daß man die Aktion wählt, die zum günstigsten Ergebnis führt; diese Regel ist nur bei sicheren Erwartungen verwendbar, wenn man weiß, zu welchem Ergebnis jede Aktion führt.

Werden Investitionsentscheidungen unter unsicheren Erwartungen getroffen, so wird das Ergebnis ebenso wie im Fall sicherer Erwartungen durch Zielgrößen wie Kapitalwert, äquivalente Annuität, Wert des Vermögens am Ende des Planungszeitraums und ähnliche Größen charakterisiert. Jeder Investitionsplan kann aber zu verschiedenen Werten der jeweiligen Zielgröße führen. Welche Entscheidungsregeln sind in dieser Situation denkbar, und welche Rolle spielt die subjektive Einstellung des Entscheidenden zum Risiko?

Angenommen sei, der Entscheidende kenne die Wahrscheinlichkeiten, mit denen bei jeder Aktion die verschiedenen möglichen Ergebnisse eintreten. Diese Annahme ist problematisch, weil man bei den meisten Investitionsentscheidungen nicht über statistisches Material verfügen wird, das Aussagen über objektive Wahrscheinlichkeitsverteilungen zuläßt. Vielmehr werden in der Regel nur subjektive Glaubwürdigkeitsvorstellungen vorliegen. Aus diesen lassen sich zwar unter bestimmten Voraussetzungen Wahrscheinlichkeitsaussagen ableiten; problematisch bleibt aber, ob eine Entscheidungstheorie, die in dieser Weise auf derartige subjektive Gegebenheiten rekurriert, noch zu praktisch relevanten Aussagen kommen kann. Zur Begründung subjektiver Wahrscheinlichkeiten sei auf die Arbeiten von *Savage* [1954] und *Markowitz* [1959, S. 257] verwiesen; kritische Anmerkungen und weitere Literaturhinweise finden sich bei *Menges* [1974, S. 26] und *Schneeweiß* [1967, S. 28].

(2) Die einfachste Entscheidungsregel für die angegebene Entscheidungssituation lautet, daß diejenige Aktion zu wählen ist, bei der der mathematische Erwartungswert der Zielgröße, d.h. der mit den Wahrscheinlichkeiten gewogene Durchschnitt aller möglichen Zielgrößenwerte, zu maximieren ist. Bezeichnet man die möglichen Zielgrößenwerte mit z_k ($k = 1, 2, \ldots, K$) und die zugehörigen Wahrscheinlichkeiten mit w_k, so lautet diese Regel, die man auch als Bayes-Regel bezeichnet:

$$\sum_{k=1}^{K} w_k z_k \to \text{Max} \qquad (4.2.1)$$

Die Bayes-Regel unterstellt, daß der Entscheidende indifferent ist zwischen einem sicheren Gewinn von Z und einer Chance, mit gleicher Wahrscheinlichkeit $2Z$ oder nichts zu gewinnen. Empirisch läßt sich jedoch beobachten, daß es Individuen gibt, die in derartigen oder ähnlichen Situationen den sicheren Gewinn vorziehen, und andere, die die Chance, das Doppelte oder gar nichts zu gewinnen, höher schätzen. Erstere bezeichnet man als risikoscheu, letztere als risikofreudig; risikoindifferent ist, wer keine der beiden Optionen vorzieht. Die Bayes-Regel beschreibt somit nur das Verhalten des risikoindifferenten Individuums.

(3) Einen allgemeineren Entscheidungsgrundsatz, der die subjektive Einstellung des Entscheidenden zum Risiko zu berücksichtigen gestattet, liefert das Bernoulli-Prinzip. Dieses besagt: Es gibt für den Entscheidenden eine Nutzenfunktion, die jedem Ergebnis einen Nutzen U zuordnet; optimal ist für ihn die Aktion, bei der die mathematische Erwartung des Nutzens maximiert wird. Werden die Ergebnisse durch eine Zielgröße z charakterisiert, so lautet die Nutzenfunktion

$$U = U(z) \qquad (4.2.2)$$

Investitionsentscheidungen aufgrund subjektiver Risikopräferenzen   135

Entschieden wird nach der Regel:

$$\sum_{k=1}^{K} w_k \cdot U(z_k) \cdot \to \text{Max} \qquad (4.2.3)$$

Das Bernoulli-Prinzip läßt sich auf Axiome zurückführen, die als Handlungsmaximen äußerst einleuchtend sind; in der Entscheidungstheorie wird daher heute häufig rationales Handeln als Handeln nach dem Bernoulli-Prinzip definiert [*Schneeweiß*, S. 77].

Ist die Nutzenfunktion (4.2.2) linear, so ist die Regel (4.2.3) der Bayes-Regel (4.2.1) äquivalent. Gilt nämlich $U = u_0 + u \cdot z$, so folgt daraus

$$\sum_{k=1}^{K} w_k (u_0 + u \cdot z_k) = u_0 + u \sum_{k=1}^{K} w_k \cdot z_k$$

Die Maximierung des Ausdrucks auf der rechten Seite ist offenbar gleichbedeutend mit der Maximierung von (4.2.1).

Eine konvexe Nutzenfunktion entspricht risikofreudigem, eine konkave Nutzenfunktion risikoscheuem Verhalten [*Friedman* u. *Savage* 1948]. Aus Abbildung 23a ist zu ersehen, daß bei konvexer Nutzenfunktion der erwartete Nutzen der Chance, mit der Wahrscheinlichkeit 0,5 den Gewinn $2z$ zu erzielen ($0,5 \cdot U(2z)$) größer als der Nutzen des sicheren Gewinns z ist.

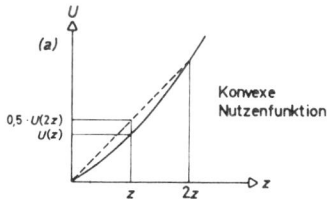

Abb. 23a: Nutzenfunktion bei Risikofreudigkeit

Aus Abbildung 23b geht hervor, daß bei konkaver Nutzenfunktion das Gegenteil gilt.

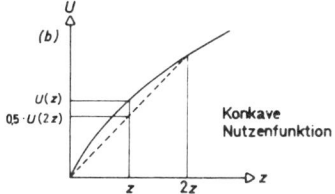

Abb. 23b: Nutzenfunktion bei Risikoscheu

Eine spezielle Form der Nutzenfunktion, die in der Entscheidungstheorie eine große Rolle spielt, ist die quadratische Nutzenfunktion:

$$U(z) = a \cdot z^2 + bz \qquad (4.2.4)$$

Bei risikoscheuem Verhalten ist a negativ und b positiv. Aus der graphischen Darstellung der Funktion (4.2.4) in Abbildung 23c geht hervor, daß U mit wachsendem z zunächst steigt, nach Erreichen eines Maximums aber wieder sinkt. Die Annahme eines mit wachsender Zielgröße sinkenden Nutzens ist in der Regel nicht sinnvoll.

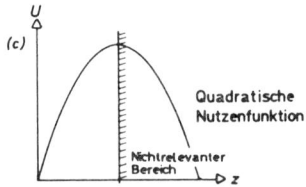

Abb. 23c: Quadratische Nutzenfunktion

Daher müssen im Anwendungsfall die Parameter in (4.2.4) so gewählt werden, daß alle praktisch relevanten Werte von z unterhalb des Maximums der Nutzenfunktion liegen. Quadratische Nutzenfunktionen sind daher nur verwendbar, wenn es eine endliche Obergrenze gibt, die z auf keinen Fall übersteigen kann. Ist diese Voraussetzung erfüllt, so läßt sich die Einstellung eines risikoscheuen Individuums sehr gut durch eine quadratische Nutzenfunktion approximativ beschreiben; durch Wahl geeigneter Werte für a und b läßt sich die Steigung und Krümmung des Kurvenverlaufs stark variieren und hinreichend genau der individuellen Nutzenfunktion jedes Individuums anpassen.

(4) Bei quadratischer Nutzenfunktion ist der Erwartungswert des Nutzens nur vom Erwartungswert und der Standardabweichung (oder der Varianz) der Zufallsgröße z abhängig. Damit dies nachgewiesen werden kann, müssen zunächst einige Grundbeziehungen dargelegt werden. Bezeichnet man den Erwartungswert von z mit μ, so gilt:

$$\mu = \sum_{k=1}^{K} w_k \cdot z_k \qquad (4.2.5)$$

Investitionsentscheidungen aufgrund subjektiver Risikopräferenzen

Die Varianz, das Quadrat der Standardabweichung σ, ist folgendermaßen definiert:

$$\sigma^2 = \sum_{k=1}^{K} w_k (z_k - \mu)^2 = \sum_{k=1}^{K} w_k (z_k^2 - 2 z_k \mu + \mu^2) = \sum_{k=1}^{K} w_k \cdot z_k^2 - \mu^2 \quad (4.2.6)$$

Setzt man nun die quadratische Nutzenfunktion (4.2.4) in (4.2.3) ein, so erhält man unter Verwendung von (4.2.5) und (4.2.6):

$$\sum_{k=1}^{K} w_k \cdot U(z_k) = a \sum_{k=1}^{K} w_k \cdot z_k^2 + b \sum_{k=1}^{K} w_k \cdot z_k = a(\sigma^2 + \mu^2) + b \cdot \mu \quad (4.2.7)$$

Um den Erwartungswert des Nutzens einer Aktion zu berechnen, braucht man nur den Erwartungswert μ und die Standardabweichung σ der zugehörigen Verteilung von z zu kennen. Nur diese beiden Verteilungsparameter sind entscheidungsrelevant. Man spricht daher auch von einer Entscheidung nach dem (μ, σ)-Prinzip. Dieses Prinzip folgt zwingend aus der Annahme einer quadratischen Nutzenfunktion. Umgekehrt läßt sich auch nachweisen, daß das (μ, σ)-Prinzip eine quadratische Nutzenfunktion notwendig voraussetzt, wenn das Bernoulli-Prinzip gilt und beliebige Verteilungen von z gegeben sein können [*Schneeweiß* 1967, S. 95].

In einem (μ, σ^2)-Koordinatensystem kann man Indifferenzkurven einzeichnen, die alle (μ, σ^2)-Kombinationen miteinander verbinden, denen gegenüber der Entscheidende indifferent ist. Man erhält die Gleichung einer derartigen Indifferenzlinie, indem man in (4.2.7) für den Erwartungswert des Nutzens einen bestimmten Wert $\bar{U}$ einsetzt und nach σ^2 auflöst. Man erhält so:

$$\sigma^2 = \bar{U} : a - \mu^2 - (b : a) \cdot \mu \quad (4.2.8)$$

Indem man verschiedene Werte für $\bar{U}$ einsetzt, erhält man die in Abbildung 24 dargestellte Schar von Indifferenzkurven.

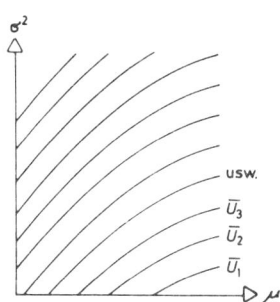

Abb. 24: Nutzenindifferenzkurven

Da alle Werte von z im steigenden Abschnitt der quadratischen Nutzenfunktion liegen müssen, gilt $2a \cdot z_k + b > 0$ für alle k und folglich auch $2a \cdot \mu + b > 0$. Da a negativ ist, folgt hieraus $-2\mu - (b:a) > 0$. Der letzte Ausdruck ist aber die erste Ableitung von (4.2.8) nach μ. Diese ist also im relevanten Bereich positiv, folglich steigen die Indifferenzkurven von links nach rechts an.

4.2.2 Anwendung auf ein Investitionsproblem: Theorie der Portefeuille-Auswahl

(1) Es sei nun wieder ein einfaches Zwei-Zeitpunkt-Investitionsmodell betrachtet. Jedes Projekt ist mit einer Auszahlung im Zeitpunkt 0 und einer Einzahlung im Zeitpunkt 1 verbunden. Bei einem Projekt sind Einzahlung und Auszahlung mit Sicherheit bekannt; dieses Projekt kann etwa darin bestehen, daß man fest verzinsliche Wertpapiere erwirbt. Bei allen anderen Projekten kennt man mit Sicherheit nur die Höhe der Auszahlung; für die Einzahlungen sind nur Wahrscheinlichkeitsverteilungen gegeben. Im Zeitpunkt 0 steht ein fester Betrag zur Verfügung. Dieser wird restlos angelegt. Zu maximieren ist die Summe der Einzahlungen im Zeitpunkt 1. Für jedes Investitionsprogramm kann man den Erwartungswert μ und die Varianz σ^2 dieser Zielgröße ermitteln. Trägt man die so gefundenen (μ, σ^2)-Kombinationen in das Koordinatensystem der Abbildung ein, so kann man ablesen, welches Investitionsprogramm optimal ist, dasjenige nämlich, dessen (μ, σ^2)-Kombination auf der am weitesten rechts unten verlaufenden Indifferenzkurve liegt.

Diese Problemstellung ist Gegenstand der Theorie der Portefeuille-Auswahl [*Tobin* 1957/58 und 1965; *Markowitz* 1952 und 1959; *Sharpe* 1970]. Es geht hierbei um eine spezielle Investitionsentscheidung, die Zusammenstellung eines Portefeuilles von Wertpapieren, die im Zeitpunkt 0 gekauft, im Zeitpunkt 1 verkauft werden. Die Einzahlungen setzen sich zusammen aus Verkaufserlös und Dividenden oder Zins. Es ist zu berücksichtigen, daß zwischen den Einzahlungen der einzelnen Papiere stochastische Abhängigkeiten bestehen können. Häufig sind positive Korrelationen, so z.B., wenn bei hohem Kurs des Papiers I die Wahrscheinlichkeit eines hohen Kurses für Papier II größer wird und umgekehrt. Aber auch der entgegengesetzte Fall einer negativen Korrelation kommt vor. Negative Korrelationen sind für den Investor besonders interessant unter dem Gesichtspunkt der Risikomischung.

(2) Die Anschaffungsauszahlung für eine Einheit des Wertpapiers i sei a_{i0}, die zu erwartende Einzahlung aus dieser Einheit a_{i1}. a_{i1} ist eine Zufallsvariable mit dem Erwartungswert $\bar{a}_{i1}$ und der Varianz V_i. Mit K_{ij} sei die Kovarianz der Zufallsvariablen a_{i1} und a_{j1} bezeichnet. x_i schließlich sei die Stückzahl der Wertpapiere des Typs i, die gekauft werden. Der Erwartungswert der Summe

aller Einzahlungen im Zeitpunkt 1, der mit μ bezeichnet sei, ergibt sich aus der Formel:

$$\mu = \sum_{i=1}^{n} x_i \cdot \bar{a}_{i1} \tag{4.2.9}$$

σ^2 sei die Varianz der Einzahlungssumme; sie ist nach folgender Formel zu berechnen:

$$\sigma^2 = \sum_{i=1}^{n} x_i^2 \cdot V_i + \sum_{i=1}^{n} \sum_{\substack{j=1 \\ j \neq i}}^{n} x_i x_j K_{ij} \tag{4.2.10}$$

Der insgesamt anzulegende Betrag sei A, folglich gilt:

$$\sum_{i=1}^{n} x_i \cdot a_{i0} = A \tag{4.2.11}$$

Schließlich darf keine der Variablen x_i negativ werden:

$$x_i \geq 0 \; (i = 1, 2, \ldots, n) \tag{4.2.12}$$

Jedes Portefeuille, bei dem die Bedingungen (4.2.11) und (4.2.12) erfüllt sind, ist zulässig. Die zulässigen Portefeuilles werden weiter in effiziente und ineffiziente Portefeuilles eingeteilt. Als ineffizient wird ein Portefeuille bezeichnet, wenn es ein anderes Portefeuille gibt, das bei gleichem μ ein kleineres σ^2 oder bei gleichem σ^2 ein höheres μ aufweist. Für jeden Investor, der risikoscheu ist und sich nach dem (μ, σ)-Prinzip richtet, ist das zweite Portefeuille eindeutig besser als das erste. Effizient ist somit ein Portefeuille, wenn kein anderes zulässiges Portefeuille existiert, das nach dem (μ, σ)-Kriterium eindeutig besser ist.

(3) Man erhält ein effizientes Portefeuille, indem man in (4.2.9) für μ einen Wert M einsetzt, der mindestens so groß ist wie der Einzahlungsbetrag, den man bei Anlage aller Mittel in sicheren Papieren erzielt, und dann (4.2.10) minimiert unter Einhaltung der Bedingungen (4.2.9), (4.2.11) und (4.2.12). Dies ist eine verhältnismäßig einfach zu lösende quadratische Optimierungsaufgabe mit zwei linearen Nebenbedingungen. Durch parametrische Abwandlung von M erhält man die Menge aller effizienten Punkte. Diese liegen auf einer Linie im (μ, σ)-Koordinatensystem, der sog. Effizienzlinie. Die Menge der unter den Bedingungen (4.2.9–12) zulässigen (μ, σ^2)-Kombinationen wird im Beispielsfall der Abbildung 25 durch die schraffierte Fläche dargestellt.

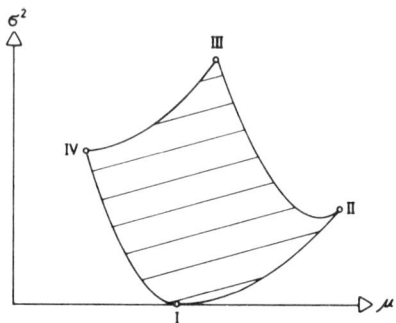

Abb. 25: Zulässigkeitsbereich für (μ, σ^2)-Kombinationen

Die Abbildung beruht auf der Annahme, daß es nur ein Wertpapier mit völlig sicheren Erträgen gibt. Der Punkt I entspricht einem Portefeuille, das nur dieses Papier enthält. Das Portefeuille von Punkt II enthält nur das Wertpapier mit der maximalen erwarteten Rendite, das von Punkt III nur das mit der maximalen Standardabweichung σ je investierte Geldeinheit, das von Punkt IV nur das mit der minimalen Rendite.

Effizient sind offenbar alle Portefeuilles mit (μ, σ)-Kombinationen entlang der Linie I–II.

Will man das optimale Portefeuille bestimmen, so muß man die Ausdrücke für μ und σ^2 (4.2.9) und (4.2.10) in die Nutzenfunktion (4.2.7) einsetzen und diese unter Beachtung der Nebenbedingungen (4.2.11) und (4.2.12) maximieren. In der graphischen Darstellung findet man die Lösung, indem man das Indifferenzkurvensystem der Abbildung 24 in die Abbildung 25 überträgt. Man gelangt so zu Abbildung 26. Optimal ist offenbar das Portefeuille, das dem Punkt V entspricht. Hier berührt die Effizienzlinie I–II die am weitesten rechts unten liegende Indifferenzkurve.

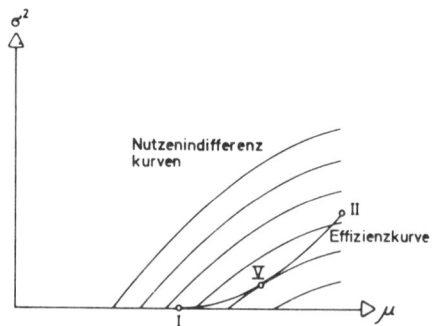

Abb. 26: Ableitung des optimalen Portefeuilles

(4) Ein grundlegender Einwand gegen Lösungsansätze, die subjektive Risikopräferenzen als bekannt voraussetzen, ist, daß damit zwar theoretische Kenntnisse vermittelt und Zusammenhänge geklärt werden können, daß man daraus aber keine Regeln für praktische Wirtschaftlichkeitsrechnungen ableiten kann. Wer in einem Betrieb Investitionsentscheidungen rechnerisch vorzubereiten hat, kann in der Regel nicht von einer gegebenen Nutzenfunktion oder einem Indifferenzkurvensystem ausgehen.

Gegen das Modell der Portefeuille-Auswahl läßt sich ein derartiger Einwand jedoch nicht vorbringen. Hier genügt die in der Regel akzeptable Annahme einer quadratischen Nutzenfunktion, um die Auswahl aus der Menge aller zulässigen Portefeuilles erheblich einzuschränken auf eine Auswahl aus der Menge der effizienten Portefeuilles. Ob ein Portefeuille effizient ist oder nicht, ist unabhängig von der speziellen Form der Nutzenfunktion. Durch Bestimmung der Menge der effizienten Portefeuilles kann man also wesentlich zur Vorbereitung der Entscheidung beitragen, ohne die Nutzenfunktion zu kennen. Ziel der praktischen Wirtschaftlichkeitsrechnung ist also in diesem Fall, eine Liste zulässiger und effizienter Portefeuilles aufzustellen, aus der der für die Entscheidung Zuständige dann die endgültige Auswahl treffen kann. Die endgültige Auswahl richtet sich natürlich nur noch nach seiner subjektiven Einstellung zum Risiko. Die vorbereitende Rechnung erleichtert aber diese Auswahl, weil die relevanten Wahlmöglichkeiten klar herausgestellt werden.

Die Grundgedanken des Verfahrens der Portefeuille-Auswahl lassen sich auch bei allgemeinen Investitionsmodellen anwenden. Insbesondere gilt dies hinsichtlich der Berücksichtigung stochastischer Interdependenzen. Daß man durch Kombination verschiedenartiger Investitionen, durch Diversifikation also, eine Risikomischung und damit eine Risikominderung erreichen kann, gilt nicht nur für die Portefeuille-Auswahl, sondern für alle Arten von Investitionen. Das Portefeuille-Auswahl-Modell zeigt, wie ein formaler Lösungsansatz zur Bestimmung der optimalen Diversifikation aussehen kann, welche Daten zur Lösung benötigt werden und welche Ergebnisse die Modellanalyse zu liefern vermag.

Auch die Zweiteilung der Auswahl, bei der in der ersten Stufe die Menge der effizienten Portefeuilles bestimmt und in der zweiten erst die endgültige Auswahl getroffen wird, kann sich bei allgemeinen Investitionsentscheidungen als zweckmäßig erweisen. Der vorbereitenden Wirtschaftlichkeitsrechnung kann die Aufgabe gestellt werden, eine Liste möglicher Investitionsprogramme aufzustellen, die dem Effizienzkriterium genügen. Es bleibt dann wieder nur noch eine endgültige Wahl zu treffen.

4.2.3 Risikoanalyse durch Simulation

(1) Bei den meisten Investitionsentscheidungen sind kompliziertere Zusammenhänge zu berücksichtigen als im einfachen Fall der Portefeuille-Auswahl. Die Voraussetzung des Zwei-Zeitpunkt-Falls ist in der Regel nicht erfüllt; die Projekte erstrecken sich über einen längeren Zeitraum. Vor allem aber kann man nicht davon ausgehen, daß man von jedem Projekt den Erwartungswert des Kapitalwerts und die zugehörigen Varianzen und Kovarianzen kennt; vielmehr sind die mit den Investitionsprojekten verbundenen Zahlungsströme von verschiedenen unsicheren Einflußgrößen abhängig, wie Preisen, Lohnsätzen, Absatzmengen, für die allenfalls Wahrscheinlichkeitsverteilungen geschätzt werden können. Komplizierend kommt hinzu, daß zwischen diesen ungewissen Einflußgrößen auch wieder stochastische Abhängigkeiten bestehen können.

Wenn man von gegebenen Wahrscheinlichkeiten der ungewissen Einflußgrößen ausgeht, kann die Frage gestellt werden, welche Wahrscheinlichkeitsverteilung der Ergebnisgröße, möglicherweise auch mehrerer Ergebnisgrößen sich daraus ergibt. Diese Methode der Betrachtung von Investitionen wird als Risikoanalyse bezeichnet. Bei der Risikoanalyse geht es also nicht darum, direkt eine optimale Entscheidung zu finden. Es wird nur die Frage beantwortet, welche Risikostruktur der Ergebnisgrößen sich aus gegebener Risikostruktur bestimmter Einflußgrößen ergibt. Wie zu entscheiden ist, wenn man die Risikostruktur der Ergebnisse ermittelt hat, bleibt offen; diese Entscheidung kann aufgrund subjektiver Risikopräferenzen erfolgen.

Unter bestimmten Voraussetzungen, vor allem, wenn man es nur mit einer einzigen ungewissen Einflußgröße zu tun hat, kann die Risikoanalyse einfach sein. Geht man z.B. von Wahrscheinlichkeitsverteilungen der mit einer Investition in den einzelnen Perioden verbundenen Einzahlungsüberschüsse aus, so kann man die Parameter der Wahrscheinlichkeitsverteilungen des Kapitalwerts, der äquivalenten Annuität und des internen Zinsfußes berechnen [*Hillier* 1963]. Hängen die Einzahlungsüberschüsse aber von anderen Einflußgrößen ab, die wieder untereinander stochastisch abhängig sind, so stößt diese Berechnung auf wachsende Schwierigkeiten. Einen Ausweg aus diesen Schwierigkeiten bietet die Simulation, die als Methode der Risikoanalyse in jüngster Zeit zunehmend an Bedeutung gewinnt [*Hertz* 1964, *Wurl* 1972, *Priewasser* 1972, S. 55, *Hertz* und *Thomas* 1983].

(2) Der Grundgedanke der Risikoanalyse durch Simulation kann an einem Beispiel veranschaulicht werden. Die Zahlungsströme eines Investitionsprojekts sind vor allem von der Preisentwicklung abhängig. Für den Beispielsfall sei angenommen, daß die Ungewißheit aus den von Jahr zu Jahr zu erwarten-

den Preissteigerungsraten resultiere; für die Preissteigerungsrate von einem Jahr zum nächsten sei eine während der gesamten Planungsperiode gleichbleibende Wahrscheinlichkeitsverteilung gegeben. Gefragt ist, welche Wahrscheinlichkeitsverteilung für den Kapitalwert des Projekts sich daraus ergibt.

Bei der Simulation geht man so vor, daß man zunächst für eine mögliche Preisentwicklung den Kapitalwert berechnet. Dieser Berechnung müssen bestimmte Werte für die Preissteigerungsraten der einzelnen Jahre zugrundegelegt werden. Man erhält diese Werte mit Hilfe eines Zufallsmechanismus, der so konstruiert ist, daß er bestimmte Werte für die Preissteigerungsraten mit genau der Wahrscheinlichkeit erzeugt, die diesen Werten auch gemäß der für die Realität als gültig angenommenen Wahrscheinlichkeitsverteilung zukommt. Geht man z.B. davon aus, daß für die Preissteigerungsraten in der Realität eine einfache Rechteckverteilung gilt, bei der alle Werte zwischen 5 % und 20 % gleiche Wahrscheinlichkeit haben, so ist ein Zufallsmechanismus zu konstruieren, der Werte in diesem Bereich mit gleicher Wahrscheinlichkeit erzeugt. Der für die Realität als gültig angenommene zufällige Ablauf wird also im Modell simuliert.

Wenn man in dieser Weise Preissteigerungsraten erzeugt, kann man die Zahlungsströme des Investitionsprojekts feststellen und den Kapitalwert berechnen. Das Ergebnis dieser Berechnung besagt aber noch nicht viel. Es handelt sich um den Kapitalwert, der nur für eine von vielen möglichen Ausprägungen des zufälligen Ablaufs gilt. Jede Wiederholung der Berechnung kann, weil der Zufallsmechanismus zu anderen Werten führt, auch ein anderes Ergebnis liefern.

Um zu aussagefähigen Resultaten zu kommen, muß man den Berechnungsvorgang häufig wiederholen. Es ergibt sich schließlich eine Häufigkeitsverteilung der so berechneten Kapitalwerte, in der die stochastische Gesetzmäßigkeit zum Ausdruck kommt, die der zufälligen Auswahl der Preissteigerungsraten zugrundeliegt. Bei genügend häufiger Wiederholung nähert sich die Häufigkeitsverteilung der Wahrscheinlichkeitsverteilung an, die dieser stochastischen Gesetzmäßigkeit entspricht.

Die Wahrscheinlichkeitsverteilung des Kapitalwerts wird also nicht berechnet, sondern experimentell ermittelt. Experimentiert wird allerdings nicht in der Realität, sondern nur mit dem Modell, das die Realität abbilden soll. Dieses Experimentieren mit einem stochastischen Modell bildet den Kern der Risikoanalyse durch Simulation.

Die gleiche Verfahrensweise ist auch in komplizierteren Fällen möglich. Insbesondere können auch mehrere zufällige Einflußgrößen, zwischen denen stochastische Abhängigkeiten bestehen, berücksichtigt werden. Im Fall von zwei zufälligen Einflußgrößen wird man z.B. so verfahren, daß durch den Zufallsmechanismus zuerst ein Wert für die eine erzeugt wird, dann unter Zugrundelegung der diesem Wert der ersten Größe entsprechenden bedingten Wahrscheinlichkeitsverteilung ein Wert für die zweite. Die Erzeugung von Werten für zufällige Variablen gemäß einer vorgegebenen Wahrscheinlichkeitsverteilung ist unter der Bezeichnung „Monte-Carlo-Methode" bekannt; hierfür gibt es gut entwickelte Computer-Programme.

Im Beispielsfall bezieht sich die Simulation nur auf ein einzelnes Projekt. In der gleichen Weise kann aber verfahren werden, wenn es um ganze Investitionsprogramme oder auch Investitions- und Finanzierungsprogramme geht. Dadurch wird zwar die Zahl der zu berücksichtigenden Einflußgrößen größer, außerdem ist ein höherer Rechenaufwand erforderlich. Das Grundprinzip des Simulationsverfahren bleibt aber unverändert. Bei der Risikoanalyse von ganzen Programmen wird auch der Effekt der Diversifikation erfaßt. Man kann also ebenso wie im Modell der Portefeuille-Auswahl beurteilen, wie sich die Kombination verschiedener unsicherer Projekte auf das Risiko des Gesamtprogrammes auswirkt; die Simulation ist aber nicht an die engen Voraussetzungen gebunden, die dem Modell der Portefeuille-Auswahl zugrundeliegen.

(3) Die Risikoanalyse ist kein Optimierungsverfahren. Sie liefert weder eine eindeutige Regel für die Annahme oder Ablehnung von Investitionsprojekten, noch führt sie zur Ermittlung optimaler Investitions- und Finanzierungsprogramme. Sie dient lediglich dazu, gegebene Projekte oder Programme zu analysieren, und zwar speziell die Frage zu beantworten, wie sich die Ungewißheit bestimmter Einflußgrößen auf die Risikostruktur des Projekts oder Programmes auswirkt. Vorgegebene Informationen über Wahrscheinlichkeitsverteilungen der Einflußgrößen werden verarbeitet zu Informationen über Wahrscheinlichkeitsverteilungen von Ergebnisgrößen.

Es handelt sich also um ein Verfahren der Entscheidungsvorbereitung, bei dem die Ungewißheit nicht bereits im Stadium der Entscheidungsrechnung durch Verwendung bestimmter Entscheidungsregeln ausgeschaltet wird, wie dies z.B. beim Rechnen mit Sicherheitsäquivalenten irgendwelcher Art der Fall ist. Das Ergebnis der Rechnung läßt vielmehr in vollem Umfang erkennen, wie ungewiß die erzielbaren Resultate sind.

Man kann in dieser Weise verschiedene alternative Handlungsprogramme analysieren. Die endgültige Entscheidung wird durch die Analyse nicht vorweggenommen; sie erfolgt aufgrund der jeweiligen subjektiven Bereitschaft, Risiken einzugehen. Die Risikoanalyse liefert nur die dafür benötigten Informationen. Hier liegt eine Parallele zur Theorie der Portefeuille-Auswahl, die auch nicht direkt zur endgültigen Entscheidung, sondern zur Bestimmung der

Menge aller effizienten Portefeuilles führt, aus der dann die Auswahl gemäß den subjektiven Risikopräferenzen des Entscheidenden getroffen werden kann.

Bei der praktischen Anwendung der Risikoanalyse entsteht ebenso wie bei der Anwendung des Modells der Portefeuille-Auswahl das Problem, wie die erforderlichen Informationen über die im Modell zu berücksichtigenden stochastischen Gesetzmäßigkeiten gewonnen werden können. Bei der Portefeuille-Auswahl müssen die Erwartungswerte, Varianzen und Kovarianzen der Erträge aus den einzelnen Projekten geschätzt werden; bei der Risikoanalyse durch Simulation muß man Wahrscheinlichkeitsverteilungen, bei Bestehen stochastischer Abhängigkeiten auch bedingte Wahrscheinlichkeitsverteilungen schätzen. Man wird versuchen, diese Schätzungen möglichst weitgehend auf objektive, d.h. durch statistisches Material fundierte und intersubjektiv überprüfbare Grundlagen zu stellen. Das ist allerdings vielfach nicht möglich, weil statistische Grundlagen fehlen oder sehr lückenhaft sind; dann ist man auf subjektive Schätzungen angewiesen. Das bedeutet, daß gewisse Vorstellungen und Urteile des Entscheidenden, die auf jeden Fall die Entscheidung mitbestimmen, sich in Angaben über Wahrscheinlichkeitsverteilungen bzw. über Erwartungswerte, Varianzen und Kovarianzen niederschlagen. Die Notwendigkeit, widerspruchsfreie Angaben über Wahrscheinlichkeiten zu gewinnen, erzwingt sorgfältig durchdachte Schätzungen, die dann folgerichtig und systematisch in der Modellanalyse ausgewertet werden.

Ergänzende und vertiefende Literatur zum Abschnitt 4.2:
Ferschl 1975, I. Hauptteil
Hax 1974, S. 36–69, 92–112
Hertz und *Thomas* 1983
Laux 1969a, S. 105–118
Laux 1982
Markowitz 1959
Schneeweiß 1967, 2. Kapitel
Sharpe 1970

4.3 Marktwert und Kapitalkosten

4.3.1 Bestimmungsgrößen des Marktwertes

(1) Sind Investitionsentscheidungen bei unsicheren Erwartungen zu treffen, so bedeutet dies, daß eine Auswahl zu treffen ist aus einer Menge von Aktionen, deren jede mit einem sicheren oder unsicheren zukünftigen Zahlungsstrom verbunden ist. Die Zahlungsströme unterscheiden sich hinsichtlich der Erwartungswerte und Standardabweichungen ihrer Komponenten. Die Auswahl kann, wie im Abschnitt 4.2 gezeigt wurde, aufgrund der subjektiven Risikoeinstellung des Investors getroffen werden. Dieser Lösungsweg kommt aber kaum

noch in Frage, wenn es sich um eine Unternehmung handelt, an der viele Personen beteiligt sind und in der die Investitionsentscheidungen durch einen Geschäftsführer oder Vorstand getroffen werden. Abgesehen davon, daß der für die Entscheidung Zuständige die Risikoeinstellung der Anteilseigner nicht kennt, muß er damit rechnen, daß nicht alle dieselbe Einstellung haben.

Die Entscheidung kann ohne Kenntnis subjektiver Risikoeinstellungen getroffen werden, wenn man davon ausgeht, daß es einen Marktpreis für unsichere zukünftige Zahlungsströme gibt. Unternehmungsanteile, die vor allem in Form von Aktien gehandelt werden, können als Anwartschaften auf zukünftige Zahlungen aufgefaßt werden, deren Höhe unsicher ist. Die Marktpreise dieser Anwartschaften richten sich nach Höhe und Unsicherheitsgrad der Zahlungen. Für die Preisbildung ist die subjektive Risikoeinstellung der Anbieter und Nachfrager maßgeblich. Der sich bildende Preis aber ist eine objektiv feststellbare Marktgröße. Die Differenz zwischen dem Preis eines sicheren Zahlungsstroms, etwa einer Staatsanleihe, und dem eines hinsichtlich der Erwartungswerte der Zahlungen gleich hohen, aber unsicheren ist der Marktpreis der Unsicherheit.

Ist bekannt, wie der Marktpreis von Zahlungsströmen bestimmter Höhe und Unsicherheit sich bildet, so kann man sich bei Investitionsentscheidungen danach richten, wie die dadurch bewirkte Veränderung der Zahlungen an die Anteilseigner den Marktwert der Anteile beeinflußt. Ob eine Investition vorteilhaft ist oder nicht, richtet sich danach, ob sie den Marktwert erhöht oder nicht. Dieses Kriterium dürfte den Interessen der Anteilseigner im allgemeinen entsprechen. (Zur Kritik an diesem Kriterium siehe *Laux* [1969a], S. 20 und 139.)

(2) Für die weiteren Überlegungen soll nun folgende Annahme gelten: Der Marktwert von Unternehmungsanteilen ist gleich dem Kapitalwert aller in Zukunft den Anteilseignern aufgrund ihrer Beteiligung zufließenden Zahlungen, genauer gesagt, gleich dem Kapitalwert der Erwartungswerte dieser Zahlungen.

Die Unsicherheit wirkt sich in der Höhe des Kalkulationszinsfußes aus; da die meisten Kapitalanleger risikoscheu sind, wird zu erwarten sein, daß dieser Zinsfuß um so größer ist, je größer die Unsicherheit ist. Insbesondere wird in der Regel der Marktpreis eines unsicheren Zahlungsstromes niedriger sein als der eines gleich hohen sicheren, somit der Kalkulationszinsfuß bei ersterem größer sein.

Ausnahmen von dieser Regel sind allerdings denkbar. So können z.B. die Ausschüttungen eines Unternehmens eine hohe negative Korrelation zu den Ausschüttungen aller anderen aufweisen. Das bedeutet, daß die Aufnahme von Anteilen dieses Unternehmens in ein Portefeuille eine erhebliche Risikominderung bewirkt. Dies kann zur Folge haben, daß der betreffende Zahlungsstrom, obwohl er unsicher ist, auch von risikoscheuen Investoren höher bewertet wird als ein gleich hoher, sicherer Zahlungsstrom [*Lintner* 1965a, 1965b, *Mossin* 1966].

Weiter wird nun angenommen, daß die Kapitalanleger bestimmte Vorstellungen über den Unsicherheitsgrad jeder Unternehmung haben und daß der sich aufgrund dieser Vorstellungen bildende Kalkulationszinsfuß für die Unternehmung ein Marktdatum ist, das sie nicht beeinflussen kann. Die Problematik dieser Annahme liegt darin, daß sie eine Investitionspolitik, durch die sich der Unsicherheitsgrad ändert, ausschließt. Eine Variante dieser Annahme ist, daß die Unternehmungen in Risikoklassen eingeteilt werden können, wobei jeder Klasse ein bestimmter Kalkulationszinsfuß entspricht, den die Unternehmungen selber nicht beeinflussen können. Diese Variante stimmt allerdings mit der erstgenannten Version vollständig überein, wenn man zuläßt, daß es Risikoklassen geben kann, denen nur eine einzige Unternehmung angehört.

(3) Die Zusammenhänge zwischen Marktwert und Kapitalkosten sollen zunächst unter der Annahme behandelt werden, daß die Unternehmung nur mit Eigenkapital arbeitet. Die Fremdfinanzierung bringt zusätzliche Probleme mit sich, auf die in einem besonderen Abschnitt dieses Kapitels einzugehen sein wird.

Im Abschnitt 3.4 wurde bereits nachgewiesen, daß der Kapitalwert aller Zahlungen, die den gegenwärtigen Anteilseignern einer Unternehmung zufließen, gleich dem Kapitalwert aller zukünftigen Ausschüttungen der Unternehmung, vermindert um den Kapitalwert aller in Zukunft noch zu leistenden Kapitaleinzahlungen ist. Geht man von einer Unternehmung mit unbegrenzter Lebensdauer aus, so gilt für den Marktwert K nach (3.4.4):

$$K = \sum_{t=0}^{\infty} (d_t - Y_t) \cdot q^{-t} \qquad (4.3.1)$$

Da keine Fremdfinanzierung stattfindet, entstehen Ein- und Auszahlungen nur aus bereits laufenden und noch durchzuführenden Investitionen sowie aus Ausschüttungen und aus Kapitaleinzahlungen. Es kann angenommen werden, daß in allen zukünftigen Zeitpunkten jeweils so disponiert wird, daß die Einzahlungen genau gleich den Auszahlungen sind. Diese Gleichung gilt auf jeden Fall, wenn man Kassenhaltung als Investition auffaßt, bei der einer Auszahlung in einem Zeitpunkt eine gleich hohe Einzahlung im nächsten Zeitpunkt folgt. Im vorliegenden Zusammenhang muß allerdings angenommen werden, daß keine Kassenhaltung stattfindet, vielmehr nur Investitionen durchgeführt werden, die den Unsicherheitsgrad der Erträge nicht verändern; andernfalls könnte man nämlich nicht mehr davon ausgehen, daß q konstant bleibt. Es gilt also:

$$\sum_{i=1}^{n} a_{it} x_i + d_t - Y_t = b_t \qquad (3.4.1)$$

Die Größen a_{it} und b_t sind hier unsicher. Da die Beziehung (3.4.1) aber für alle denkbaren Konstellationen dieser Zufallsvariablen gelten soll, muß sie auch gelten, wenn man die Erwartungswerte von a_{it} und b_t einsetzt. In diesem Sinne soll (3.4.1) hier verstanden werden. Durch Einsetzen in (4.3.1) erhält man:

$$K = \sum_{t=0}^{\infty} b_t q^{-t} - \sum_{i=1}^{n} \sum_{t=0}^{\infty} a_{it} x_i q^{-t} \qquad (4.3.2)$$

Der erste Summenausdruck ist der Kapitalwert aller Zahlungen, die unabhängig von noch durchzuführenden Investitionen eingehen. Der zweite ist die Summe der Kapitalwerte aller noch durchzuführenden Investitionen. Beide Kapitalwerte ergeben sich durch Abzinsung der Erwartungswerte zukünftiger Zahlungen. Nach (4.3.2) wird der Marktwert der Unternehmung größer, wenn Investitionen mit positivem Kapitalwert durchgeführt werden. Investitionsentscheidungen können somit aufgrund des Kapitalwertkriteriums getroffen werden. Der Zinsfuß, mit dem die zukünftigen Zahlungen an Anteilseigner zur Ermittlung des Marktwertes abzuzinsen sind, ist zugleich der für Investitionsentscheidungen maßgebliche Kapitalkostensatz. Durchzuführen sind alle Investitionen, deren interner Zinsfuß diesen Kapitalkostensatz übersteigt, deren Kapitalwert also größer als Null ist. Bei der Berechnung des internen Zinsfußes oder des Kapitalwerts eines Projekts sind Erwartungswerte der zukünftigen unsicheren Zahlungen zugrunde zu legen.

4.3.2 Marktwert und Gewinne

(1) Die hier vertretene Auffassung, daß der Marktwert einer Unternehmung als Kapitalwert aller den Anteilseignern zufließenden Ausschüttungen zu ermitteln sei, ist nicht unumstritten [*Bierman* u. *Smidt* S. 136; *Gordon* u. *Shapiro*; *Lindsay* u. *Sametz* S. 143; *Moxter* 1961; *Porterfield* S. 68; *Roberts*; *Robichek* u. *Myers* 1965, S. 60; *Solomon* 1963a, S. 58; *Williams* S. 55]. Verbreitet ist die Ansicht, der Wert einer Unternehmung sei durch Kapitalisierung zukünftiger Gewinne, nicht zukünftiger Ausschüttungen zu berechnen. Man könnte argumentieren, auch nicht-ausgeschüttete Gewinne erhöhten den Reichtum der Anteilseigner, weil sie eine Wertsteigerung der Anteile bewirken. Hierbei bleibt jedoch unerklärt, warum diese Wertsteigerung eintritt. Die Erklärung

ist einfach, wenn man die im vorangehenden Abschnitt entwickelte Theorie zugrunde legt. Der nicht ausgeschüttete Gewinnbetrag dient der Finanzierung von Investitionen mit positivem Kapitalwert und erhöht damit den Kapitalwert zukünftiger Ausschüttungen [*Hax* 1969].

Es ist nicht einzusehen, daß die Bewertung eines Unternehmensanteils durch Kapitalanleger, die der Preisbildung zugrunde liegt, sich nach der rein buchmäßigen Rechengröße Gewinn richten soll und nicht nach den realen Geldeinnahmen, die der Inhaber des Anteils erzielen kann. Hier soll nun noch gezeigt werden, daß eine Bewertung auf der Grundlage der Gewinne nur unter bestimmten Voraussetzungen zum selben Ergebnis führt wie die Kapitalisierung der Ausschüttungen.

(2) Für Investitionsprojekte, deren Zahlungen im Bezugszeitpunkt des Kalküls noch nicht begonnen haben, gilt folgendes: Der Kapitalwert des Projekts ist gleich dem Barwert der um kalkulatorische Zinsen auf das jeweils gebundene Kapital verminderten Gewinne [*Lücke; Philipp*]. Unter dem gebundenen Kapital versteht man denjenigen Teil der zu Beginn des Projekts entstehenden Auszahlungen, der noch nicht in Form von Abschreibungen verrechnet worden ist. Die Kapitalbindung für Projekt i in der Periode t, die mit B_{it} bezeichnet sei, ist von den Auszahlungen a_{it} und den Gewinnen g_{it} aller vorhergehenden Zeitpunkte abhängig. Sie ist zunächst gleich der Anfangsauszahlung, vermindert sich aber dann um die eingehenden Einzahlungen, soweit diesen verrechnete Abschreibungen entsprechen. In einem Zeitpunkt mit Einzahlungsüberschuß ist a_{it} negativ; der Gewinn ist gleich dem um den Abschreibungsbetrag verminderten Einzahlungsüberschuß, folglich der Abschreibungsbetrag gleich $-(a_{it} + g_{it})$. Hieraus folgt:

$$B_{it} = \sum_{t^*=0}^{t-1} (a_{it^*} + g_{it^*}) \qquad (4.3.3)$$

Am Ende der Lebensdauer des Projekts, im Zeitpunkt T also, ist die Kapitalbindung gleich Null:

$$B_{i,T+1} = \sum_{t^*=0}^{T} (a_{it^*} + g_{it^*}) = 0 \qquad (4.3.4)$$

(4.3.4) besagt nichts anderes als der bekannte Satz der Bilanzlehre, daß über die gesamte Lebensdauer der Unternehmung der Totalgewinn gleich der Summe aller Einzahlungsüberschüsse ist.

Es ist nun die oben aufgestellte Behauptung über die Berechnung des Kapitalwerts als Barwert der Gewinne zu beweisen. Nach dieser Behauptung gilt für K_i, den Kapitalwert des Projekts i:

$$K_i = g_{i0} + \sum_{t=1}^{T} [g_{it} - B_{it}(q-1)] \cdot q^{-t} = \sum_{t=0}^{T} g_{it} \cdot q^{-t} - \sum_{t=1}^{T+1} B_{it}(q-1) \cdot q^{-t}$$
(4.3.5)

In der zweiten Summe des letzten Ausdrucks wurde die Größe $B_{i,T+1}(q-1) \, q^{-(T+1)}$ hinzugefügt, die nach (4.3.4) gleich Null ist. Diese Summe kann nach Einsetzen aus (4.3.3) folgendermaßen umgeformt werden:

$$\sum_{t=1}^{T+1} B_{it}(q-1) \cdot q^{-t} = (q-1) \cdot \sum_{t=1}^{T+1} \sum_{t^*=0}^{t-1} (a_{it^*} + g_{it^*}) \cdot q^{-t} \qquad (4.3.6)$$

$$= (q-1) \cdot [(a_{i0} + g_{i0}) \cdot q^{-1}$$

$$+ (a_{i0} + g_{i0}) \cdot q^{-2} + (a_{i1} + g_{i1}) \cdot q^{-2}$$

$$+ (a_{i0} + g_{i0}) \cdot q^{-3} + (a_{i1} + g_{i1}) \cdot q^{-3} + (a_{i2} + g_{i2}) \cdot q^{-3}$$

$$\cdot \qquad \cdot \qquad \cdot$$
$$\cdot \qquad \cdot \qquad \cdot$$
$$\cdot \qquad \cdot \qquad \cdot$$

$$+ (a_{i0} + g_{i0}) \cdot q^{-(T+1)} + (a_{i1} + g_{i1}) \cdot q^{-(T+1)} + (a_{i2} + g_{i2}) \cdot q^{-(T+1)} + \ldots$$

$$+ (a_{iT} + g_{iT}) \cdot q^{-(T+1)}]$$

$$= (q-1) \sum_{t=0}^{T} (a_{it} + g_{it}) \sum_{t^*=t+1}^{T+1} q^{-t^*}$$

$$= \sum_{t=0}^{T} (a_{it} + g_{it}) \cdot (q^{-t} - q^{-(T+1)})$$

$$= \sum_{t=0}^{T} a_{it} \cdot q^{-t} + \sum_{t=0}^{T} g_{it} \cdot q^{-t} - \sum_{t=0}^{T} (a_{it} + g_{it}) \cdot q^{-(T+1)}$$

Die dritte Summe im letzten Ausdruck ist nach (4.3.4) gleich Null, kann also auch weggelassen werden. Durch Einsetzen in (4.3.5) erhält man:

$$K_i = \sum_{t=0}^{T} g_{it} \cdot q^{-t} - \sum_{t=0}^{T} g_{it} \cdot q^{-t} - \sum_{t=0}^{T} a_{it} \cdot q^{-t} = -\sum_{t=0}^{T} a_{it} \cdot q^{-t} \quad (4.3.7)$$

Damit ist bewiesen, daß die Bewertung aufgrund der Gewinne gemäß Formel (4.3.5) zu demselben Ergebnis führt wie die Abzinsung von Einzahlungsüberschüssen.

(3) Für Projekte, die im Bezugszeitpunkt der Bewertung bereits angelaufen sind, gilt dieses Ergebnis nicht. Bei derartigen Projekten kann man den Kapitalwert feststellen, indem man den Barwert der um kalkulatorische Zinsen verminderten Gewinne berechnet und hierzu den Betrag des im Zeitpunkt 0 gebundenen Kapitals B_{i0} addiert [*Engels* S. 134]. Die Kapitalbindung in späteren Perioden erhält man in diesem Fall nach der Formel:

$$B_{it} = B_{i0} + \sum_{t^*=0}^{t-1} (a_{it^*} + g_{it^*})$$

Analog zu (4.3.4) gilt, daß $B_{i,T+1}$ gleich Null ist. Die Bewertung erfolgt also nach der Formel:

$$K_i = B_{i0} + \sum_{t=0}^{T} g_{it}\, q^{-t} - \sum_{t=1}^{T} B_{it}\, (q-1)\, q^{-t} \quad (4.3.8)$$

$$= B_{i0} + \sum_{t=0}^{T} g_{it}\, q^{-t} - \sum_{t=1}^{T+1} \left[B_{i0} + \sum_{t^*=0}^{t-1} (a_{it^*} + g_{it^*}) \right] (q-1)\, q^{-t}$$

Es gilt:

$$\sum_{t=1}^{T+1} B_{i0}\, (q-1)\, q^{-t} = B_{i0}\, (q-1) \sum_{t=1}^{T+1} q^{-t} = B_{i0}\, (1 - q^{-(T+1)})$$

Durch Einsetzen dieses Ausdrucks und des Ergebnisses von (4.3.6) erhält man:

$$K_i = B_{i0} + \sum_{t=0}^{T} g_{it} q^{-t} - B_{i0} (1 - q^{-(T+1)}) - \sum_{t=0}^{T} a_{it} q^{-t} - \sum_{t=0}^{T} g_{it} q^{-t}$$

(4.3.9)

$$+ \sum_{t=0}^{T} (a_{it} + g_{it}) q^{-(T+1)}$$

$$= \left[B_{i0} + \sum_{t=0}^{T} (a_{it} + g_{it}) \right] q^{-(T+1)} - \sum_{t=0}^{T} a_{it} q^{-t}$$

$$= B_{i,T+1} q^{-(T+1)} - \sum_{t=0}^{T} a_{it} q^{-t} = - \sum_{t=0}^{T} a_{it} q^{-t}$$

Der nach (4.3.8) berechnete Kapitalwert stimmt also auch mit dem Barwert der noch zu erwartenden Einzahlungsüberschüsse überein.

(4) Die bisherigen Überlegungen bezogen sich auf die Bewertung einzelner Projekte. Da aber der Gewinn der Unternehmung gleich der Summe der Gewinne aus Einzelprojekten und nach (4.3.2) der Marktwert der Unternehmung gleich der Summe der Kapitalwerte aller bereits angelaufenen und in Zukunft noch durchzuführenden Projekte ist, kann der Marktwert auch aus den zukünftigen Gewinnen abgeleitet werden. Es ist gleich der Summe aus dem gebundenen Kapital im Bezugszeitpunkt und dem Barwert der um kalkulatorische Zinsen auf das jeweils gebundene Kapital verminderten Gewinne.

Geht man von der Annahme aus, daß im Bezugszeitpunkt der Kapitalbetrag B_0 gebunden ist und daß die Kapitalbindung ständig unverändert bleibt, so erhält man für den Marktwert folgenden Ausdruck:

$$K = B_0 + \sum_{t=0}^{\infty} g_t q^{-t} - \sum_{t=1}^{\infty} B_0 (q-1) q^{-t}$$

(4.3.10)

$$= B_0 + \sum_{t=0}^{\infty} g_t q^{-t} - B_0 = \sum_{t=0}^{\infty} g_t q^{-t}$$

Unter diesen speziellen Voraussetzungen also ist der Marktwert gleich dem Barwert der Gewinne. Allgemein gilt dies jedoch nicht.

4.3.3 Die empirische Bestimmung der Kapitalkosten

(1) Werden Investitionsentscheidungen mit dem Ziel der Maximierung des Marktwertes der Unternehmung getroffen, so kann man sich, wie gezeigt wurde, des Kapitalwertkriteriums bedienen. Zur Berechnung des Kapitalwertes benötigt man die Erwartungswerte der Zahlungen aus dem zu beurteilenden Projekt und den Kapitalkostensatz. Kennt man den Marktwert der Unternehmungsanteile und die Erwartungen der Kapitalanleger hinsichtlich der zukünftigen Ausschüttungen, so kann man den Zinsfuß berechnen, bei dem der Barwert der erwarteten Ausschüttungen gleich dem Marktwert ist. Dieser Zinsfuß ist der Kapitalkostensatz. Die Fragestellung ist hier also anders als bei der Unternehmensbewertung; hier ist der Marktwert bekannt und der Zinsfuß die gesuchte Größe.

Der Marktwert aller Unternehmensanteile ist bekannt, wenn es sich um Aktien handelt, deren Kurse an der Börse notiert werden. Nicht ohne weiteres läßt sich jedoch feststellen, aufgrund welcher Ausschüttungserwartungen diese Kurse zustande gekommen sind. Man wird aber immerhin aus Pressebeurteilungen und ähnlichen Quellen einen Eindruck über die allgemeine Tendenz der Erwartungen gewinnen können; insbesondere wird erkennbar sein, ob und in welchem Maße Wachstumserwartungen bestehen.

Der einfachste denkbare Fall ist, daß für eine Unternehmung gleichbleibende jährliche Gewinne erwartet werden, die jeweils voll ausgeschüttet werden. In diesem Fall kann man den Kapitalkostensatz k aufgrund des bekannten Marktwertes K und des ebenfalls bekannten gegenwärtigen Ausschüttungsbetrags d leicht berechnen. Unter der Annahme, daß die Berechnung unmittelbar nach einem Dividendentermin durchgeführt wird, gilt:

$$K = \sum_{t=1}^{\infty} d(1+k)^{-t} = \frac{d}{k}$$

oder

$$k = \frac{d}{K} \tag{4.3.11}$$

Da der Ausschüttungsbetrag d gleich dem Gewinn g ist, kann man natürlich auch schreiben:

$$k = \frac{g}{K} \tag{4.3.12}$$

Dies ist die einfachste und bekannteste Formel zur Ermittlung der Kapitalkosten. Sie gilt für eine statische Unternehmung, die alle Gewinne ausschüttet und für die kein Wachstum erwartet wird.

(2) Nun sei der Fall einer wachsenden Unternehmung betrachtet. Für diese wird im ersten Jahr ein Gewinn von g_1 erwartet. In jedem Jahr wird das $(1-c)$-fache des Jahresgewinns ausgeschüttet, der Rest investiert; c ist hierbei eine Zahl zwischen 0 und 1. Die Investitionen verzinsen sich mit dem Satz r, d.h. eine Investition von einer Geldeinheit bewirkt, daß die Gewinne aller folgenden Jahre um den Betrag r steigen. Es gilt:

$$d_t = (1-c) \cdot g_t \tag{4.3.13}$$

und

$$g_t = g_{t-1}(1 + c \cdot r) \tag{4.3.14}$$

Aus (4.3.14) geht hervor, daß $c \cdot r$ die jährliche Wachstumsrate der Gewinne und damit auch der Ausschüttungen ist. Aus (4.3.14) folgt:

$$g_t = g_1(1 + c \cdot r)^{t-1}$$

Der Marktwert ergibt sich als Barwert der Ausschüttungen. Wenn $c \cdot r < k$ ist, gilt:

$$K = \sum_{t=1}^{\infty} d_t (1+k)^{-t} = \tag{4.3.15}$$

$$= \sum_{t=1}^{\infty} (1-c) g_1 \cdot (1 + c \cdot r)^{t-1} (1+k)^{-t} = g_1 \cdot \frac{1-c}{k - c \cdot r}$$

Durch Auflösung nach k erhält man

$$k = \frac{(1-c)g_1}{K} + c \cdot r = \frac{d_1}{K} + c \cdot r \tag{4.3.16}$$

Man erhält also den Kapitalkostensatz, indem man den Quotienten aus der ersten Ausschüttung und dem Marktwert um die Wachstumsrate der Dividenden erhöht [*Gordon* u. *Shapiro*; *Gordon* 1962, S. 43]. Diese Regel gilt allgemein, wenn die Ausschüttungen mit einer konstanten Wachstumsrate ansteigen.

Wird erwartet, daß r, die interne Verzinsung der Investitionen, nicht wesentlich von k abweichen wird, so wird (4.3.15) zu

$$K = g_1 \cdot \frac{1-c}{k - c \cdot k} = \frac{g_1}{k} \qquad (4.3.17)$$

Dies führt wieder zu: $k = \frac{g_1}{K}$

Wird eine höhere interne Verzinsung für die Investitionen erwartet, so sind die Kapitalkosten jedoch höher als nach (4.3.12).

4.3.4 Marktwert und Kapitalkosten bei Fremdfinanzierung

(1) Die Unternehmung kann zur Finanzierung ihrer Investitionen auch Fremdkapital aufnehmen, das dann später zu verzinsen und zu tilgen ist. Die hiermit in Zusammenhang stehenden Zahlungen sollen mit f_t bezeichnet werden; f_t wird als der Auszahlungsüberschuß im Zeitpunkt t definiert; im Zeitpunkt der Fremdkapitalaufnahme ist es somit negativ, bei Überwiegen der Tilgungs- und Zinszahlungen hingegen positiv. Die Größe a_t wird folgendermaßen definiert:

$$a_t = d_t - Y_t + f_t \qquad (4.3.18)$$

An die Stelle von (3.4.1) tritt dann die Gleichung

$$\sum_{i=1}^{n} a_{it} x_i + a_t = b_t \qquad (4.3.19)$$

Der Marktwert aller Beteiligungstitel (K_B) ergibt sich gemäß Formel (4.3.1) unter Zugrundelegung des Zinsfußes k_B:

$$K_B = \sum_{t=0}^{\infty} (d_t - Y_t)(1 + k_B)^{-t} \qquad (4.3.20)$$

$$= \sum_{t=0}^{\infty} (a_t - f_t)(1 + k_B)^{-t}$$

Entsprechend läßt sich der Marktwert aller Forderungstitel (K_F) bestimmen. Der hierbei zu benutzende Zinsfuß k_F ist aber, da die Gläubiger ein erheblich geringeres Risiko tragen als die Anteilseigner, kleiner als k_B. Es gilt

$$K_F = \sum_{t=0}^{\infty} f_t (1 + k_F)^{-t} \tag{4.3.21}$$

Unter dem Gesamtwert der Unternehmung K soll die Summe dieser beiden Marktwerte verstanden werden. Daraus folgt

$$K = K_B + K_F = \sum_{t=0}^{\infty} (a_t - f_t)(1 + k_B)^{-t} + \sum_{t=0}^{\infty} f_t (1 + k_F)^{-t} \tag{4.3.22}$$

$$= \sum_{t=0}^{\infty} a_t (1 + k_B)^{-t} + \sum_{t=0}^{\infty} f_t [(1 + k_F)^{-t} - (1 + k_B)^{-t}]$$

Es sei nun eine bestimmte Fremdfinanzierungsmaßnahme mit den Auszahlungen f_{it} betrachtet, die in einem zukünftigen Zeitpunkt t^* anläuft. Da die f_{it} als Auszahlungen definiert sind, gilt:

$f_{it} = 0$ für $t < t^*$
$f_{it^*} < 0$
$f_{it} \geq 0$ für $t > t^*$

Die mit k_F auf den Zeitpunkt t^* abgezinsten Tilgungs- und Zinszahlungen sind genau gleich dem aufgenommenen Kapitalbetrag, also:

$$\sum_{t=t^*}^{\infty} f_{it} (1 + k_F)^{-(t-t^*)} = 0$$

Die f_{it} bilden eine Zahlungsreihe, deren Kapitalwert mit steigendem Kalkulationszinsfuß sinkt (o.S. 20). Da $k_B > k_F$ ist, ergibt sich:

$$\sum_{t=t^*}^{\infty} f_{it} (1 + k_B)^{-(t-t^*)} < 0$$

Hieraus folgt:

$$\sum_{t=0}^{\infty} f_{it} [(1 + k_F)^{-t} - (1 + k_B)^{-t}]$$

$$= \sum_{t=t^*}^{\infty} f_{it} (1 + k_F)^{-(t-t^*)} (1 + k_F)^{-t^*} - \sum_{t=t^*}^{\infty} f_{it} (1 + k_B)^{-(t-t^*)} (1 + k_B)^{-t^*}$$

$$= -(1 + k_B)^{-t^*} \sum_{t=t^*}^{\infty} f_{it} (1 + k_B)^{-(t-t^*)} > 0$$

Geht man von einer Fremdfinanzierungsmaßnahme aus, die im Bezugszeitpunkt des Kalküls bereits angelaufen ist, so sind für diese alle in und nach dem Bezugszeitpunkt liegenden Auszahlungen positiv. Der Kapitalwert einer derartigen Zahlungsreihe ist positiv und sinkt mit steigendem Kalkulationszinsfuß. Hieraus folgt:

$$\sum_{t=0}^{\infty} f_{it} [(1+k_F)^{-t} - (1+k_B)^{-t}] = \sum_{t=0}^{\infty} f_{it}(1+k_F)^{-t} - \sum_{t=0}^{\infty} f_{it}(1+k_B)^{-t} > 0$$

Für die Gesamtheit aller Fremdfinanzierungsmaßnahmen erhält man somit:

$$\sum_{t=0}^{\infty} f_t [(1+k_F)^{-t} - (1+k_B)^{-t}] = \sum_{i} \sum_{t=0}^{\infty} f_{it} [(1+k_F)^{-t} - (1+k_B)^{-t}] > 0$$

Die zweite Summe auf der rechten Seite von (4.3.22) ist also positiv und wird um so größer, je mehr ceteris paribus von der Fremdfinanzierung Gebrauch gemacht wird. Diese ceteris-paribus-Bedingung besagt insbesondere, daß k_B und k_F sich durch die erhöhte Fremdkapitalaufnahme nicht ändern dürfen. Ist diese Bedingung erfüllt, so folgt aus (4.3.22), daß der Gesamtwert der Unternehmung um so größer wird, je mehr Fremdkapital sie aufnimmt.

Eine Unternehmungsleitung, die in erster Linie die Interessen der Anteilseigner vertritt, müßte hieraus die Konsequenz ziehen, daß im größtmöglichen Umfang von der Fremdfinanzierung Gebrauch zu machen wäre, Wenn der Ausschüttungsbetrag in irgendeinem Zeitpunkt um Δd_t erhöht und in gleicher Höhe Fremdkapital aufgenommen wird, so kann das Investitionsprogramm unverändert bleiben. K_F wird mit der Fremdkapitalaufnahme im Zeitpunkt t um Δd_t größer; K_B wird kleiner, jedoch um einen Betrag, der kleiner ist als Δd_t, weil der Gesamtwert der Unternehmung größer geworden ist. Der Wert der Beteiligungstitel sinkt also um weniger als den Ausschüttungsbetrag; die Anteilseigner werden durch die Transaktion reicher.

(2) Unter dem durchschnittlichen Kapitalkostensatz k sei der Zinsfuß verstanden, mit dem man die Zahlungsreihe a_t ($t = 0, 1, \ldots, \infty$) abzinsen muß, um den Gesamtwert der Unternehmung zu erhalten. Man erhält k aus der Bestimmungsgleichung:

$$\sum_{t=0}^{\infty} a_t (1+k)^{-t} = \sum_{t=0}^{\infty} (a_t - f_t)(1+k_B)^{-t} + \sum_{t=0}^{\infty} f_t (1+k_F)^{-t} \qquad (4.3.23)$$

Aus (4.3.23) ergibt sich, daß $k = k_B$ ist, wenn kein Fremdkapital eingesetzt wird, und daß es zwischen k_B und k_F liegen muß, wenn Fremdfinanzierung stattfindet.

Die Bedeutung der Größe k wird klar, wenn man folgende Gleichung betrachtet, die sich aus (4.3.23) und (4.3.19) ergibt

$$\sum_{t=0}^{\infty} a_t (1+k)^{-t} = \sum_{i=1}^{n} \sum_{t=0}^{\infty} -a_{it} x_i (1+k)^{-t} + \sum_{t=0}^{\infty} b_t (1+k)^{-t} \quad (4.3.24)$$

Diese Gleichung besagt, daß der Gesamtwert der Unternehmung gleich der Summe der mit dem Zinsfuß k ermittelten Kapitalwerte aller laufenden und noch durchzuführenden Investitionsprojekte ist. Die Hinzunahme eines Projekts erhöht den Gesamtwert genau dann, wenn der mit k berechnete Kapitalwert des Projektes positiv ist. Bei gegebenem Fremdkapitalanteil ist Maximierung des Gesamtwertes der Unternehmung gleichbedeutend mit Maximierung des Wertes der Beteiligungstitel. Investitionen, die den Gesamtwert der Unternehmung erhöhen, liegen im Interesse der Anteilseigner. Daraus folgt, daß k der für Investitionsentscheidungen maßgebliche Kalkulationszinsfuß ist.

(3) Die hier aufgezeigten Zusammenhänge werden noch klarer, wenn man das Modell auf etwas vereinfachten Voraussetzungen aufbaut [*Modigliani* u. *Miller* 1958]. Es wird angenommen, daß

$$a_t = a \text{ und } f_t = f \qquad (t = 1, 2, \ldots, \infty)$$

ist; im Zeitpunkt Null finden keine Zahlungen statt. Man geht also davon aus, daß durch das Investitionsprogramm auf unbegrenzte Zeit ein gleichbleibender jährlicher Zahlungsüberschuß a erzielt wird und daß der Fremdkapitalbetrag unverändert bleibt, so daß in jedem Jahr der gleiche Zinsbetrag f fällig wird. Unter dieser Voraussetzung vereinfacht sich (4.3.22) zu

$$\begin{aligned} K &= \sum_{t=1}^{\infty} (a-f)(1+k_B)^{-t} + \sum_{t=1}^{\infty} f(1+k_F)^{-t} \quad (4.3.25) \\ &= \frac{a}{k_B} - \frac{K_F k_F}{k_B} + \frac{K_F k_F}{k_F} \\ &= \frac{a}{k_B} + \left(1 - \frac{k_F}{k_B}\right) K_F \end{aligned}$$

Daß der Gesamtwert der Unternehmung mit steigendem Fremdkapitalanteil größer wird, sofern alle anderen Größen unverändert bleiben, geht hieraus klar hervor. An die Stelle von (4.3.23) tritt:

$$\frac{a}{k} = \frac{a-f}{k_B} + \frac{f}{k_F} \qquad (4.3.26)$$

Hieraus läßt sich für die durchschnittlichen Kapitalkosten ableiten:

$$k = \frac{a}{\frac{a-f}{k_B} + \frac{f}{k_F}} = \frac{k_B K_B + k_F K_F}{K_B + K_F} \qquad (4.3.27)$$

k ist hier also ein gewogener Durchschnitt aus k_B und k_F, der mit wachsendem Fremdkapital kleiner wird.

(4) Den bisherigen Überlegungen lag eine ceteris-paribus-Annahme zugrunde. Nur unter dieser Voraussetzung ist bewiesen, daß mit steigendem Fremdkapitalanteil der Gesamtwert der Unternehmung steigt und die Kapitalkosten sinken. Diese ceteris-paribus-Annahme läßt sich jedoch, wie nun gezeigt werden soll, nicht halten. Es ist vielmehr anzunehmen, daß k_B sich mit der Fremdkapitalaufnahme verändert, möglicherweise auch k_F.

In einer Unternehmung, die ohne Fremdkapital arbeitet, möge a der Erwartungswert der jährlichen Ausschüttung sein, σ_a die zugehörige Standardabweichung. Ein Kapitalanleger, der genau so viele Anteile kauft, daß der Erwartungswert der ihm jährlich zufließenden Ausschüttung gleich einer Geldeinheit ist, hat für diesen Ausschüttungsbetrag mit einer Standardabweichung von $(\sigma_a : a)$ zu rechnen. Die Relation $\sigma_a : a$ ist ein Maß für das Geschäftsrisiko der Unternehmung. Nimmt man nun an, dieselbe Unternehmung sei teilweise mit Fremdkapital finanziert, so wird jährlich der Betrag $(a - f)$ ausgeschüttet; da f aber eine sichere Größe ist, liegt die Standardabweichung des Ausschüttungsbetrages nach wie vor bei σ_a. Wer so viele Anteile kauft, daß er eine jährliche Ausschüttung von einer Geldeinheit erwarten kann, muß nun eine Standardabweichung von $[\sigma_a : (a-f)]$ in Kauf nehmen. Für einen risikoscheuen Anleger ist bei gleichbleibender erwarteter Ausschüttung eine Verschlechterung eingetreten. Das Geschäftsrisiko hat sich zwar nicht geändert; wohl aber ist das vom Anteilseigner zu tragende Finanzrisiko größer geworden. Sind alle Kapitalanleger risikoscheu, so ist als Folge ein Sinken des Kurses im Verhältnis zum Ausschüttungsbetrag zu erwarten. Dies bedeutet, daß k_B größer wird.

(5) Dieser Gedanke liegt der von *Modigliani* und *Miller* [1958] entwickelten Theorie der Kapitalkosten zugrunde. Diese Theorie beruht auf folgender These:

Bei gegebenem Investitionsprogramm sind der Gesamtwert der Unternehmung und die durchschnittlichen Kapitalkosten unabhängig vom Umfang der Fremdfinanzierung.

Zum Beweis dieses Satzes wird angenommen, man habe eine Unternehmung, deren Investitionsprogramm festliegt. Diese Unternehmung wird unter zwei verschiedenen Annahmen betrachtet, erstens für den Fall, daß sie ganz ohne Fremdkapital arbeitet, zweitens für den Fall, daß sie zum Teil fremdfinanziert ist. Nach der zu beweisenden These muß der Gesamtwert der Unternehmung in beiden Fällen gleich groß sein. Ist K_{B1} der Wert der Beteiligungstitel im ersten Fall (ohne Fremdfinanzierung) und K_{B2} der Wert der Beteiligungstitel im zweiten Fall, wenn Fremdkapital in Höhe von K_{F2} eingesetzt wird, so muß gelten:

$$K_{B2} = K_{B1} - K_{F2} \tag{4.3.28}$$

Um dies zu beweisen, sei angenommen, daß der Marktwert K_{B1} dem Gleichgewichtspreis der Unternehmensanteile entspricht. Dies bedeutet, daß bei jedem höheren Kurs ein Überangebot, bei jedem niedrigeren Kurs eine Übernachfrage auf dem Markt der Anteile dieser Unternehmung auftreten wird. Nach Abwicklung aller Transaktionen ist kein Kapitalanleger mehr bereit, zu diesem Kurs zu kaufen oder zu verkaufen.

Nimmt man an, daß N die Gesamtzahl der Beteiligungstitel ist, so ist beim Gleichgewichtskurs niemand bereit, gegen den erzielbaren Erlös von $K_{B1} : N$ auf zukünftige Ausschüttungen in Höhe von $a_t : N$ zu verzichten oder den Betrag $K_{B1} : N$ anzulegen und dadurch zukünftige Ausschüttungen in Höhe von $a_t : N$ zu erhalten. Es soll gezeigt werden, daß unter diesen Voraussetzungen der Gleichgewichtskurs im Fremdfinanzierungsfall nur bei $(K_{B1} - K_{F2}) : N$ liegen kann.

Wäre $K_{B2} > K_{B1} - K_{F2}$, so könnte ein Kapitalanleger einen Anteil verkaufen und gleichzeitig zu denselben Tilgungsbedingungen wie die Unternehmung einen Kredit in Höhe von $K_{F2} : N$ aufnehmen. Es würde insgesamt den Betrag $(K_{B2} + K_{F2}) : N$ erhalten, dafür auf die zukünftigen Ausschüttungen $(a_t - f_t) : N$ verzichten und Zins- und Tilgungszahlungen in Höhe von $f_t : N$ leisten müssen. Insgesamt hätte er in jedem beliebigen Jahr t eine Einbuße von $(a_t - f_t) : N + f_t : N = a_t : N$. Annahmegemäß ist er nicht bereit, diese Einbuße hinzunehmen, wenn die damit erreichbare Soforteinnahme gleich $K_{B1} : N$ ist. Ist aber $(K_{B2} + K_{F2}) : N > K_{B1} : N$, so wird es Kapitalanleger geben, die diese Transaktion durchführen wollen. Es sind dies die gleichen Kapitalanleger, die Anteile der ohne Fremdkapital arbeitenden Unternehmung verkaufen würden, wenn der Kurs höher als $K_{B1} : N$ wäre. Ist $K_{B2} > K_{B1} - K_{F2}$, so entsteht daher ein Überangebot, das zum Sinken des Kurses $K_{B2} : N$ führt.

Wäre andererseits $K_{B2} < K_{B1} - K_{F2}$, so könnte ein Kapitalanleger durch Kauf eines Anteils der verschuldeten Unternehmung und Vergabe eines Kredites in Höhe von $K_{F2}:N$ zukünftige Ausschüttungen in Höhe von $(a_t - f_t):N$ und von seinen Schuldnern Zins- und Tilgungszahlungen in Höhe von $f_t:N$ erhalten. Der hierfür sofort zu bezahlende Betrag wäre $(K_{B2} + K_{F2}):N$. Er würde in jedem beliebigen Jahr t dieselben Einkünfte haben wie der Besitzer eines Anteils der ohne Fremdkapital arbeitenden Unternehmung, nämlich $(a_t - f_t):N + f_t:N = a_t:N$. Die Kapitalanleger, die bei einem unter $K_{B1}:N$ liegenden Kurs Anteil der ohne Fremdkapital arbeitenden Unternehmung kaufen würden, sind auch bereit, die angegebene Transaktion durchzuführen, solang $(K_{B2} + K_{F2}):N < K_{B1}:N$ ist. Es entsteht damit eine Übernachfrage, die zum Steigen des Kurses führt.

Damit ist bewiesen, daß in den beiden Fällen, die sich nur darin unterscheiden, daß die Unternehmung im einen mit Fremdkapital arbeitet und im anderen nicht, bei sonst gleichen Marktverhältnissen die den Gleichgewichtskursen entsprechenden Marktwerte sich zueinander verhalten wie in Gleichung (4.3.28) angegeben. Daraus folgt aber auch, daß sich in zwei Fällen mit unterschiedlichem Fremdkapitalanteil die gleichen Gesamtwerte ergeben müssen. Die These von *Modigliani* und *Miller* ist damit bewiesen.

Die hier benutzte Form der Beweisführung stimmt nicht ganz mit der von *Modigliani* und *Miller* überein. *Modigliani* und *Miller* gehen von der Voraussetzung aus, daß es mehrere Unternehmungen gibt, die der gleichen Risikoklasse angehören wie die betrachtete Unternehmung. Außerdem gehen sie von den vereinfachenden Annahmen aus, die der Formel (4.3.23) zugrunde liegen. Die hier dargestellte Variante des Beweises zeigt, daß diese Voraussetzungen nicht notwendig sind [*Hax* u. *Laux*].

(6) Die linke Seite der Gleichung (4.3.23) ist nach der These von *Modigliani* und *Miller* vom Fremdkapitalanteil unabhängig. Wird der Fremdkapitalanteil und damit f_t auf der rechten Seite geändert, so ändert sich gleichzeitig k_B derart, daß der Ausdruck insgesamt konstant bleibt. Mit steigendem Fremdkapitalanteil wird k_B größer. Dies wird noch deutlicher, wenn man von (4.3.27), der vereinfachten Version von (4.3.23) ausgeht. Durch Auflösung nach k_B erhält man aus (4.3.27):

$$k_B = k + (k - k_F) \frac{K_F}{K_B} \qquad (4.3.29)$$

Wird kein Fremdkapital eingesetzt, so ist k_B gleich k, den durchschnittlichen Kapitalkosten. Mit Zunahme des Quotienten $K_F : K_B$, der ein Maß für den Umfang der Fremdfinanzierung ist, steigt k_B linear an.

Das wichtigste Ergebnis ist, daß der für Investitionsentscheidungen relevante Kapitalkostensatz unabhängig vom Fremdkapitalanteil ist. Der Schluß, daß ein möglichst hoher Fremdkapitalanteil vorteilhaft sei, weil der Fremdkapitalzins unter den Kosten des Eigenkapitals liegt, erweist sich als falsch. Die erforderliche Mindestverzinsung ist immer gleich den Eigenkapitalkosten der ganz ohne Fremdkapital arbeitenden Unternehmung.

(7) Von den der These von *Modigliani* und *Miller* zugrunde liegenden Prämissen ist eine besonders problematisch, die nämlich, daß die Anteilseigner in gleicher Weise und zu den gleichen Bedingungen Fremdkapital aufnehmen können wie die Unternehmung und daß es für sie gleichgültig ist, ob sie selber Tilgungs- und Zinszahlungen aus den ihnen zufließenden Ausschüttungen leisten müssen oder ob diese Ausschüttungen in gleichem Umfang bereits durch den Kapitaldienst der Unternehmung gekürzt werden. Hierbei bleibt offenbar unberücksichtigt, daß die Anteilseigner für die Verbindlichkeiten der Unternehmung nicht persönlich und unbeschränkt haften wie für ihre eigenen [*Durand* 1959; *Barges* S. 94]. Der Beweis der These stimmt nur, wenn entweder die Anteilseigner beschränkt für die Verbindlichkeiten der Unternehmung haften oder wenn die Aufnahme von Fremdkapital auf einen Betrag beschränkt bleibt, der mit Sicherheit aus den Einzahlungsüberschüssen des Investitionsprogramms getilgt und verzinst werden kann.

Dieser Zusammenhang sei am Beispiel einer Unternehmung erläutert, die nur für eine Periode besteht und dann liquidiert wird. Für den Liquidationserlös a_1, aus dem zunächst alle Verbindlichkeiten zu decken sind, ist die Wahrscheinlichkeitsverteilung der Abbildung 27 gegeben. Die zu leistenden Zins- und Tilgungszahlungen in Höhe von f_1 richten sich nach dem Umfang der Fremdfinanzierung. Sofern f_1' nicht überschritten wird, ist die Befriedigung der Gläubiger gesichert. Bei höherem Fremdkapitalanteil können sie jedoch Ausfälle erleiden. Sind z.B. Tilgungs- und Zinszahlungen in Höhe von f_1'' zu leisten, so ist die Wahrscheinlichkeit, daß der Liquidationserlös hierzu nicht ausreicht, gleich der schraffierten Fläche in Abbildung 27.

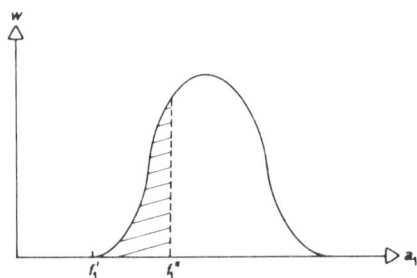

Abb. 27: Wahrscheinlichkeitsverteilung für Liquidationserlös

Tritt dieser Fall ein, so erhalten die Anteilseigner keine Liquidationsausschüttungen, brauchen aber, wenn sie nicht unbeschränkt haften, auch nichts zur Deckung der Gläubigeransprüche zuzuzahlen. Haben sie hingegen persönlich Fremdkapital in entsprechendem Umfang aufgenommen, so müssen sie die vollen Tilgungs- und Zinszahlungen leisten, auch wenn die Ausschüttung, die sie erhalten, kleiner ist; sie müssen also gegebenenfalls zuzahlen. Daß persönliche Verschuldung auf dasselbe hinausläuft wie Fremdkapitalaufnahme durch die Unternehmung, gilt offenbar nur dann, wenn der dem Tilgungs- und Zinsbetrag f_1' entsprechende Fremdkapitalanteil nicht überschritten wird.

Die Annahme, daß die Anteilseigner in gleicher Weise Fremdkapital erhalten können wie die Unternehmung, bleibt allerdings auch dann problematisch, wenn die Fremdfinanzierung innerhalb dieser Grenzen bleibt. In der Regel haben Privatleute nicht den gleichen Zugang zum Kapitalmarkt wie große Unternehmungen.

Ein weiterer möglicher Einwand gegen die These von *Modigliani* und *Miller* ist, daß ein konstanter Fremdkapitalzinsfuß angenommen wird. Mit zunehmendem Fremdkapitalanteil wächst das Risiko der Gläubiger, daß die Zahlungsüberschüsse aus dem Investitionsprogramm nicht zur Deckung ihrer Ansprüche ausreichen. Man muß erwarten, daß dann auch der Fremdkapitalzins steigt. *Modigliani* und *Miller* setzen voraus, daß Fremdkapitalzinsen für die Gläubiger sichere Einkünfte sind. Solange man annimmt, daß die Fremdfinanzierung innerhalb der Grenzen bleibt, bei denen Tilgungs- und Zinszahlungen mit Sicherheit geleistet werden können, ist diese Voraussetzung richtig. Wird diese Grenze jedoch überschritten, so entfällt nicht nur, wie gezeigt wurde, eine wichtige Voraussetzung für den Beweis; vielmehr wird dann auch die Annahme eines konstanten k_F unhaltbar.

4.3.5 Zusammenfassende Beurteilung

Der Grundgedanke der hier dargestellten Theorie der Kapitalkosten bei Unsicherheit ist, daß ungewisse zukünftige Einkünfte wie die Ausschüttungen, die der Inhaber eines Unternehmensanteils erwarten kann, einen Marktpreis haben. Ist bekannt, nach welchen Gesetzmäßigkeiten sich dieser Preis bildet, so kann man auch feststellen, wie eine mit unsicheren zukünftigen Zahlungen verbundene Investition diesen Marktpreis beeinflußt. Man gewinnt damit ein Kriterium für die Entscheidung bei unsicheren Erwartungen, dessen Anwendung nicht notwendig die genaue Kenntnis der subjektiven Risikoeinstellung der Anteilseigner einer Unternehmung voraussetzt. Wie in Abschnitt 4.3.3 gezeigt wurde, genügt es, die Erwartungen der Kapitalanleger hinsichtlich zukünftiger Ausschüttungen zu kennen, die der Marktpreisbildung zugrunde liegen, um den für Investitionsentscheidungen relevanten Kapitalkostensatz festzustellen.

Allerdings beruhen alle Überlegungen in diesem Kapitel auf einer sehr problematischen Voraussetzung. Es wurde angenommen, daß der Zinsfuß, mit dem man erwartete zukünftige Ausschüttungen abzinsen muß, um den Marktwert der Unternehmung zu erhalten, ein Marktdatum ist, das von der Unternehmung selber nicht beeinflußt werden kann, das insbesondere von den Investitionen der Unternehmung unabhängig ist. *Modigliani* und *Miller* haben zwar gezeigt, daß bei konstantem Geschäftsrisiko das Finanzrisiko mit steigendem Fremdkapitalanteil wächst und infolgedessen der Zinssatz steigt, mit dessen Hilfe man den Marktwert der Beteiligungstitel aus den auf sie entfallenden Ausschüttungen erhält. Hingegen bleibt in der Theorie der Kapitalkosten meist unberücksichtigt, daß das Geschäftsrisiko und damit auch der durchschnittliche Kapitalkostensatz sich durch Investitionen ändern können [*Porterfield* S. 80]. In welcher Weise einzelne Investitionen die gesamte Risikosituation beeinflussen, hängt, wie die Theorie der Portefeuille-Auswahl zeigt, nicht nur von der isoliert gesehenen Unsicherheit der Zahlungsströme des einzelnen Projekts ab, sondern auch von den durch die Kovarianzen charakterisierten stochastischen Interdependenzen zu allen übrigen Projekten des Investitionsprogramms.

Ein aufgrund der Annahme unverändert bleibenden Geschäftsrisikos ermittelter Kapitalkostensatz ist auf jeden Fall nicht brauchbar für die Beurteilung von Investitionen, durch die das Geschäftsrisiko eindeutig erhöht wird, also übernormal riskante Projekte, oder eindeutig sinkt. Letzteres wird z.B. häufig der Fall sein bei Investitionen, durch die eine starke Diversifikation erreicht werden soll.

Um die erforderliche Mindestverzinsung eines Projekts bei variablem Geschäftsrisiko zu ermitteln, muß man Aussagen darüber machen, wie seine Realisierung und die damit verbundene Änderung der Wahrscheinlichkeitsverteilung des gesamten Ausschüttungsstroms den Marktwert der Unternehmung beeinflussen. Hiermit wird eine Problematik berührt, die in der neueren Kapitalmarkttheorie ausführlich diskutiert worden ist [s. hierzu den Überblicksartikel von *Rudolph* 1979; weiter *Laux* 1969a, *Mossin* 1973 und *Saelzle* 1976].

Ergänzende und vertiefende Literatur zum Abschnitt 4.3:

Gordon 1962
Hax 1964a
Hax u. Laux 1969
Modigliani u. Miller 1958
Mossin 1973
Porterfield 1965
Robichek u. Myers 1965
Saelzle 1976
Solomon 1963b

4.4 Flexible Investitionsplanung

4.4.1 Der Grundgedanke der flexiblen Planung

(1) Durch die Planung werden Entscheidungen über gegenwärtige und zukünftige Aktionen getroffen. Die Einbeziehung zukünftiger Aktionen ist unerläßlich, weil sie zu den gegenwärtigen Aktionen in enger Interdependenzbeziehung stehen. Die Beurteilung gegenwärtiger Aktionen setzt meist voraus, daß zugleich Entscheidungen über zukünftige Aktionen getroffen werden. Bei der Anschaffung einer Produktionsanlage z.B. muß deren zukünftige Ausnutzung geplant werden; dies wird vorausgesetzt, wenn man von einem gegebenen Zahlungsstrom ausgeht und auf dieser Grundlage eine Wirtschaftlichkeitsrechnung aufstellt.

Legt man sichere Erwartungen zugrunde, so kann man alle zukünftigen Aktionen bereits im Zeitpunkt der Planaufstellung endgültig festlegen. Wenn die zukünftige Entwicklung mit Sicherheit bekannt ist, braucht man sich nicht darauf einzurichten, daß diese Entscheidungen später einmal revidiert werden müssen. Das im Abschnitt 3.2 dargestellte Optimierungsmodell für die Investitionsplanung ist hierfür typisch. Es dient dazu, das Investitionsprogramm für den gesamten Planungszeitraum von vornherein endgültig zu bestimmen. Noch deutlicher wird diese Besonderheit des Planungsverfahrens bei dem im Abschnitt 3.4 entwickelten Modell zur simultanen Investitions- und Produktionsplanung; hier wird bereits im Zeitpunkt der Planaufstellung das Produktionsprogramm des gesamten Planungszeitraums endgültig festgelegt.

Diese Art der Planung ist bei unsicheren Erwartungen meist nicht mehr sinnvoll. Der Entscheidende ist nämlich nicht nur im Zeitpunkt der Planaufstellung unvollkommen informiert; er muß außerdem auch damit rechnen, daß sich sein Informationsstand im Zeitablauf ändert. Im Zeitpunkt der Anschaffung einer Produktionsanlage z.B. hat man nur sehr ungenaue Vorstellungen über die Absatzchancen der Produkte, die damit hergestellt werden sollen; wenn hingegen in späteren Jahren der Produktionsplan aufgestellt wird, kann man in der Regel aufgrund vorliegender Erfahrungen erheblich zuverlässigere

Prognosen machen. Es wäre daher nicht zweckmäßig, im ursprünglichen Plan bereits über alle zukünftigen Aktionen definitiv zu entscheiden, also im Beispielsfall bereits im Zeitpunkt der Investition alle zukünftigen Produktionspläne eindeutig festzulegen. Andererseits kann man aber auch nicht ganz auf die Planung zukünftiger Aktionen verzichten, weil dann die Grundlage für die Beurteilung gegenwärtiger Aktionen fehlt. Der Ausweg aus diesem Dilemma ist, daß man zukünftige Aktionen zwar plant, aber nicht in der Weise, daß man sich eindeutig festlegt, sondern so, daß die zukünftigen Aktionen von den bis zu ihrer Durchführung eingehenden Informationen abhängig gemacht werden. Es entsteht so ein System bedingter Teilpläne, deren Realisierung von der zukünftigen Entwicklung abhängt. Der so aufgebaute Gesamtplan wird als flexibler Plan bezeichnet [*Hart*1940,S.55;*Wittmann*,1959, S.175, *Laux*1971,S.13; zur neueren Diskussion s. auch *D. Schneider* 1971; *Hax* u. *Laux* 1972; *D. Schneider* 1972; *Jacob* 1974; *Inderfurth* 1982; *Haumer* 1983].

(2) Die Möglichkeiten, Eventualpläne für verschiedene zukünftige Entwicklungen vorzusehen, hängen vor allem davon ab, welchen Entscheidungsspielraum die bereits zu Anfang durchgeführten Aktionen in Zukunft noch belassen, oder, anders ausgedrückt, von der Elastizität der durchgeführten Projekte [*Riebel* 1954]. Diese Elastizität ist eine sehr komplexe Eigenschaft, die nicht durch eine einzige Meßzahl erfaßt werden kann. Bei Produktionsanlagen pflegt man quantitative und qualitative Elastizität zu unterscheiden. Erstere charakterisiert den Grad der Anpassungsfähigkeit an unterschiedliche Ausbringungsmengen, letztere die Umstellungsfähigkeit auf verschiedene Produkte. Aber nicht nur einzelne Projekte, auch ganze Pläne können unter dem Gesichtspunkt der Elastizität beurteilt werden. Ein Plan ist um so elastischer, je größer der Entscheidungsspielraum ist, den er für die Zukunft noch offenläßt.

Die Ausdrücke Flexibilität und Elastizität werden hier in verschiedenem Sinne gebraucht. Flexibilität ist eine Eigenschaft des Planungsverfahrens, Elastizität hingegen ein Merkmal der Projekte, die geplant werden. Die flexible Planung steht im Gegensatz zur starren Planung; sie unterscheidet sich von ihr dadurch, daß für zukünftige Aktionen keine definitiven, sondern nur bedingte Entscheidungen getroffen werden. Nur im Rahmen der flexiblen Planung lassen sich die Vorzüge elastischer Planalternativen voll würdigen; eine starre Planung würde den Vorteil übersehen, der darin liegt, daß in Zukunft noch ein weiter Entscheidungsspielraum gegeben ist. Andererseits kann die flexible Planung durchaus auch zu dem Ergebnis führen, daß man sich für eine unelastische Planalternative entscheidet. Flexible Planung bedeutet nur, daß man für jede Planalterantive im Rahmen der ihr eigenen Elastizität die Möglichkeit bedingter Entscheidungen über zukünftige Aktionen in Betracht zieht. Überflüssig wäre flexible Planung nur, wenn alle zur Auswahl stehenden Planalternativen völlig unelastisch wären.

(3) Je nachdem, wie elastisch die gewählte Planalternative ist, kann der Plan später im Lichte neuerer Entwicklungen und Informationen revidiert werden. Die Besonderheit der flexiblen Planung liegt aber nicht darin, daß die Planung im Zeitablauf laufend revidiert wird; vielmehr zeichnet sie sich dadurch aus, daß man versucht, die verschiedenen möglichen Entwicklungen von vornherein in die Planung einzubeziehen und Eventualentscheidungen für sie vorzusehen. Im Idealfall braucht ein flexibler Plan überhaupt nicht revidiert zu werden; wenn man bereits bei der Planung alle möglichen Entwicklungen bedacht hat und die tatsächliche Entwicklung diesen Erwartungen entspricht, bedarf es trotz der stets gegebenen Ungewißheit niemals einer Planrevision, da für alle denkbaren Fälle schon Eventualentscheidungen getroffen sind. Das ist natürlich nur ein theoretischer Grenzfall.

In der praktischen Anwendung sind auch flexible Planungen laufend revisionsbedürftig. Das hat zwei Gründe:
a) Die Erwartungen darüber, welche Entwicklungen überhaupt möglich sind, das heißt, welche Aktionen in Frage kommen und mit welcher Wahrscheinlichkeit bestimmte Ereignisse auf andere folgen, können sich ändern oder durch die tatsächliche Entwicklung als irrig erweisen.
b) Bei der flexiblen Planung wird man aus praktischen Gründen nicht für alle überhaupt denkbaren Entwicklungen Eventualentscheidungen vorsehen können, sondern nur eine kleinere Zahl gröber charakterisierter Möglichkeiten unterscheiden. Man ist also durch die Planung nicht auf jede überhaupt mögliche konkrete Ausprägung der Entwicklung vorbereitet, muß die Planung also laufend der tatsächlichen Entwicklung anpassen.

Es sind also praktisch unvermeidbare Unvollkommenheiten der flexiblen Planung, die eine laufende Planrevision erforderlich machen. Die Prinzipien der flexiblen Planung und der laufenden Planrevision dürfen nicht miteinander verwechselt werden; es handelt sich um verschiedene Prinzipien, die sich gegenseitig ergänzen.

(4) Bei der Investitionsplanung bleiben in zweifacher Hinsicht Entscheidungsspielräume für zukünftige Aktionen. Erstens enthält ein Investitionsplan auch Teilpläne für Projekte, die erst in einem späteren Zeitpunkt durchzuführen sind. Diese Entscheidungen können später revidiert oder im Rahmen eines flexiblen Planes von vornherein von noch eingehenden Informationen abhängig gemacht werden. Zweitens sind aber auch über die Nutzung bereits angeschaffter Investitionsobjekte noch Entscheidungen zu treffen, insbesondere über das Produktionsprogramm, hinsichtlich dessen nach Maßgabe der quantitativen und qualitativen Elastizität der Produktionsanlagen ein Entscheidungsspiel-

raum gegeben ist. Daneben können Maßnahmen wie Erweiterung, Umbau oder Stillegung vorgesehen sein. In allen diesen Fällen werden im Investitionsplan zukünftige Aktionen festgelegt, deren Realisierung bei flexibler Planung von der zukünftigen Entwicklung abhängig zu machen ist.

Unumgänglich wird die flexible Planung, wenn man bei Entscheidungsmodellen der Art, wie sie im Abschnitt 3.2 und 3.4 entwickelt wurden, die Annahme sicherer Erwartungen aufgibt. Alle diese Entscheidungsmodelle enthalten Nebenbedingungen, die besagen, daß in jedem zukünftigen Zeitpunkt die Einzahlungen genau gleich den Auszahlungen sein müssen, so die Bedingungen (3.2.1), (3.4.1), (3.4.14) und (3.4.21). Bei sicheren Erwartungen werden alle zukünftigen Aktionen so festgelegt, daß diese Bedingungen erfüllt sind. Bei unsicheren Erwartungen ist dies nicht ohne weiteres möglich. Geht man z.B. bei der Planung zunächst von den Erwartungswerten der unsicheren zukünftigen Zahlungen aus, so wird man bestimmte Investitions- und Finanzierungsmaßnahmen planen. Weichen dann aber die tatsächlich anfallenden Zahlungen von den Erwartungswerten ab, so kann eine Planrevision unumgänglich werden. Sind die Einzahlungsüberschüsse niedriger als geplant, so müssen zusätzliche Finanzierungsmaßnahmen durchgeführt oder geplante Investitionen unterlassen werden. Bei höheren Einzahlungsüberschüssen muß eine Anpassung in umgekehrter Richtung stattfinden. Der Investitionsplan ist nur dann in sich widerspruchsfrei, wenn er die Möglichkeit der Abweichung zwischen tatsächlichen und erwarteten Zahlungen berücksichtigt und für diesen Fall Eventualregelungen vorsieht.

4.4.2 Zustandsbaum und Entscheidungsbaum

(1) Im Rahmen der flexiblen Planung werden teils definitive, teils bedingte Entscheidungen über zukünftige Aktionen getroffen. Welche Aktionsmöglichkeiten in zukünftigen Zeitpunkten gegeben sind und welche Ergebnisse erzielt werden, hängt von der Entwicklung äußerer Gegebenheiten ab, die der Entscheidende nicht beeinflussen kann und über die er nur unvollkommen informiert ist. Diese Entwicklung äußerer Gegebenheiten kann man sich als stochastischen Prozeß vorstellen. Die in einem Zeitpunkt gegebene Konstellation äußerer und unbeeinflußbarer Gegebenheiten kennzeichnet den Zustand in diesem Zeitpunkt. Zwischen den Zuständen in aufeinanderfolgenden Zeitpunkten bestehen nun stochastische Abhängigkeiten. Jedem Zustand im Zeitpunkt t ist eine Wahrscheinlichkeitsverteilung für die möglichen Zustände im Zeitpunkt $t + 1$ zugeordnet.

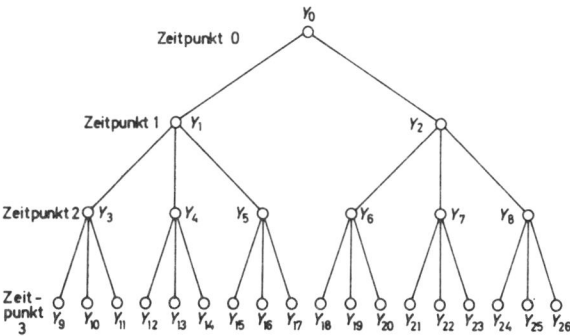

Abb. 28: Beispiel eines Zustandsbaumes für vier verschiedene Zeitpunkte

Dieser Zusammenhang läßt sich durch einen Zustandsbaum (oder auch Ereignisbaum [*Menges*, S. 16]) veranschaulichen, wie er in Abbildung 28 dargestellt ist. Jeder Knotenpunkt dieses Baumes charakterisiert einen bestimmten Zustand in einem Zeitpunkt. Y_0 ist der Zustand im Zeitpunkt 0. Die übrigen Zustände Y_j sind laufend durchnumeriert. Aus der Abbildung ist ersichtlich, daß jeweils eine Klasse von Zuständen einem Zeitpunkt zugeordnet ist. Die einer derartigen Klasse zugehörigen Zustände liegen in der Darstellung jeweils auf einer Ebene.

Jeder Knotenpunkt mit Ausnahme derer, die sich auf den letzten Zeitpunkt beziehen, ist durch Kanten mit Knotenpunkten verbunden, die Zustände im nächstfolgenden Zeitpunkt darstellen. Jeder dieser Kanten ist eine Wahrscheinlichkeit zugeordnet, die mit w_{ij} bezeichnet werden kann. Es handelt sich um die Wahrscheinlichkeit des Zustandes j unter der Voraussetzung, daß im vorhergehenden Zeitpunkt der Zustand i eintritt.

Zu jedem Knotenpunkt, außer dem, der den Zustand Y_0 darstellt, führt genau eine Kante von einem Knotenpunkt, der einen Zustand im vorhergehenden Zeitpunkt darstellt. Diese Darstellungsweise schließt aus, daß sich aus zwei oder mehr unterschiedlichen Vorzuständen derselbe Zustand entwickeln kann. Zwei Zustände, die in einem Zeitpunkt identisch zu sein scheinen, müssen voneinander unterschieden werden, wenn sie sich aus verschiedenen Vorzuständen entwickelt haben. Dies ist nur eine Konvention zur Vereinfachung der Darstellung; die Allgemeingültigkeit der Darstellungsform wird dadurch nicht beeinträchtigt.

(2) Die Aktionsmöglichkeiten und Erfolgsaussichten des Entscheidenden hängen in einem bestimmten Zeitpunkt nicht nur von dem gegebenen Zustand ab, sondern auch davon, welche Aktionen in früheren Zeitpunkten durchge-

führt worden sind. Insofern ist der Zustand nur eine unvollständige Beschreibung der Situation, in der sich der Entscheidende jeweils befindet. Man kann die Darstellung nun noch weiter ausbauen, indem man berücksichtigt, daß in jedem Zeitpunkt auch noch die Auswahl aus einer Menge einander ausschließender Aktionen getroffen werden muß. Als Beispiel sei der in Abbildung 29a dargestellte Zustandsbaum mit drei Zeitpunkten betrachtet, bei dem sich aus jedem Zustand in den Zeitpunkten 0 und 1 zwei verschiedene Zustände entwickeln können. Weiter sei angenommen, daß in den Zeitpunkten 0 und 1 jeweils zwischen zwei Aktionen zu wählen ist, nämlich x_{01} und x_{02} bzw. x_{11} und x_{12}. Berücksichtigt man dies, so kann der Zustandsbaum der Abbildung 29a zu dem Graphen der Abbildung 29b erweitert werden. Die durch Rechtecke bezeichneten Knotenpunkte dieses Graphen stellen bestimmte Situationen dar, in denen entweder Entscheidungen zu treffen sind (dies gilt für die Zeitpunkte 0 und 1) oder das Ergebnis des Entscheidungsprozesses festliegt, im vorliegenden Beispiel im Zeitpunkt 2.

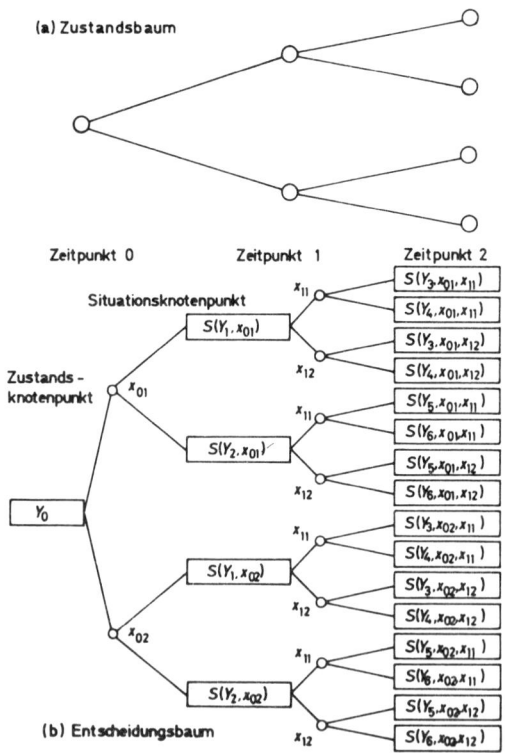

Abb. 29: (a) Zustandsbaum, (b) Entscheidungsbaum

Die Situation S ist jeweils abhängig von dem Zustand und allen zuvor durchgeführten Aktionen. Es gilt also: $S = S(Y_j, \bar{x}_j)$. $\bar{x}_j$ ist hierbei die Gesamtheit aller Aktionen, die durchgeführt wurden, ehe der Zustand Y_j eintritt.

Von den Knotenpunkten, die derartige Situationen darstellen, gehen Kanten aus, von denen jede einer bestimmten Aktionsmöglichkeit entspricht. Diese Kanten führen zu Knotenpunkten, von denen jeweils weitere Kanten ausgehen, von denen jede den Übergang zu einem bestimmten neuen Zustand charakterisiert. Diese Kanten führen dann wieder zu neuen Situations-Knotenpunkten. Für die Übergänge zu neuen Zuständen gelten wieder die Wahrscheinlichkeitsverteilungen, die bereits für den Zustandsbaum gegeben waren.

Der Graph der Abbildung 29b wird als Entscheidungsbaum bezeichnet. Entscheidungsbaum und Zustandsbaum dienen zur Darstellung und Veranschaulichung des gleichen Entscheidungsproblems, nämlich der Entscheidung über eine zeitliche Abfolge von Aktionen. Der Entscheidungsbaum gibt eine vollständigere Beschreibung der Situation, wird allerdings, wie das Beispiel zeigt, viel umfangreicher und unübersichtlicher als der Zustandsbaum.

(3) Die theoretische Grundidee des Zustandsbaums ist, daß für jede überhaupt mögliche Entwicklung der entscheidungsrelevanten Datenkonstellation von einem Zeitpunkt zum nächsten eine besondere Verzweigung des Baumes vorgesehen ist; jedem überhaupt möglichen Ablauf der Datenkonstellationen während der Planungsperiode entspricht also genau ein Kantenzug vom Ausgangsknotenpunkt bis zu einem der Endknotenpunkte. Ein Zustandsbaum, der diese Voraussetzung erfüllt, sei hier als idealer Zustandsbaum bezeichnet.

In vielen Anwendungsfällen ist es nicht möglich, sich auf einen idealen Zustandsbaum zu stützen, weil die Zahl der möglichen Konstellationen und der damit erforderlichen Verzweigungen zu groß wird. In diesen Fällen kann man nur mit einem vereinfachten Zustandsbaum arbeiten. Die Vereinfachung wird dadurch erzielt, daß man eine weniger differenzierte Aufgliederung der Datenkonstellationen vornimmt, gegenüber dem idealen Zustandsbaum also eine mehr oder weniger große Anzahl von Datenkonstellationen in einem Zustandsknotenpunkt zusammenfaßt. Im vereinfachten Zustandsbaum wird somit jedem Zustandsknotenpunkt nicht nur eine Datenkonstellation zugeordnet, sondern eine Wahrscheinlichkeitsverteilung von Datenkonstellationen, d.h. eine Menge von Datenkonstellationen, wobei jeder eine bedingte Wahrscheinlichkeit für den Fall des Eintritts des Zustandes zugeordnet ist.

In gleicher Weise wie beim Zustandsbaum ist auch zwischen idealem und vereinfachtem Entscheidungsbaum zu unterscheiden. Auch hier wird die Vereinfachung durch Zusammenfassung mehrerer Datenkonstellationen in einem Knotenpunkt erreicht.

4.4.3 Ein Entscheidungsmodell auf der Grundlage eines idealen Zustandsbaums

(1) Das im folgenden entwickelte Entscheidungsmodell zur Aufstellung flexibler Pläne beruht auf der Annahme, daß ein idealer Zustandsbaum gegeben ist, daß dem Entscheidenden dieser Zustandsbaum bekannt ist und daß er auch die den Kanten des Baumes zugeordneten Übergangswahrscheinlichkeiten kennt. Voraussetzung des Modells ist weiter, daß der Entscheidende in jedem Zeitpunkt weiß, welcher Zustand eingetreten ist. Bei der Konstruktion des Zustandsbaumes ist also darauf zu achten, daß für jeden Zeitpunkt genau so viele Zustände vorgesehen werden, wie der Entscheidende in diesem Zeitpunkt unterscheiden kann. Für die Definition eines Zustands ist also nicht maßgeblich, welche Datenkonstellation objektiv gegeben ist, sondern nur, was der Entscheidende davon erkennen und wahrnehmen kann.

Es besteht also Ungewißheit insofern, als der Entscheidende nicht weiß, welche äußeren Entwicklungen eintreten werden. Er weiß aber, welche Entwicklungen der ungewissen Daten und seiner Information darüber überhaupt möglich sind. Er kann auch die Übergangswahrscheinlichkeiten angeben, sei es auch nur aufgrund subjektiver Schätzung.

Jeder Knotenpunkt des Zustandsbaumes ist mit einem Index j versehen. Der dem Ausgangszustand des Systems entsprechende Knotenpunkt hat hierbei den Index 0; die übrigen werden fortlaufend numeriert; dies kann in beliebiger Weise geschehen. Die Menge aller Indizes sei J. Nun können zwei Teilmengen von J definiert werden. J_1 sei die Menge der Indizes aller Knotenpunkte, die am Ende des Prozesses liegen; diese sind dadurch charakterisiert, daß nur eine Kante zu ihnen hinführt, hingegen keine zu anderen Knotenpunkten weiterführt. J_2 sei die Menge der Indizes aller übrigen Knotenpunkte mit Aus-

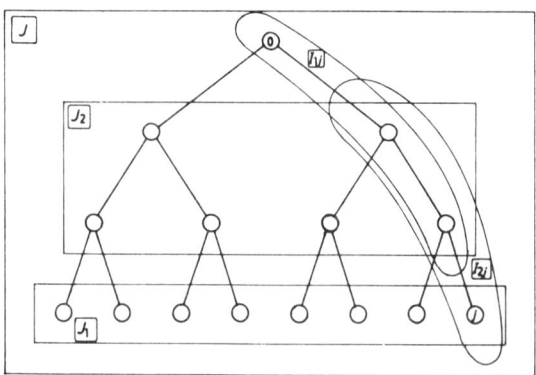

Abb. 30: Definition von Indexmengen für den Zustandsbaum

nahme des Index 0. Betrachtet man einen bestimmten Knotenpunkt j ($j \in J$, $j \neq 0$), so lassen sich in bezug auf diesen zwei weitere Indexmengen I_{1j} und I_{2j} definieren. I_{1j} sei die Menge der Indizes aller Knotenpunkte, die auf dem Weg vom Knotenpunkt 0 zum Knotenpunkt j liegen, einschließlich des Knotenpunktes 0, jedoch ausschließlich des Knotenpunktes j. I_{2j} sei die Menge der Indizes aller Knotenpunkte, die auf dem Weg vom Knotenpunkt 0 zum Knotenpunkt j liegen, jedoch ausschließlich des Knotenpunktes 0 und einschließlich des Knotenpunktes j. Abbildung 30 veranschaulicht diese Mengendefinitionen.

(2) w_{ij} sei die Wahrscheinlichkeit des Übergangs vom Zustand i zum Zustand j; w_{ij} ist nur definiert für den Fall, daß vom Knotenpunkt i zum Knotenpunkt j eine Kante führt. Das Symbol $i \rightarrow j$ soll im folgenden bedeuten, daß es eine Kante vom Knotenpunkt i zum Knotenpunkt j gibt. Man kann nun auch die im Ausgangszustand geltenden Wahrscheinlichkeiten w_j für den Eintritt eines jeden Zustands berechnen.
Es gilt:

$$w_j = \prod_{\substack{i \rightarrow k \\ k \in I_{2j}}} w_{ik} \quad (j \in J_1 \cup J_2) \tag{4.4.1}$$

Der Entscheidende habe nun in jedem der in Betracht kommenden Zeitpunkte die Wahl zwischen mehreren möglichen Aktionen zu treffen. Wenn er flexibel plant, wird er diese Wahl davon abhängig machen, welcher Zustand in dem betreffenden Zeitpunkt gegeben ist. Er wird also für jeden Knotenpunkt j eine Aktion x_j vorsehen. Als Aktion wird hierbei ein Bündel von Maßnahmen bezeichnet, die in einem Zeitpunkt durchgeführt werden. Hier sei angenommen, daß die x_j bestimmt werden müssen für den Knotenpunkt 0 und alle zu J_2 gehörenden Knotenpunkte. Im letzten Zeitpunkt, dem die zu J_1 gehörenden Knotenpunkte entsprechen, sei also keine Entscheidung mehr zu treffen. Diese Annahme wird nur gemacht, um die Formulierung zu vereinfachen; man kann ohne weiteres auf sie verzichten, wenn die Problemstellung es erfordert.

Die Wahl der Aktionen unterliegt in jedem Knotenpunkt bestimmten Einschränkungen. Im Knotenpunkt 0 ist die Menge der möglichen Aktionen X_0 gegeben; es gilt also:

$$x_0 \in X_0 \tag{4.4.2}$$

In allen anderen Knotenpunkten hingegen ist X_j, die Menge der möglichen Aktionen, abhängig von den Aktionen, die in früheren Zeitpunkten gewählt worden sind. Die einzuhaltenden Nebenbedingungen lauten daher:

$$x_j \in X_j(x_i \mid i \in I_{1j}) \quad (j \in J_2) \tag{4.4.3}$$

Das Ziel der Entscheidenden sei, eine Größe Z zu maximieren; Z kann z.B. der Kapitalwert eines Investitionsprogramms oder auch der Endwert des Vermögens sein. Welchen Wert Z annimmt, hängt von der Entwicklung der äußeren Zustände und den gewählten Aktionen ab. Betrachtet man einen beliebigen Endpunkt des Zustandsbaumes, den Zustand Y_j ($j \in J_1$) also, so entspricht diesem eindeutig eine bestimmte Zustandsentwicklung. Der diesem Knotenpunkt entsprechende Zielfunktionswert Z_j hängt also nur noch von den zu früheren Zeitpunkten gewählten Aktionen ab. Somit gilt:

$$Z_j = Z_j(x_i \mid i \in I_{1j}) \quad (j \in J_1) \tag{4.4.4}$$

(3) Nach Formel (4.4.1) kann man für alle Knotenpunkte, auch für die, deren Indizes zu J_1 gehören, Wahrscheinlichkeiten berechnen. Wenn alle x_j festliegen, hat man daher eine Wahrscheinlichkeitsverteilung für die Zielgröße Z. Es gilt, die x_j so zu bestimmen, daß sich die optimale Wahrscheinlichkeitsverteilung ergibt. Ein Kriterium für die Optimierung kann das Bernoulli-Prinzip liefern. Kennt man die Nutzenfunktion $U(Z)$, so erhält man das Optimum durch Maximierung des Ausdrucks:

$$U = \sum_{j \in J_1} w_j \cdot U[Z_j(x_i \mid i \in I_{1j})] \tag{4.4.5}$$

Hierbei sind die Nebenbedingungen (4.4.2) und (4.4.3) einzuhalten.

Geht man von der Annahme einer linearen Nutzenfunktion aus, so ergibt sich aus dem Bernoulli-Prinzip die Bayes-Regel, und an die Stelle von (4.4.4) tritt:

$$U = \sum_{j \in J_1} w_j \cdot Z_j(x_i \mid i \in I_{1j}) \tag{4.4.6}$$

Es kann der Sonderfall eintreten, daß Z_j die Summe der in allen Perioden des Planungszeitraums erzielten Teilerfolge ist. Jedem Knotenpunkt des Zustandsbaumes außer dem Knotenpunkt 0 läßt sich dann der Teilerfolg z_j ($j \in J_1 \cup J_2$) zuordnen, der von allen in früheren Zeitpunkten gewählten Aktionen abhängt. Es gilt also:

$$z_k = z_k(x_i \mid i \in I_{1k}) \quad (k \in J_1 \cup J_2) \tag{4.4.7}$$

und

$$Z_j = \sum_{k \in I_{2j}} z_k(x_i \mid i \in I_{1k}) \quad (j \in J_1) \tag{4.4.8}$$

Setzt man (4.4.8) in (4.4.6) ein, so erhält man unter Berücksichtigung von (4.4.1):

$$U = \sum_{j \in J_1 \cup J_2} w_j z_j (x_i \mid i \in I_{1j}) \tag{4.4.9}$$

(4) Die Nebenbedingungen (4.4.2) und (4.4.3) können unter bestimmten Voraussetzungen als lineare Ungleichungen geschrieben werden. Geht man auch von einer linearen Zielfunktion aus, also etwa von (4.4.6) oder (4.4.9), so hat das Entscheidungsproblem die Form einer linearen Optimierungsaufgabe [*Laux* 1969b; *Wilson; Laux* 1971, S. 46].

Das im folgenden dargestellte Modell baut auf dem Entscheidungsmodell auf, das in Kapital 3.2 entwickelt wurde; im Unterschied dazu wird aber hier die Annahme sicherer Erwartungen aufgegeben. Es sei ein idealer Zustandsbaum gegeben.

Für jeden Knotenpunkt j des Zustandsbaums ist eine Menge von Projekten gegeben, die im Falle des Eintritts dieses Zustandes durchgeführt werden können. Jedes Projekt ist genau einem Zustand zugeordnet; zwei sonst gleiche Projekte, die in zwei verschiedenen Zuständen durchgeführt werden können, werden als verschiedene Projekte behandelt. Für jedes Projekt wird eine Entscheidungsvariable x_i definiert. Ist N die Menge der Indizes aller Projekte und K_j die Menge der Indizes der dem Zustand j zugeordneten Projekte so gilt somit:

$$K_j \cap K_k = 0 \qquad (j \in J, k \in J, j \neq k)$$
und
$$\bigcup_{j \in J} K_j = N$$

Die mit den Projekten verbundenen Zahlungen hängen davon ab, welcher Zustand eintritt; das gleiche gilt für die vom Kapitalbudget unabhängigen Zahlungen. Mit a_{ij} wird der Auszahlungsüberschuß des Projekts i bezeichnet, der dann realisiert wird, wenn der Zustand j eintritt; weiter sei b_j der vom Kapitalbudget unabhängige Einzahlungsüberschuß und d_j die Dividende im Zustand j.

Für die Erhaltung der Liquidität im Falle, daß der Zustand j eintritt, sind nur diejenigen Projekte relevant, die in diesem Zustand durchgeführt werden oder in einem ihm vorangehenden Zustand durchgeführt worden sind. Die Menge der Indizes aller für die Erhaltung der Liquidität im Zustand j relevanten Projekte sei mit $\bar{K}_j$ bezeichnet. Es gilt:

$$\bar{K}_j = \bigcup_{k \in I_{1j} \cup I_{2j}} K_k$$

Entsprechend der Bedingung (3.2.1), durch die die Erhaltung der Liquidität in jedem Zeitpunkt gesichert werden soll, wird nun für das Zustandsbaummodell die Bedingung aufgestellt, daß die Liquidität in jedem Zustand erhalten bleiben muß:

$$\sum_{i \in \bar{K}_j} a_{ij} x_i + d_j = b_j \qquad (j \in J) \qquad (4.4.10)$$

Die Bedingungen (3.2.2) und (3.2.3) gelten unverändert auch im Zustandsmodell:

$$x_i \leq c_i \qquad (i \in N) \qquad (3.2.2)$$

$$x_i \geq 0 \qquad (i \in N) \qquad (3.2.3)$$

Die Bedingungen (4.4.10), (3.2.2) und (3.2.3) grenzen für jeden Zustand die Menge der möglichen Aktionen ab. Sie entsprechen den Bedingungen (4.4.2) und (4.4.3).

Wie in Abschnitt 3.2.3 ausgeführt wurde, kommen für Modelle dieser Art verschiedene Zielfunktionen in Frage. Wenn man davon ausgeht, daß mit Ablauf des Planungszeitraums alle Projekte abgeschlossen sind, kann man z.B. von der Zielfunktion (3.2.6) ausgehen, die auf Maximierung des am Ende des Planungszeitraums ausschüttbaren Barvermögens hinausläuft. Bei Anwendung des Bernoulli-Prinzips kommt man für den Zustandsbaum zu folgender Zielfunktion, die (4.4.5) entspricht:

$$U = \sum_{j \in J_1} w_j \cdot U(d_j) \qquad (4.4.11)$$

Ist die Nutzenfunktion linear, so wird auch die Zielfunktion linear; sie lautet dann:

$$U = \sum_{j \in J_1} w_j \cdot d_j$$

4.4.4 Lösung mit Hilfe der dynamischen Optimierung
(1) Die bei Aufstellung eines flexiblen Plans zu lösende Optimierungsaufgabe kann außerordentlich umfangreich werden. Für die numerische Lösung

können sich daraus erhebliche Schwierigkeiten ergeben. Insbesondere wenn es sich nicht um eine einfache lineare Optimierungsaufgabe handelt, so z.B. wenn Ganzzahligkeitsbedingungen einzuhalten sind, kann sich ergeben, daß das Problem rechnerisch schwer zu bewältigen ist. Ein Verfahren, das zur Lösung von Optimierungsaufgaben des beschriebenen Typs in Frage kommt, ist die dynamische Optimierung [*Jochum*].

Zunächst sei der Grundgedanke des Verfahrens kurz erläutert. Jeder zu J_2 gehörende, also nicht dem letzten Zeitpunkt entsprechende Knotenpunkt des Zustandsbaumes kann als Ausgangspunkt eines eigenen Zustandsbaumes gesehen werden. Die Indizes der Knotenpunkte des vom Knotenpunkt j ausgehenden Teilzustandsbaumes mit Ausnahme des Index j seien die Elemente der Menge I_{3j}, I_{4j} sei die Menge der Indizes aller Knotenpunkte des vom Knotenpunkt j ausgehenden Zustandsbaumes mit Ausnahme derjenigen, die zu J_1 gehören; j ist also auch Element von I_{4j}. I_{5j} schließlich sei die Menge der Indizes aller Knotenpunkte, die sich auf einen dem Zustand Y_j zeitlich unmittelbar folgenden Zustand beziehen und die mit dem Knotenpunkt j durch eine Kante verbunden sind. Abbildung 31 veranschaulicht diese Mengendefinitionen. Man kann nun für den vom Knotenpunkt j ($j \in J_2$) ausgehenden Teilzustandsbaum die gleiche Optimierungsaufgabe stellen wie für den ursprünglich gegebenen. Hierbei ist die Ausgangssituation charakterisiert durch den Zustand Y_j und alle bis zu diesem Zeitpunkt durchgeführten Aktionen, d.h. durch alle x_i für $i \in I_{1j}$.

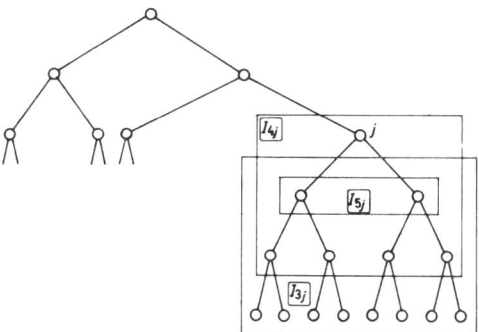

Abb. 31: Definition von Indexmengen für Teilzustandsbäume

x_i^* (für $i = 0$ und alle $i \in J_2$) seien die Komponenten einer zulässigen Lösung des Problems, d.h. sie genügen den durch (4.4.2) und (4.4.3) umschriebenen Nebenbedingungen. Das Optimalitätsprinzip der dynamischen Optimierung besagt nun [*Bellman*, S. 83; *Henn* u. *Künzi* II. Bd., S. 67; *Menges*,

S. 248]: Die x_i^* bilden genau dann eine optimale Lösung der Aufgabe, die Funktion (4.4.5) unter Beachtung der Nebenbedingungen (4.4.2) und (4.4.3) zu maximieren, wenn im Knotenpunkt j (für $j = 0$ und alle $j \in J_2$) folgende Bedingung erfüllt ist:

Unter der Voraussetzung, daß $x_i = x_i^*$ (für alle $i \in I_{1j}$) gilt, bilden die x_i^* (für alle $i \in I_{4j}$) die optimale Lösung der Optimierungsaufgabe für den vom Knotenpunkt j ausgehenden Teilzustandsbaum, d.h. der Aufgabe, die Funktion

$$U_j = \sum_{i \in I_{3j} \cap J_1} \bar{w}_{ji} U[Z_i(x_k \,(k \in I_{1i} \cap I_{4j}), x_k^* \,(k \in I_{1j}))]$$

zu maximieren unter Beachtung der Nebenbedingungen

$$x_k \in X_k[Y_k, x_i \,(i \in I_{1k} \cap I_{4j}), x_i^* \,(i \in I_{1j})] \quad (k \in I_{4j})$$

$\bar{w}_{ji}$ ist hierbei die bedingte Wahrscheinlichkeit dafür, daß im letzten Zeitpunkt der Zustand i eintritt unter der Voraussetzung, daß in einem früheren Zeitpunkt der Zustand j eingetreten ist. $\bar{w}_{ji}$ ist zu berechnen nach der Formel:

$$\bar{w}_{ji} = \prod_{\substack{k \to h \\ h \in I_{2i} \cap I_{3j}}} w_{kh} \quad (j \in J_2, i \in J_1)$$

Einfacher, wenn auch etwas ungenauer ausgedrückt, besagt das Optimalitätsprinzip, daß ein flexibler Plan nur dann optimal sein kann, wenn er Eventualpläne für alle möglichen zukünftigen Zustände enthält, die, wenn der betreffende Zustand eintritt, optimale Pläne für die dann gegebene Situation darstellen. Hierauf basiert auch das Lösungsverfahren der dynamischen Optimierung. Im Prinzip geht man so vor, daß man zunächst optimale Pläne für die möglichen Zustände im letzten Aktionszeitpunkt aufstellt, diese Optima dann in die Optimierungskalküle des vorletzten Zeitpunktes einsetzt usw., bis der erste Zeitpunkt erreicht ist.

(2) Man könnte nun versuchen, den optimalen flexiblen Plan auf der Grundlage des Entscheidungsbaumes zu bestimmen. Dabei wäre folgendermaßen vorzugehen [*Magee* 1964a, 1964b]: Zunächst werden für alle Knotenpunkte, die dem letzten Entscheidungszeitpunkt entsprechen, die optimalen Aktionen festgestellt.

Da im Entscheidungsbaum jedem derartigen Knotenpunkt eine eindeutige Situation, charakterisiert durch einen Zustand und eine Menge früherer Entscheidungen, entspricht, handelt es sich hier um ein gewöhnliches einstufiges

Entscheidungsproblem. Anschließend wird das gleiche Entscheidungsproblem für alle Knotenpunkte gelöst, die dem vorletzten Entscheidungszeitpunkt entsprechen; hierbei ist davon auszugehen, daß im letzten Entscheidungszeitpunkt jeweils die optimale Aktion gewählt wird, die im ersten Schritt des Verfahrens ermittelt wurde. Damit hat man wieder ein einstufiges Entscheidungsproblem. Nach dessen Lösung kann in gleicher Weise für den drittletzten Zeitpunkt verfahren werden und so weiter, bis man zum ersten Entscheidungszeitpunkt gelangt ist. Man hat damit eine Abfolge von Entscheidungen, die für jeden Knotenpunkt bei gegebener Ausgangssituation optimal sind, somit gemäß dem Optimalitätsprinzip der dynamischen Optimierung einen optimalen flexiblen Plan.

Dieses retrograde Aufrollen („roll-back") des Entscheidungsproblems führt theoretisch mit Sicherheit zum gewünschtem Resultat. Praktisch allerdings wird es sich nur in sehr einfachen Fällen durchführen lassen, weil der Entscheidungsbaum in der Regel zu umfangreich ist. Die Zahl der Knotenpunkte wird schon bei verhältnismäßig unkomplizierten Fällen so groß, daß der Rechenaufwand nicht mehr zu bewältigen ist.

(3) Die dynamische Optimierung geht nach dem gleichen Prinzip vor, aber in etwas vereinfachter Form [*Jochum* S. 98ff.]. Die Betrachtung geht nicht vom Entscheidungsbaum, sondern vom Zustandsbaum aus. Für jeden Knotenpunkt j ($j \in J_2$) wird zunächst R_j definiert als das Resultat aller früher gewählten Aktionen. Ist $\hat{j}$ der Index des Knotenpunkts, der dem Knotenpunkt j unmittelbar vorangeht (d.h. desjenigen, der auf dem Weg von j nach 0 im ersten Schritt erreicht wird), so gilt folgende Beziehung:

$$R_j = R_j(R_{\hat{j}}, x_{\hat{j}}) \qquad (j \in J_2) \qquad (4.4.12)$$

(4.4.12) besagt, daß R_j von der entsprechenden Größe im vorhergehenden Zeitpunkt und der in diesem Zeitpunkt gewählten Aktion abhängt. Indirekt (über $R_{\hat{j}}$) ist R_j von allen vorausgegangenen Aktionen abhängig. Für (4.4.3) kann man dann auch schreiben:

$$x_j \in X_j(Y_j, R_j) \qquad (j \in J_2) \qquad (4.4.13)$$

und für (4.4.4)

$$Z_j = Z_j(R_{\hat{j}}, x_{\hat{j}}) \qquad (j \in J_1) \qquad (4.4.14)$$

R_j und Y_j kennzeichnen die für die Entscheidung relevante Situation, wie sie durch einen Entscheidungspunkt des Entscheidungsbaumes dargestellt wird.

Zunächst sei im Zustandsbaum ein Knotenpunkt j betrachtet, der dem letzten Zeitpunkt entspricht, in dem noch eine Entscheidung zu treffen ist. Die Größen U_j^* und x_j^* für diesen Knotenpunkt werden folgendermaßen definiert:

$$U_j^* = \underset{x_j \in X_j}{\text{Max}} \sum_{k \in I_{5j}} w_{jk}\, U[Z_k(x_j, R_j)] = \sum_{k \in I_{5j}} w_{jk}\, U[Z_k(x_j^*, R_j)] \qquad (4.4.15)$$

x_j^* ist also die optimale Aktion im Knotenpunkt j, U_j^* der mit dieser Aktion erreichbare Nutzen. Bei der Ermittlung von x_j^* wird sich in der Regel ergeben, daß es von R_j abhängig ist, also

$$x_j^* = x_j^*(R_j) = x_j^*[R_j(R_{j'}, x_{j'})] \qquad (4.4.16)$$

Durch Einsetzen von (4.4.16) und (4.4.12) in (4.4.15) erhält man:

$$U_j^* = \sum_{k \in I_{5j}} w_{jk}\, U[Z_k[x_j^*(R_j(R_{j'}, x_{j'})), R_j(R_{j'}, x_{j'})] \qquad (4.4.17)$$

oder kürzer:

$$U_j^* = U_j^*(R_{j'}, x_{j'}) \qquad (4.4.18)$$

In der gleichen Weise kann für alle Knotenpunkte verfahren werden, die dem letzten Entscheidungszeitpunkt entsprechen.

Nunmehr sei ein Knotenpunkt j betrachtet, der dem vorletzten Entscheidungszeitpunkt entspricht. U_j^* und x_j^* werden definiert durch:

$$U_j^* = \underset{x_j \in X_j}{\text{Max}} \sum_{k \in I_{5j}} w_{jk} \cdot U_k^*(R_j, x_j) = \sum_{k \in I_{5j}} w_{jk}\, U_k^*(R_j, x_j^*) \qquad (4.4.19)$$

Die hierin enthaltene Beziehung $U_k^* = U_k^*(R_j, x_j)$ ergibt sich aus (4.4.18). x_j^* ist auch hier in der Regel wieder von R_j abhängig. Es gilt also eine Funktion der Form (4.4.16). Durch Einsetzen in (4.4.19) erhält man eine Funktion der Form (4.4.18). In der gleichen Weise wird für alle Knotenpunkte des vorletzten Entscheidungszeitraums verfahren, anschließend ebenso für alle Knotenpunkte des vorhergehenden Zeitpunktes und so weiter. Man ermittelt stets

U_j^* und x_j^* gemäß (4.4.19) unter Verwendung der für die nachfolgenden Zeitpunkte ermittelten Funktion (4.4.18).

Man gelangt so schließlich zum Knotenpunkt 0. Da R_0 die gegebene Ausgangssituation ist, können hier x_0^* und U_0^* eindeutig ermittelt werden. Durch sukzessives Einsetzen in (4.4.12), (4.4.16) und (4.4.18) kann man dann R_j, x_j^* und U_j^* für alle anderen Knotenpunkte feststellen. Für jeden beliebigen Teilzustandsbaum bilden die diesen entsprechenden x_j^* die optimale Lösung der zugehörigen Optimierungsaufgabe. Sie stellen daher auch die optimale Lösung des Gesamtproblems dar.

(4) Im folgenden sei noch kurz eine Variante des beschriebenen Verfahrens beschrieben, die sich dann anbietet, wenn Z_j, wie in (4.4.8) angegeben, eine Summe von Teilerfolgen der einzelnen Perioden ist und eine lineare Nutzenfunktion gilt. Dann kann man von der Zielfunktion (4.4.9) ausgehen. Für alle dem letzten Entscheidungszeitpunkt entsprechenden Knotenpunkte wird U_j^* statt wie in (4.4.15) folgendermaßen definiert:

$$U_j^* = \underset{x_j \in X_j}{\text{Max}} \sum_{k \in I_{5j}} w_{jk} z_k (x_j, R_j) = \sum_{k \in I_{5j}} w_{jk} z_k (x_j^*, R_j) \qquad (4.4.20)$$

Für alle übrigen Knotenpunkte, in denen Entscheidungen zu treffen sind, gilt anstelle von (4.4.19)

$$U_j^* = \underset{x_j \in X_j}{\text{Max}} \sum_{k \in I_{5j}} w_{jk} [z_k (x_j, R_j) + U_k^* (x_j, R_j)] \qquad (4.4.21)$$

$$= \sum_{k \in I_{5j}} w_{jk} [z_k (x_j^*, R_j) + U_k^* (x_j^*, R_j)]$$

Aus (4.4.20) und (4.4.21) werden jeweils die Beziehungen (4.4.16) und (4.4.18) abgeleitet und in der folgenden Stufe der Rechnung wieder eingesetzt. Man gelangt also in der gleichen Weise zur Lösung wie in dem zuerst beschriebenen Fall.

(5) Das Verfahren der dynamischen Optimierung erfordert ebenfalls erheblichen Rechenaufwand. Man muß ein Teiloptimum für jeden Knotenpunkt des Zustandsbaums ermitteln. Damit wird aber der Rechenaufwand bereits erheblich reduziert gegenüber dem Verfahren, bei dem für jeden Entscheidungspunkt im Entscheidungsbaum ein Teiloptimum zu berechnen ist. Allerdings wird diese Reduzierung damit erkauft, daß die Rechnung komplizierter wird. Die Funktionen (4.4.18), die jeweils berechnet und wieder eingesetzt werden müssen, sind meist keine einfachen linearen Beziehungen. Wenn die Teiloptimierungsprobleme die Form linearer Optimierungsaufgaben haben, hat die

Funktion (4.4.18) jeweils eine geknickte, stückweise lineare Form; sie kann mit Hilfe der parametrischen Optimierung ermittelt werden [*Jochum* S. 114f].

Ob die dynamische Optimierung der beste Lösungsweg für das dargestellte Problem ist, läßt sich nicht generell sagen. In den Fällen, wo das Gesamtproblem die Form einer linearen Optimierungsaufgabe hat, mag der Simplex-Algorithmus überlegen sein. Es bleiben aber viele denkbare Fälle, in denen Komplikationen eintreten, die der Verwendung des Simplex-Verfahrens entgegenstehen. In diesen Fällen ist zu erwägen, ob die dynamische Optimierung bessere Erfolge verspricht.

4.4.5 Entscheidungsmodelle auf der Grundlage vereinfachter Zustands- oder Entscheidungsbäume

(1) Bei praktischen Anwendungen wird man im allgemeinen nicht von einem idealen, sondern nur von einem vereinfachten Zustands- oder Entscheidungsbaum ausgehen können. Die für ideale Zustands- oder Entscheidungsbäume entwickelten Verfahren lassen sich nicht ohne weiteres auf diesen Fall übertragen.

Beim idealen Zustandsbaum entspricht jedem Knotenpunkt eine bestimmte Datenkonstellation; beim vereinfachten Zustandsbaum ist das nicht mehr der Fall; deswegen läßt sich auch nicht in der gleichen Weise ein Bereich zulässiger Aktionen abgrenzen. Das gleiche Problem entsteht beim vereinfachten Entscheidungsbaum. Zur Abgrenzung des Bereichs zulässiger Aktionen bei vereinfachten Zustandsbäumen kann man aber auf ein Konzept zurückgreifen, das auch in anderem Zusammenhang in der Investitionstheorie Verwendung gefunden hat, nämlich auf das unter der englischen Bezeichnung „Chance-Constrained Programming" bekannte Verfahren. Die Grundidee dieses Verfahrens soll zunächst an einem einfacheren Modell entwickelt werden; anschließend soll gezeigt werden, wie das Zustandsbaummodell mit diesem Verfahren abgewandelt werden kann.

(2) Die folgenden Überlegungen knüpfen an dem im Kapitel 3.2 entwickelten Entscheidungsmodell an. Für die Abgrenzung des Bereichs zulässiger Lösungen wurde dort die Bedingung (3.2.1) aufgestellt:

$$\sum_{i=1}^{n} a_{it} x_i + d_t = b_t \qquad (t = 0, 1, \ldots, T) \qquad (3.2.1)$$

Diese Bedingung besagt unter der Voraussetzung sicherer Erwartungen, daß die Liquidität in jedem Zeitpunkt gesichert sein muß. Bei ungewissen Erwartungen kann man davon ausgehen, daß die Größen a_{it} und b_t Zufallsvariablen sind. Man kann dann die Abgrenzung des Bereichs zulässiger Lösungen in anderer Weise vornehmen: Statt zu fordern, daß die Zahlungsfähigkeit auf jeden Fall erhalten bleiben muß, stellt man die abgeschwächte Bedingung auf, daß der Fall der Verletzung einer Liquiditätsbedingung nur mit einer Wahrscheinlichkeit eintreten darf, die eine vorgegebene Grenze α nicht überschreitet.

Bei Ungewißheit kann nicht so geplant werden, daß in jedem Zeitpunkt die Auszahlungen genau durch die Einzahlungen gedeckt werden. Die Liquiditätsbedingung muß daher gegenüber (3.2.1) etwas abgewandelt werden. Die Zahlungsfähigkeit im Zeitpunkt t ist dann gesichert, wenn die Summe der bis zu einem Zeitpunkt entstehenden Auszahlungen die Summe der bis zu dem Zeitpunkt entstehenden Einzahlungen nicht übersteigt. Definiert man:

$$A_{it} = \sum_{\tau=0}^{t} a_{i\tau}, D_t = \sum_{\tau=0}^{t} d_\tau, B_t = \sum_{\tau=0}^{t} b_\tau,$$

so läßt sich die Liquiditätsbedingung in folgender Weise schreiben:

$$\sum_{i=1}^{n} A_{it} \cdot x_i + D_t \leq B_t \qquad (t = 0, 1, \ldots, T) \qquad (4.4.22)$$

Nun sind aber A_{it} und B_t zufällige Größen. Deswegen kann die Bedingung (4.4.22) nur mit einer bestimmten Wahrscheinlichkeit P eingehalten werden. So kommt man zu den stochastischen Bedingungen:

$$P\left\{\sum_{i=1}^{n} A_{it} \cdot x_i + D_t \leq B_t\right\} \geq 1 - \alpha \qquad (t = 0, 1, \ldots, T) \quad (4.4.23)$$

Unter bestimmten Voraussetzungen lassen sich stochastische Nebenbedingungen dieser Art in äquivalente deterministische Nebenbedingungen umwandeln. Verhältnismäßig einfach ist dies, wenn man davon ausgehen kann, daß die Zufallsvariablen A_{it} und B_t normalverteilt sind; es können dabei auch Abhängigkeiten zwischen den Zufallsvariablen berücksichtigt werden. Die zu (4.4.23) äquivalenten deterministischen Nebenbedingungen haben allerdings nicht lineare, sondern quadratische Form. Zur Lösung von Optimierungsaufgaben dieser Art stehen die Methoden der nichtlinearen Optimierung zur Verfügung.

Der hier beschriebene Lösungsansatz ist in der investitionstheoretischen Literatur vielfach behandelt worden [*Näslund* 1966; *Näslund* 1967, S. 110;

Jääskeläinen 1966, S. 154; *Albach* 1967a; *Albach* 1967b; *Schweim* 1969; *Haegert* 1970, 1975; *Byrne, Charnes, Cooper* und *Kortanek* 1971a und 1971b; kritisch dazu s. *Haumer* 1983]. Ein grundlegender Mangel dieses Verfahrens liegt aber darin, daß offenbleibt, was eigentlich geschehen soll, wenn die Einzahlungen nicht mit den Auszahlungen übereinstimmen. Wenn man, wie in der Regel vorgeschlagen wird, für α einen sehr kleinen Wert wählt, liegen die Einzahlungen mit großer Wahrscheinlichkeit über den Auszahlungen; wozu die damit frei werdenden Mittel verwandt werden, bleibt offen. Andererseits ist auch nicht klar, was geschieht, wenn die geplanten Auszahlungen die Einzahlungen überschreiten. Dies kann den Ruin des Betriebes bedeuten, kann aber auch ganz harmlos sein, wenn z.B. möglich ist, den erforderlichen Ausgleich durch Herabsetzung der Dividende oder durch Unterlassung von Investitionen herbeizuführen. Es wird gefordert, daß die Wahrscheinlichkeit dieses Ergebnisses ein bestimmtes Maximum nicht überschreiten darf; dabei bleibt aber offen, welches die Konsequenzen dieses Ereignisses sind. Diese Konsequenzen lassen sich nur abschätzen, wenn man weiß, wie man sich in Zukunft an Abweichungen des tatsächlichen vom erwarteten Verlauf wird anpassen können, also nur im Rahmen einer flexiblen Planung.

Es gibt im Rahmen der Theorie des Chance-Constrained Programming Ansätze, die auf eine flexible Planung hinzielen. Man kann nämlich die Aktionsvariablen x_i wieder abhängig machen von den Ausprägungen der zufälligen Variablen A_{it} und B_t, die bis zum Beginn des betreffenden Projekts beobachtet werden. Bei der Optimierung geht es dann nicht direkt darum, optimale Werte für die Variablen x_i zu bestimmen; vielmehr werden Entscheidungsregeln gesucht, nach denen die x_i aufgrund der beobachteten Ausprägungen von A_{it} und B_t bestimmt werden können. Diese Vorgehensweise entspricht dem Prinzip der flexiblen Planung. Allerdings ist es bisher nicht gelungen, diesen Ansatz für die Theorie der Kapitalbudgetierung nutzbar zu machen; in vielen theoretischen Ansätzen wird zwar auf diese Möglichkeit hingewiesen; dann wird der Ansatz aber doch wieder vereinfacht, indem man auf die Ableitung optimaler Entscheidungsregeln verzichtet und unmittelbar optimale Werte für die Variablen x_i bestimmt.

(3) Wenn man bei der Planung von einem vereinfachten Zustandsbaum ausgeht, liegt eine ähnliche Ausgangssituation vor wie in dem oben beschriebenen Fall. Jedem Knotenpunkt des Zustandsbaumes sind nicht eindeutige Werte der Parameter a_{ij} und b_j zugeordnet, sondern Wahrscheinlichkeitsverteilungen dieser Größen. Man kann deswegen auch nicht wie beim idealen Zustandsbaum die Bedingung aufstellen, daß in jedem Zustand die Einzahlungen genau die Auszahlungen decken müssen. Es bietet sich aber wieder der Lösungsansatz

des Chance-Constrained Programming an. Ein auf diesem Gedanken aufbauendes Entscheidungsmodell hat *Hillier* [1969, S. 74—77] entwickelt, allerdings nur für zwei Entscheidungszeitpunkte und ohne ausdrückliche Bezugnahme auf den Zustandsbaum.

Der Bereich zulässiger Aktionsprogramme wird abgegrenzt durch die Bedingung, daß die Wahrscheinlichkeit der Verletzung der Liquiditätsbedingung im Zustand j die Obergrenze α_j nicht überschreiten darf. Hierbei braucht α_j nicht für alle Zustände gleich groß zu sein.

Zur Formulierung der Liquiditätsbedingung muß man wieder von kumulierten Ein- und Auszahlungen ausgehen, die vom Beginn des Planungszeitraumes bis zum Eintritt eines Zustandes anfallen. Von folgenden Definitionen ist auszugehen:

$$A_{ij} = \sum_{k \in I_{1j} \cup I_{2j}} a_{ik}, B_j = \sum_{k \in I_{1j} \cup I_{2j}} b_k, D_j = \sum_{k \in I_{1j} \cup I_{2j}} d_k$$

Dann gelten die stochastischen Nebenbedingungen:

$$P\left\{\sum_{i \in K_j} A_{ij} x_i + D_j \leq B_j\right\} \geq 1 - \alpha_j \qquad (j \in J) \qquad (4.4.24)$$

Hierzu kann dann wieder eine äquivalente deterministische Nebenbedingung gebildet werden, die in der Regel quadratische Form haben wird.

Unverändert wie in allen Modellvarianten gelten auch hier die Bedingungen (3.2.2) und (3.2.3):

$$x_i \leq c_i \qquad (i \in N) \qquad (3.2.2)$$

$$x_i \geq 0 \qquad (i \in N) \qquad (3.2.3)$$

Für die Zielfunktion kommen viele Varianten in Frage. Eine Möglichkeit ist auch in diesem Fall wieder die Maximierung des am Ende der Planungsperiode vorhandenen Vermögens bei vorgegebenen Ausschüttungen. Allerdings ist das Endvermögen in diesem Modell eine zufällige Variable. Man kann das Bernoulli-Prinzip anwenden und den Erwartungswert des Nutzens maximieren. Im einfachsten Fall geht man von einer linearen Nutzenfunktion aus, maximiert also den Erwartungswert des Endvermögens.

Wenn mit dem Ende der Planungsperiode alle Projekte abgeschlossen sind, ist das Barvermögen in diesem Zeitpunkt bei Eintritt des Zustands j:

$$B_j - D_j - \sum_{i \in \bar{K}_j} A_{ij} \cdot x_i$$

Sind B_j und D_j konstante Größen, so kommt es nur noch darauf an $(-\sum_{i \in \bar{K}_j} A_{ij} \cdot x_i)$ zu maximieren. Der Erwartungswert von A_{ij} sei $\bar{A}_{ij}$. Dann lautet die Zielfunktion:

$$U = \sum_{j \in J_1} w_j \cdot \sum_{i \in \bar{K}_j} (-\bar{A}_{ij}) \cdot x_i$$

Diese Zielfunktion ist unter Beachtung der Nebenbedingungen (4.4.24), (3.2.2) und (3.2.3) zu maximieren. Wenn man allerdings nicht von einer linearen Nutzenfunktion ausgeht, wird die Zielfunktion ebenfalls nichtlinear; man muß dann insbesondere die Wahrscheinlichkeitsverteilungen der Parameter A_{ij} kennen.

Gegen das zuletzt entwickelte Modell lassen sich zum Teil die gleichen Einwände vorbringen wie gegen den zuvor behandelten Ansatz auf der Grundlage des Chance-Constrained Programming. Auch bei dem am vereinfachten Zustandsbaum entwickelten Modell bleibt offen, was geschehen soll, wenn in einem Zustand die Einzahlungen die Auszahlungen übersteigen oder wenn das Gegenteil der Fall ist. Der Vorzug des vereinfachten Zustandsbaummodells liegt darin, daß das Prinzip der flexiblen Planung nicht völlig vernachlässigt wird. Für die einzelnen Zustände können unterschiedliche Aktionsprogramme vorgesehen werden. Es handelt sich um ein Entscheidungsmodell, das der Notwendigkeit Rechnung trägt, mit vereinfachten Zustandsbäumen zu arbeiten und bei dem deswegen die mit dem idealen Zustandsbaum erreichbare theoretische Perfektion aufgegeben werden muß.

(4) Die Lösung von Optimierungsaufgaben, zu denen die hier behandelten Entscheidungsmodelle führen, kann bei größerem Umfang rechentechnisch schwierig werden, insbesondere, wenn für einen Teil der Variablen noch Ganzzahligkeitsbedingungen gelten. Als Alternative zum Optimierungsansatz kommt dann wieder die Risikoanalyse durch Simulation in Frage. Man kann ein Investitions- und Finanzierungsprogramm für einen Zustandsbaum aufstellen, indem man jedem Zustand die durchzuführenden Projekte zuordnet. Durch häufig wiederholtes Experimentieren mit dem stochastischen Modell kann man dann feststellen, welche Wahrscheinlichkeitsverteilung für die Er-

gebnisgrößen dem Programm entspricht. Diese Berechnungen können für alternative Programme durchgeführt werden und die Grundlage für die Entscheidung zwischen ihnen bilden.

Statt vom Zustandsbaum kann die Risikoanalyse auch vom Entscheidungsbaum ausgehen. Ein Aktionsprogramm besteht dann darin, daß man für jeden Entscheidungsknotenpunkt festlegt, welche Aktion zu wählen ist. Ein Simulationsmodell auf der Grundlage des Entscheidungsbaums ist von *Hespos* und *Strassmann* entwickelt und dargestellt worden.

(5) In anderem Zusammenhang (o.S. 167) wurde bereits darauf hingewiesen, daß Unvollkommenheiten der flexiblen Planung laufende Planrevisionen erforderlich machen. Das gilt auch für eine flexible Planung, die von einem vereinfachten Zustandsbaum ausgeht. Wird auf der Grundlage eines idealen Zustandsbaumes geplant, so bedarf es keiner Planrevision, es sei denn, daß sich die Erwartungen, wie sie in dem Zustandsbaum, den ihm zugeordneten Übergangswahrscheinlichkeiten und der zugrunde gelegten Menge von Aktionen zum Ausdruck kommen, ändern.

Beim vereinfachten Zustandsbaum ist hingegen nicht für alle Eventualitäten vorgesorgt. Die stochastischen Nebenbedingungen (4.4.24) sind so gefaßt, daß es in jedem Zustand zu einem Überschuß der Einzahlungen über die Auszahlungen kommen kann, mit gewisser Wahrscheinlichkeit auch zu einer Unterdeckung. Was mit dem Überschuß geschehen soll, bzw. wie man mit der Unterdeckung fertig wird, bleibt zunächst offen; darüber muß im Zuge laufender Planrevisionen entschieden werden. Die Notwendigkeit der Planrevision ergibt sich wegen der Unvollkommenheit des vereinfachten Zustandsbaums also auch, wenn die im Zustandsbaum und den Übergangswahrscheinlichkeiten zum Ausdruck kommenden Erwartungen unverändert bleiben.

4.4.6 Ein Beispiel zur flexiblen Investitionsplanung

Die in den Abschnitten 4.4.3 und 4.4.4 für ideale Zustandsbäume entwikkelten Verfahren sollen abschließend an einem Zahlenbeispiel veranschaulicht werden. Ein Betrieb plant die Einführung eines neuen Produktes. Hinsichtlich der zu erwartenden Nachfrage herrscht Ungewißheit. Der Planungszeitraum wird in drei Perioden eingeteilt. In jeder der drei Perioden kann die Nachfragemenge drei verschiedene Werte N_1, N_2 und N_3 annehmen, wobei $N_1 < N_2 < N_3$ gilt. Eine Beeinflussung der Nachfrage durch den Preis oder andere absatzpolitische Maßnahmen kommt nicht in Frage. Die Wahrscheinlichkeit, daß in der ersten Periode die Nachfragemenge gleich N_i ist, wird mit w_{0i} ($i = 1, 2, 3$) bezeichnet; w_{ij} ($i = 1, 2, 3; j = 1, 2, 3$) sei die Wahrscheinlichkeit für die Nachfragemenge N_j in der zweiten oder dritten Periode unter der Voraussetzung, daß in der jeweils vorhergehenden Periode die Nachfragemenge gleich N_i war. Die w_{ij} sind also die Übergangswahrscheinlichkeiten einer *Markoff*schen Kette.

Zur Herstellung des Produktes werden Anlagen benötigt, deren jede eine Kapazität von 100 Produkteinheiten je Periode hat. Als Anschaffungszeitpunkt kommen der Beginn der ersten, zweiten und dritten Periode in Frage. Man kann also zunächst eine kleinere Kapazität aufbauen und diese später erweitern. Ob und in welchem Umfang spätere Kapazitätserweiterungen stattfinden, kann man von der zwischenzeitlichen Umsatzentwicklung abhängig machen. Der Investitionsplan ist also flexibel zu gestalten. Die Produktionsmenge wird jeweils erst während der Periode festgelegt, wenn man die Nachfrage kennt. Eine Lagerung von einer Periode zur nächsten ist ausgeschlossen. Die Lebensdauer der Produktionsanlagen ist länger als der Planungszeitraum; wegen ihres hohen Spezialisierungsgrades haben die am Ende des Planungszeitraums vorhandenen Anlagen jedoch den Wert Null.

Gesucht ist ein flexibler Investitionsplan, der den Erwartungswert des Kapitalwertes maximiert. Es wird also angenommen, daß der Nutzen eine lineare Funktion des Kapitalwertes ist. Mit a_t ($t = 1, 2, 3$) wird der auf den Beginn des Planungszeitraums abgezinste Wert des in der Periode t erzielten Deckungsbeitrags je Produkteinheit bezeichnet, mit A_t ($t = 1, 2, 3$) der entsprechende Barwert der Anschaffungsauszahlung für eine zu Beginn der Periode t angeschaffte Produktionsanlage.

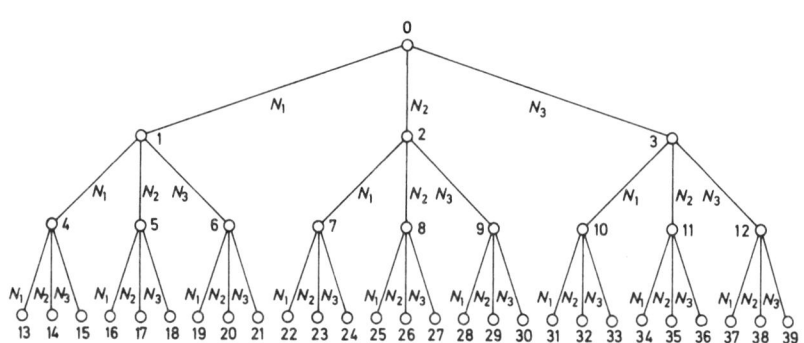

Abb. 32: Zustandsbaum für das Beispiel zur flexiblen Investitionsplanung

(2) Zunächst soll gezeigt werden, wie dieses Planungsproblem als lineare Optimierungsaufgabe formuliert werden kann. Auszugehen ist von dem in Abbildung 32 dargestellten Zustandsbaum. Der Zustand zu Beginn einer Periode ist jeweils charakterisiert durch die Höhe der Nachfrage in allen vorangehenden Perioden. Mit x_j ($j = 0, \ldots, 12$) wird die Anzahl der bei Eintritt des Zustands

Flexible Investitionsplanung

j anzuschaffenden Maschinen bezeichnet; v_j ($j = 1, \ldots, 39$) sei die Produktionsmenge der Periode, die dem Zustand j vorangeht; da angenommen wird, daß bei der Bestimmung der Produktionsmenge die Nachfrage bekannt ist, kann diese vom Zustand am Periodenende abhängig gemacht werden. Mit Hilfe der Formel (4.4.1) läßt sich aus den gegebenen Übergangswahrscheinlichkeiten für jeden Zustand die Wahrscheinlichkeit w_j ($j = 1, \ldots, 39$) berechnen.

Der erwartete Kapitalwert ergibt sich aus der folgenden Formel:

$$K = -A_1 x_0 + \sum_{j=1}^{3} w_j [a_1 v_j - A_2 x_j] \tag{4.4.25a}$$

$$+ \sum_{j=4}^{12} w_j [a_2 v_j - A_3 x_j] + \sum_{j=13}^{39} w_j a_3 v_j$$

Bei Maximierung von K sind folgende Nebenbedingungen einzuhalten:

a) Die Produktion einer Periode wird durch die vorhandene Anlagenkapazität begrenzt:

$$\begin{aligned}
&v_j \leqslant 100\, x_0 &&(j = 1, 2, 3)\\
&v_j \leqslant 100\, (x_0 + x_1) &&(j = 4, 5, 6)\\
&v_j \leqslant 100\, (x_0 + x_2) &&(j = 7, 8, 9)\\
&v_j \leqslant 100\, (x_0 + x_3) &&(j = 10, 11, 12)\\
&v_j \leqslant 100\, (x_0 + x_1 + x_4) &&(j = 13, 14, 15)\\
&v_j \leqslant 100\, (x_0 + x_1 + x_5) &&(j = 16, 17, 18)\\
&v_j \leqslant 100\, (x_0 + x_1 + x_6) &&(j = 19, 20, 21)\\
&v_j \leqslant 100\, (x_0 + x_2 + x_7) &&(j = 22, 23, 24) &&(4.4.25b)\\
&v_j \leqslant 100\, (x_0 + x_2 + x_8) &&(j = 25, 26, 27)\\
&v_j \leqslant 100\, (x_0 + x_2 + x_9) &&(j = 28, 29, 30)\\
&v_j \leqslant 100\, (x_0 + x_3 + x_{10}) &&(j = 31, 32, 33)\\
&v_j \leqslant 100\, (x_0 + x_3 + x_{11}) &&(j = 34, 35, 36)\\
&v_j \leqslant 100\, (x_0 + x_3 + x_{12}) &&(j = 37, 38, 39)
\end{aligned}$$

b) Die Produktionsmenge einer Periode darf die Nachfrage nicht übersteigen:

$$\begin{aligned}
&v_j \leqslant N_1 &&(j = 1, 4, 7, \ldots, 37)\\
&v_j \leqslant N_2 &&(j = 2, 5, 8, \ldots, 38) &&(4.4.25c)\\
&v_j \leqslant N_3 &&(j = 3, 6, 9, \ldots, 39)
\end{aligned}$$

c) Keine der Variablen darf negativ werden; die x_j dürfen nur ganzzahlig sein:

$$\begin{aligned}
&v_j \geqslant 0 &&(j = 1, \ldots, 39)\\
&x_j \geqslant 0 &&(j = 0, \ldots, 12) &&(4.4.25d)\\
&x_j \text{ ganzzahlig} &&(j = 0, \ldots, 12)
\end{aligned}$$

(4.4.25a) ist unter Beachtung von (4.4.25b–d) zu maximieren. Man hat also eine lineare Optimierungsaufgabe mit Ganzzahligkeitsbedingungen zu lösen. Es zeigt sich, daß die Aufgabe bereits unter den sehr einfachen Voraussetzungen des Beispiels eine erhebliche Zahl von Variablen und Nebenbedingungen enthält.

(3) Zum Vergleich sei dasselbe Planungsproblem nun mit Hilfe der dynamischen Optimierung behandelt. Hierzu sind einige Variablen neu zu definieren: x_1 sei die Anzahl der zu Beginn der ersten Periode angeschafften Anlagen, x_{ti} ($t = 2, 3$; $i = 1, 2, 3$) die Anzahl der Anlagen, die zu Beginn der Periode t angeschafft werden, falls in der Vorperiode die Nachfrage gleich N_i war. R_t ($t = 1, 2, 3$) sei die Anzahl der zu Beginn der Periode t bereits vorhandenen Anlagen. Hierbei ist $R_1 = 0$.

Da die Nachfrage sich gemäß einem stochastischen Prozeß vom *Markoff*-Typ entwickelt, werden die Dispositionen einer Periode nur vom Anlagenbestand zu Periodenbeginn und der Nachfrage der Vorperiode abhängig gemacht, nicht von der Nachfrage früherer Perioden. Es ist daher auch nicht erforderlich, für jeden Knotenpunkt des Zustandsbaumes eine Variable zu definieren. Variablen für die Produktionsmengen werden nicht benötigt. Es genügt die Annahme, daß jeweils die größtmögliche Menge produziert wird, also entweder die Nachfragemenge oder, wenn die Kapazität zur Deckung der Nachfrage nicht ausreicht, die Menge an der Kapazitätsgrenze.

K_{ti} ($t = 2, 3; i = 1, 2, 3$) sei der auf den Beginn des Planungszeitraums bezogene Barwert aller Zahlungen in der t-ten und allen späteren Perioden unter der Voraussetzung, daß in der Periode ($t - 1$) die Nachfrage gleich N_i war. Es gilt:

$$K_{3i} = a_3 \left[w_{i1} \operatorname{Min} \left[(R_3 + x_{3i}) 100, N_1 \right] \right. \tag{4.4.26}$$
$$+ w_{i2} \operatorname{Min} \left[(R_3 + x_{3i}) 100, N_2 \right]$$
$$\left. + w_{i3} \operatorname{Min} \left[(R_3 + x_{3i}) 100, N_3 \right] \right] - A_3 x_{3i}$$

Das Maximum von K_{3i} sei K_{3i}^*, der zugehörige Wert von x_{3i} sei x_{3i}^*:

$$K_{3i}^* = \operatorname{Max} K_{3i}(x_{3i}) = K_{3i}(x_{3i}^*) \tag{4.4.27}$$

(4.4.27) entspricht (4.4.20). Weiter gilt:

$$K_{2i} = a_2 \left[w_{i1} \operatorname{Min} \left[(R_2 + x_{2i}) 100, N_1 \right] \right. \tag{4.4.28}$$
$$+ w_{i2} \operatorname{Min} \left[(R_2 + x_{2i}) 100, N_2 \right]$$
$$\left. + w_{i3} \operatorname{Min} \left[(R_2 + x_{2i}) 100, N_3 \right] \right] - A_2 x_{2i}$$
$$+ w_{i1} K_{31}^* + w_{i2} K_{32}^* + w_{i3} K_{33}^*$$

K_{2i}^* und x_{2i}^* sind wieder definiert durch:

$$K_{2i}^* = \text{Max } K_{2i}(x_{2i}) = K_{2i}(x_{2i}^*) \tag{4.4.29}$$

Schließlich ergibt sich für den Beginn der ersten Periode:

$$\begin{aligned} K = a_1 [&w_{01} \text{ Min } [(R + x_1) \, 100, N_1] \\ +\ &w_{02} \text{ Min } [(R_1 + x_1) \, 100, N_2] \\ +\ &w_{03} \text{ Min } [(R_1 + x_1) \, 100, N_3]] - A_1 x_1 \\ +\ &w_{01} K_{21}^* + w_{02} K_{22}^* + w_{03} K_{23}^* \end{aligned} \tag{4.4.30}$$

K^* und x_1^* ergeben gemäß

$$K^* = \text{Max } K(x_1) = K(x_1^*) \tag{4.4.31}$$

(4.4.29) und (4.4.31) entsprechen (4.4.21).

(4) Um zu zeigen, wie der rechnerische Ablauf des Verfahrens aussieht, werden für die einzelnen Parameter Zahlenwerte eingesetzt. Es sei:
$a_1 = 1; a_2 = 0{,}82; a_3 = 0{,}67; A_1 = 70; A_2 = 57; A_3 = 47; N_1 = 200;$
$N_2 = 400; N_3 = 600$.
Die Übergangswahrscheinlichkeiten w_{ij} ergeben sich aus folgender Tabelle:

i \ j	1	2	3
1	0,6	0,2	0,2
2	0,2	0,6	0,2
3	0,2	0,2	0,6

Weiter sei: $w_{01} = 0{,}5; w_{02} = 0{,}3; w_{03} = 0{,}2$

3. Periode

Durch Einsetzen in (4.4.26) und Maximierung werden zunächst K_{31}^* und x_{31}^* ermittelt.

$$K_{31} = 0{,}67\,[0{,}6\,\text{Min}\,[(R_3 + x_{31})\,100, 200] \qquad (4.4.32)$$
$$+ 0{,}2\,\text{Min}\,[(R_3 + x_{31})\,100, 400]$$
$$+ 0{,}2\,\text{Min}\,[(R_3 + x_{31})\,100, 600]] - 47\,x_{31}$$
$$= \begin{cases} 67\;(R_3 + x_{31}) - 47\,x_{31}, & \text{falls } R_3 + x_{31} \leq 2 \\ 80{,}4 + 26{,}8\,(R_3 + x_{31}) - 47\,x_{31}, & \text{falls } 2 < R_3 + x_{31} \leq 4 \\ 134 + 13{,}4\,(R_3 + x_{31}) - 47\,x_{31}, & \text{falls } 4 < R_3 + x_{31} \leq 6 \end{cases}$$

Man sieht, daß der Zukauf von Maschinen zu Beginn der 3. Periode nur lohnend ist, solange $R_3 < 2$ ist; ist dies der Fall, so wird der maximale Wert für K_{31} erreicht, wenn $(R_3 + x_{31}) = 2$ ist. Hieraus folgt:

$$x^*_{31} = \begin{cases} 2 - R_3, & \text{falls } R_3 \leq 2 \\ 0, & \text{falls } R_3 > 2 \end{cases} \qquad (4.4.33)$$

und

$$K^*_{31} = \begin{cases} 40 + 47\;R_3, & \text{falls } R_3 \leq 2 \\ 80{,}4 + 26{,}8\,R_3, & \text{falls } 2 < R_3 \leq 4 \\ 134 + 13{,}4\,R_3, & \text{falls } 4 < R_3 \leq 6 \end{cases} \qquad (4.4.34)$$

In der gleichen Weise werden nun K^*_{32}, x^*_{32}, K^*_{33} und x^*_{33} berechnet:

$$K_{32} = 0{,}67\,[0{,}2\,\text{Min}\,[(R_3 + x_{32})\,100, 200] \qquad (4.4.35)$$
$$+ \;\;\,0{,}6\,\text{Min}\,[(R_3 + x_{32})\,100, 400]$$
$$+ \;\;\,0{,}2\,\text{Min}\,[(R_3 + x_{32})\,100, 600]] - 47\,x_{32}$$
$$= \begin{cases} 67\;(R_3 + x_{32}) - 47\,x_{32}, & \text{falls } R_3 + x_{32} \leq 2 \\ 26{,}8 + 53{,}6\,(R_3 + x_{32}) - 47\,x_{33}, & \text{falls } 2 < R_3 + x_{32} \leq 4 \\ 187{,}6 + 13{,}4\,(R_3 + x_{32}) - 47\,x_{32}, & \text{falls } 4 < R_3 + \dot{x}_{32} \leq 6 \end{cases}$$

$$x^*_{32} = \begin{cases} 4 - R_3, & \text{falls } R_3 \leq 4 \\ 0, & \text{falls } R_3 > 4 \end{cases} \qquad (4.4.36)$$

$$K^*_{32} = \begin{cases} 53{,}2 + 47\;R_3, & \text{falls } R_3 \leq 4 \\ 187{,}6 + 13{,}4\,R_3, & \text{falls } R_3 > 4 \end{cases} \qquad (4.4.37)$$

Flexible Investitionsplanung

$$K_{33} = 0{,}67 \, [0{,}2 \, \text{Min} \, [(R_3 + x_{33}) \, 100, \, 200] \qquad (4.4.38)$$
$$+ \; 0{,}2 \, \text{Min} \, [(R_3 + x_{33}) \, 100, \, 400]$$
$$+ \; 0{,}6 \, \text{Min} \, [(R_3 + x_{33}) \, 100, \, 600]] - 47 \, x_{33}$$

$$\begin{cases} 67 \quad (R_3 + x_{33}) - 47 \, x_{33}, \text{ falls } R_3 + x_{33} \leq 2 \\ 26{,}8 + 53{,}6 \, (R_3 + x_{33}) - 47 \, x_{33}, \text{ falls } 2 < R_3 + x_{33} \leq 4 \\ 80{,}4 + 40{,}2 \, (R_3 + x_{33}) - 47 \, x_{33}, \text{ falls } 4 < R_3 + x_{33} \leq 6 \end{cases}$$

$$x_{33}^{*} \begin{cases} 4 - R_3, \text{ falls } R_3 \leq 4 \\ 0 \quad , \text{ falls } R_3 > 4 \end{cases} \qquad (4.4.39)$$

$$K_{33}^{*} \begin{cases} 53{,}3 + 47 \quad R_3, \text{ falls } R_3 \leq 4 \\ 80{,}4 + 40{,}2 \, R_3, \text{ falls } R_3 > 4 \end{cases} \qquad (4.4.40)$$

2. *Periode*

Im nächsten Schritt werden nun K_{2i}^{*} und x_{2i}^{*} gemäß (4.4.29) berechnet. Hierbei sind für K_{3i}^{*} die im ersten Schritt berechneten Ergebnisse einzusetzen; außerdem ist R_3 jeweils zu ersetzen durch $R_2 + x_{2i}$.

$$K_{21} = 0{,}82 \, [0{,}6 \, \text{Min} \, [(R_2 + x_{21}) \, 100, \, 200] \qquad (4.4.41)$$
$$+ \; 0{,}2 \, \text{Min} \, [(R_2 + x_{21}) \, 100, \, 400]$$
$$+ \; 0{,}2 \, \text{Min} \, [(R_2 + x_{21}) \, 100, \, 600]] - 57 \, x_{21}$$
$$+ \; 0{,}6 \, K_{31}^{*} + 0{,}2 \, K_{32}^{*} + 0{,}2 \, K_{33}^{*}$$

$$= \begin{cases} 45{,}28 + 129 \quad (R_2 + x_{21}) - 57 \, x_{21}, \text{ falls } R_2 + x_{21} \leq 2 \\ 167{,}92 + 67{,}68 \, (R_2 + x_{21}) - 57 \, x_{21}, \text{ falls } 2 < R_2 + x_{21} \leq 4 \\ 298 \quad + 35{,}16 \, (R_2 + x_{21}) - 57 \, x_{21}, \text{ falls } 4 < R_2 + x_{21} \leq 6 \end{cases}$$

$$x_{21}^{*} = \begin{cases} 4 - R_2, \text{ falls } R_2 \leq 4 \\ 0 \quad , \text{ falls } R_2 > 4 \end{cases} \qquad (4.4.42)$$

$$K_{22}^{*} = \begin{cases} 210{,}64 + 57 \quad R_2, \text{ falls } R_2 \leq 4 \\ 298 \quad + 35{,}16 \, R_2, \text{ falls } R_2 > 4 \end{cases}$$

$$K_{22} = 0{,}82 \, [0{,}2 \, \text{Min} \, [(R_2 + x_{22}) \, 100, \, 200] \qquad (4.4.44)$$
$$+ \; 0{,}6 \, \text{Min} \, [(R_2 + x_{22}) \, 100, \, 400]$$
$$+ \; 0{,}2 \, \text{Min} \, [(R_2 + x_{22}) \, 100, \, 600]] - 57 \, x_{22}$$
$$+ \; 0{,}2 \, K_{31}^{*} + 0{,}6 \, K_{32}^{*} + 0{,}2 \, K_{33}^{*}$$

$$= \begin{cases} 50{,}56 + 129 \quad (R_2 + x_{22}) - 57 \, x_{22}, \text{ falls } R_2 + x_{22} \leq 2 \\ 91{,}44 + 108{,}56 \, (R_2 + x_{22}) - 57 \, x_{22}, \text{ falls } 2 < R_2 + x_{22} \leq 4 \\ 385{,}04 + 35{,}16 \, (R_2 + x_{22}) - 57 \, x_{22}, \text{ falls } 4 < R_2 + x_{22} \leq 6 \end{cases}$$

$$x_{22}^* = \begin{cases} 4-R_2, \text{ falls } R_2 \leq 4 \\ 0 \quad\quad \text{ falls } R_2 > 4 \end{cases} \quad (4.4.45)$$

$$K_{22}^* = \begin{cases} 297{,}68 + 57 \quad R_2, \text{ falls } R_2 \leq 14 \\ 385{,}04 + 35{,}16 \, R_2, \text{ falls } R_2 > 4 \end{cases} \quad (4.4.46)$$

$$\begin{aligned} K_{23} &= 0{,}82 \, [0{,}2 \, \text{Min} \, [(R_2 + x_{23})\, 100, 200] \quad (4.4.47)\\ &\quad + 0{,}2 \, \text{Min} \, [(R_2 + x_{23})\, 100, 400] \\ &\quad + 0{,}6 \, \text{Min} \, [(R_2 + x_{23})\, 100, 600]] - 57 \, x_{23} \\ &\quad + 0{,}2 \, K_{31}^* + 0{,}2 \, K_{32}^* + 0{,}6 \, K_{33}^* \\ &= \begin{cases} 50{,}56 + 129 \quad (R_2 + x_{23}) - 57\, x_{23}, \text{ falls} \quad R_2 + x_{23} \leq 2 \\ 91{,}44 + 108{,}56 \, (R_2 + x_{23}) - 57\, x_{23}, \text{ falls } 2 < R_2 + x_{23} \leq 4 \\ 210{,}96 + \quad 78{,}68 \, (R_2 + x_{23}) - 57\, x_{23}, \text{ falls } 4 < R_2 + x_{23} \leq 6 \end{cases} \end{aligned}$$

$$x_{23}^* = 6 - R_2, \text{ falls } R_2 \leq 6 \quad (4.4.49)$$

$$K_{23}^* = 341{,}04 + 57\, R_2, \text{ falls } R_2 \leq 6 \quad (4.4.49)$$

1. *Periode*

Im dritten Schritt kann nun K gemäß (4.4.30) berechnet werden. Für K_{2i}^* sind die Ergebnisse aus dem zweiten Schritt einzusetzen, R_1 ist annahmegemäß gleich Null, und für R_2 kann x_1 eingesetzt werden.

$$\begin{aligned} K &= 0{,}5 \, \text{Min} \, (x_1 \, 100, 200) + 0{,}3 \, \text{Min} \, (x_1 \, 100, 400) \quad (4.4.50) \\ &\quad + 0{,}2 \, \text{Min} \, (x_1 \, 100, 600) - 70\, x_1 \\ &\quad + 0{,}5 \, K_{21}^* + 0{,}3 \, K_{22}^* + 0{,}2 \, K_{23}^* \\ &= \begin{cases} 262{,}832 + 87 \quad x_1, \text{ falls } x_1 \leq 2 \\ 362{,}832 + 37 \quad x_1, \text{ falls } 2 < x_1 \leq 4 \\ 552{,}72 \;\; - 10{,}472\, x_1, \text{ falls } 4 < x_1 \leq 6 \end{cases} \end{aligned}$$

$$x_1^* = 4 \quad (4.4.51)$$

$$K^* = 510{,}832 \quad (4.4.52)$$

Hieraus läßt sich leicht das Investitionsprogramm ableiten. Durch Einsetzen aus (4.4.51) in (4.4.42), (4.4.45) und (4.4.48) erhält man unter Berücksichtigung der Beziehung $R_2 = x_1$:

$$x_{21}^* = 0; x_{22}^* = 0; x_{23}^* = 2$$

Diese Ergebnisse werden in (4.4.33), (4.4.36) und (4.4.39) eingesetzt. Da $R_3 = R_2 + x^*_{2i}$ gilt, erhält man:

$x^*_{31} = 0; x^*_{32} = 0; x^*_{33} = 0$

Zu Beginn des Planungszeitraums werden also 4 Anlagen angeschafft. Wenn in der ersten Periode die Menge 600 nachgefragt wird, sind am Ende dieser Periode 2 weitere Anlagen anzuschaffen. In allen anderen Fällen bleibt es bei der ursprünglichen Kapazität.

Der Rechenaufwand zur Ermittlung dieser Lösung war verhältnismäßig gering, geringer jedenfalls, als wenn man die Lösung der Optimierungsaufgabe (4.4.25a–d) ohne eine programmgesteuerte Rechenanlage mit Hilfe der Simplex-Methode berechnet hätte. Dies deutet darauf hin, daß die dynamische Optimierung in manchen Fällen der Simplex-Methode überlegen sein kann.

Ergänzende und vertiefende Literatur zum Abschnitt 4.4:
Dantzig 1955
Hart 1940
Haumer 1983
Hax u. *Laux* 1972
Inderfurth 1982
Jacob 1974
Laux 1971
Wittmann 1959

Literaturverzeichnis

Albach, H.: Wirtschaftlichkeitsrechnung bei unsicheren Erwartungen, Köln und Opladen 1959.
–: Rentabilität und Sicherheit als Kriterien betrieblicher Investitionsentscheidungen, ZfB, **30**, 1960a, S. 583–599, 673–682.
–: Lineare Programmierung als Hilfsmittel betrieblicher Investitionsplanung, ZfhF, NF **12**, 1960b, S. 526–549.
–: Investition und Liquidität, Wiesbaden 1962.
–: Long Range Planning in Open Pit Mining, Manag. Sci. **13**, 1966/67, (1967a), S. B 549–568.
–: Das optimale Investitionsbudget bei Unsicherheit, ZfB, **37**, 1967b, S. 503–518.
–: (Hrsg.): Investitionstheorie, Köln 1975.
Arditti, F.D.: Risk and the Required Return on Equity, Jl of Finance, **22**, 1967, S. 19–36.
Arrow, K.J., D. Levhari: Uniqueness of the Internal Rate of Return with Variable Life of Investment, The Economic Journal, **79**, 1969, S. 560–566.
Baldwin, R.H.: How to Assess Investment Proposals, Harv. Bus. Rev., **37** (3), 1959, S. 98–104.
Balinski, M.L.: Integer Programming: Methods, Uses, Computation, Manag. Sci., **12**, 1965, S. 253–313.
Barges, A.: The Effect of Capital Structure on the Cost of Capital, A Test and Evaluation of the Modigliani and Miller Propositions, Englewood Cliffs 1963.
Baumol, W.J.: On Dividend Policy and Market Imperfections, Jl of Business, **36**, 1963, S. 112–115, dtsch. Übers. in: *Hax, H., H. Laux* (Hrsg.): Die Finanzierung der Unternehmung, Köln 1975, S. 301–306.
–, *R.E. Quandt*: Investment and Discount Rates under Capital Rationing–A Programming Approach, Economic Jl, **75**, 1965, S. 317–329.
Bellman, R.: Dynamic Programming, Princeton 1957.
Biergans, E.: Investitionsrechnung, Nürnberg 1973.
Bierman, H., S. Smidt: The Capital Budeting Decision, 4th ed., New York 1975
Bierwag, G.O., M.A. Grove: Indifference Curves in Asset Analysis, Economic Jl, **76**, 1966, S. 337–343.
Bitz, M.: Äquivalente Zielkonzepte für Modelle zur simultanen Investitions- und Finanzplanung, ZfbF, **28**, 1976, S. 485–501.
–: Der interne Zinsfuß in Modellen zur simultanen Investitions- und Finanzplanung, ZfbF, **29**, 1977, S. 146–162.
–: Investition. In: Vahlens Kompendium der Betriebswirtschaftslehre, Bd. 1, hrsg. v. J. Baetge u.a., München 1984, S. 423–481.
Blohm, H., K. Lüder: Investition, 4. Aufl., München 1978
Blumentrath, U.: Investitions- und Finanzplanung mit dem Ziel der Endwertmaximierung, Wiesbaden 1969.
Bodenhorn, D.: On the Problem of Capital Budgeting. Jl of Finance, **14**, 1959, S. 473–492.
Böhm, H.-H.: Kostenwirkungen der Ertragsbesteuerung in der Investitionsrechnung. In: Führungsentscheidungen und ihre Dispositionshilfen, Vortr. d. 11. D. Betriebswirtschafter-Tages, hrsg. v. d. d. Gesellschaft f. Betriebswirtschaft, Berlin 1958, S. 105–123.

Bolenz, G.: Sequentielle Investitions- und Finanzierungsentscheidungen, Berlin 1978.
Boulding, K.E.: Time and Investment, Economica, 3, 1936, S. 196–220, 440–442.
Brewer, D.E., J.B. Michaelsen: The Cost of Capital, Corporation Finance, and the Theory of Investment: Comment, Am. Econ. Rev., 55, 1965, S. 516–524.
Brown, C.E.: Business – Income Taxation and Investment Incentives. In: Readings in the Economics of Taxation, London 1959, S. 525–537.
Buchner, R.: Anmerkungen zum Fisher-Hirshleifer-Ansatz der simultanen Bestimmung von Gewinnausschüttungs-, Finanzierungs- und Investitionsentscheidungen, ZfbF, 20, 1968, S. 30–47.
–: Zur Bedeutung des Fisher-Hirshleifer-Ansatzes für die betriebswirtschaftliche Theorie der Kapitalwirtschaft, ZfbF, 21, 1969, S. 706–727.
Büschgen, H.E.: Wertpapieranalyse, Stuttgart 1966.
Byrne, R.F., A. Charnes, W.W. Cooper, K. Kortanek: A Chance-Constrained Approach to Capital Budgeting with Portfolio Type Payback and Liquidity Constraints and Horizon Posture Controls, In: *Byrne, R.F., A. Charnes, W.W. Cooper, O.A. Davis, D. Gilford* (eds.), Studies in Budgeting, Amsterdam 1971, (1971a), S. 71–92.
–: C^2 and LPU^2 Combinations For Treating Different Risks and Uncertainties in Capital Budgets. In: *Byrne, R.F., A. Charnes, W.W. Cooper, O.A. Davis, D. Gilford* (eds.), Studies in Budgeting, Amsterdam 1971, (1971b), S. 93–137.
Charnes, A., W.W. Cooper: Chance-Constrained Programming, Manag. Sci., 6, 1960, S. 73–79.
–, –, *M.H. Miller*: Application of Linear Programming to Financial Budgeting and the Costing of Funds of Business, Jl of Business, 32, 1959, S. 20–46.
Cohen, K.J., E.J. Elton: Inter-Temporal Portfolio Analysis based on Simulation of Joint Returns, Manag. Sci., 14, 1967, S. 5–18.
Dantzig, G.B.: Linear Programming under Uncertainty, Manag. Sci., 1, 1955, 197–206.
Dean, J.: Capital Budgeting, New York 1951.
Dinkelbach, W.: Sensitivitätsanalysen und parametrische Programmierung, Berlin 1969.
Domar, E.D., R.A. Musgrave: Proportional Income Taxation and Risk-Taking. In: Readings in the Economics of Taxation, London 1959, S.493–524.
Durand, D.: Costs of Debt and Equity Funds for Business: Trends and Problems of Measurement. In: Conference on Research in Business Finance, New York 1952, S. 215–247.
–: The Cost of Capital, Corporation Finance and the Theory of Investment: Comment, Am. Econ. Rev., 49, 1959, S. 629–655.
Engels, W.: Betriebswirtschaftliche Bewertungslehre im Licht der Entscheidungstheorie, Köln 1962.
Enzer, H.: On the Generation of Discount Rates and Implicit Prices through a Replacement Model, Manag. Sci., 13, 1966, S. 131–143.
Fama, E.F.: Portfolio Analysis in a Stable Paretian Market, Manag. Sci., 11, 1965, S. 404–419.
Farrar, D.E.: The Investment Decision Under Uncertainty, Englewood Cliffs 1962.
Ferschl, F.: Nutzen- und Entscheidungstheorie, Opladen 1975.
Fischer, J.: Heuristische Investitionsplanung, Berlin 1981.
Fisher, I.: The Theory of Interest, New York 1930.
Flemming, J.S., J.F. Wright: Uniqueness of the Internal Rate of Return: A Generalisation, The Economic Journal, 81, 1971, S. 256–263.

Franke, G.: Ganzzahligkeitseigenschaften linearer Investitionsprogramme, ZfbF, 26, 1974, S. 409–422.
–: Kalkulatorische Kosten: Ein funktionsgerechter Bestandteil der Kostenrechnung, Die Wirtschaftsprüfung, 29, 1976, S. 185–194.
–, *H. Laux*: Die Ermittlung der Kalkulationszinsfüße für investitionstheoretische Partialmodelle, ZfbF, 20, 1968, S. 740–759.
–, –: Die Bemessung von Abschreibungen für Entscheidungsrechnungen, ZfB, 40, 1970, S. 399–420.
Freund, R.J.: The Introduction of Risk into a Programming Model, Econometrica, 24, 1956, S. 253–263.
Friedman, M., L.J. Savage: The Utility Analysis of Choices involving Risk, Jl of Political Economy, 56, 1948, S. 279–304.
Frischmuth, G.: Daten als Grundlage für Investitionsentscheidungen, Berlin 1969.
Goldschmidt, H.O.: Financial Planning in Industry, Leiden 1956.
Gordon, M.J.: The Investment, Financing and Valuation of the Corporation, Homewood 1962.
–: Optimal Investment and Financing Policy, Jl of Finance, 18, 1963, S. 264–272.
–, *E. Shapiro*: Capital Equipment Analysis: The Required Rate of Profit, Manag. Sci., 3, 1956, S. 102–110, dtsch. Übers. in: *Hax, H., H. Laux* (Hrsg.): Die Finanzierung der Unternehmung, Köln 1975, S. 54–64.
Graham, B., D.L. Dodd, S. Cottle: Security Analysis, Principles and Technique, New York 1962.
Haberstock, L.: Zur Integrierung der Ertragsbesteuerung in die simultane Produktions-, Investitions- und Finanzierungsplanung mit Hilfe der linearen Programmierung, Köln 1971.
Haegert, L.: Die Aussagefähigkeit der Dualvariablen und die wirtschaftliche Deutung der Optimalitätsbedingungen beim Chance-Constrained Programming. In: *Hax, H.* (Hrsg.), Entscheidung bei unsicheren Erwartungen, Opladen 1970, S. 101–128.
–: Eine Analyse der Kuhn-Tucker-Bedingungen stochastischer Programme unter dem Gesichtspunkt der Schätzung von Kalkulationszinsfüßen und Risikoabschlägen. In: *Ulrich, H.* (Hrsg.), Unternehmensplanung, Wiesbaden 1975, S. 239–258.
–, *R. Kramm*: Die Bedeutung des steuerlichen Verlustrücktrags für die Rentabilität und das Risiko von Investitionen, ZfbF, 29, 1977, S. 203–210.
–, *F. Wittmann*: Zur Eignung der Amortisationsdauer als Kriterium für Investitionsentscheidungen bei unsicheren Erwartungen, ZfbF, 29, 1977, S. 475–489.
Hart, A.G.: Anticipations, Uncertainty, and Dynamic Planning, New York 1940.
–: Risk, Uncertainty, and the Unprofitability of Compounding Probabilities. In: Readings in the Theory of Income Distribution, London 1950, S. 547–557.
Hastie, L.K.: The Determination of Optimal Investment Policy, Manag. Sci., 13, 1967, S. B 757–774.
Haumer, H.: Sequentielle stochastische Investitionsplanung, Wiesbaden 1983.
Hax, H.: Der Kalkulationszinsfuß in der Investitionsrechnung bei unsicheren Erwartungen, ZfbF, 16, 1964a, S. 187–194.
–: Investitions- und Finanzplanung mit Hilfe der linearen Programmierung, ZfbF, 16, 1964b, S. 430–446.
–: Bewertungsprobleme bei der Formulierung von Zielfunktionen für Entscheidungsmodelle, ZfbF, 19, 1967, S. 749–761.

–: Der Einfluß der Investitions- und Ausschüttungspolitik auf den Zukunftserfolgswert der Unternehmung. In: *Busse v. Colbe, W., G. Sieben* (Hrsg.): Betriebswirtschaftliche Information, Entscheidung und Kontrolle, Wiesbaden 1969, S. 359–380.
–: Entscheidungsmodelle in der Unternehmung, Reinbek 1974.
–: Zur Verbindung von Zustandsbaumverfahren und Chance-Constrained Programming in Entscheidungsmodellen der Kapitalbudgetierung. In: *Albach, H., H. Simon*: Investitionstheorie und Investitionspolitik privater und öffentlicher Unternehmen, Wiesbaden 1976, S. 123–144.
–, und *H. Laux*: Investitionstheorie. In: *Menges, G.* (Hrsg.): Beiträge zur Unternehmensforschung, Würzburg 1969, S. 227–284.
–, –: Flexible Planung-Verfahrensregeln und Entscheidungsmodelle für die Planung bei Ungewißheit, ZfbF., 24, 1972, S. 318–340.
Heister, M.: Rentabilitätsanalyse von Investitionen, Köln 1962.
Hellwig, K.: Die Lösung ganzzahliger investitionstheoretischer Totalmodelle durch Partialmodelle, Meisenheim am Glan 1973.
–: Die approximative Bestimmung optimaler Investitionsprogramme mit Hilfe der Kapitalwertmethode, ZfbF, 28, 1976, S. 166–171.
Henn, R., H.P. Künzi: Einführung in die Unternehmensforschung, 2 Bde, Berlin 1968.
Hertz, D.B.: Risk Analysis in Capital Investment, Harv. Bus. Rev., 42 (1), 1964, S. 95–106, dtsch. Übers. in: *Albach, H.* (Hrsg.) Investitionstheorie, Köln 1975, S. 211–228.
H. Thomas: Risk Analysis and its Applications, Chichester 1983.
Hespos, R., P.A. Strassmann: Stochastic Decision Trees for the Analysis of Investment Decisions, Manag. Sci., 11, 1965, S. B244–259, dtsch. Übers. in: *Albach, H.* (Hrsg.), Investitionstheorie, Köln 1975, S. 229–247.
Hicks, J.R.: Value and Capital, 2. Aufl. Oxford 1946.
Hillier, F.S.: The Derivation of Probabilistic Information for the Evaluation of Risky Investments, Manag. Sci., 9, 1963, S. 443–457, dtsch. Übers. in: *Albach, H*, (Hrsg.), Investitionstheorie, Köln 1975, S. 195–210
–: Chance-Constrained Programming with 0–1 or Bounded Continuous Decision Variables, Manag. Sci., 14, 1967/8, S. 34–57.
–: The Evaluation of Risky Interrelated Investments, Amsterdam 1969.
Hirshleifer, J.: On the Theory of Optimal Investment Decision, The Jl of Polit. Economy, 66, 1958, S. 329–352.
–: Investment Decision under Uncertainty: Choice-Theoretic Approaches, Quart. Jl of Economics, 79, 1965, S. 509–536.
–: Investment Decision under Uncertainty: Applications of the State-Preference Approach, Quart. Jl of Economics, 80, 1966, S. 252–277.
–: Investment, Interest, and Capital, New York 1970.
Inderfurth, K.: Starre und flexible Investitionsplanung bei laufender Planrevision, ZfbF, 31, 1979, 440–467.
–: Starre und flexible Investitionsplanung, Wiesbaden 1982.
Jääskeläinen, V.: Optimal Financing and Tax Policy of the Corporation, Helsinki 1966.
Jacob, H.: Investitionsplanung auf der Grundlage linearer Optimierung, ZfB, 32, 1962, S. 651–655.
–: Neuere Entwicklungen in der Investitionsrechnung, ZfB, 34, 1964, S. 487–507, 551–594.
–: Flexibilitätsüberlegungen in der Investitionsrechnung, ZfB, 37, 1967a, S. 1–34.

—: Zum Problem der Unsicherheit bei Investitionsentscheidungen, ZfB, 37, 1967b, S. 153–187.
—: Unsicherheit und Flexibilität – Zur Theorie der Planung bei Unsicherheit, ZfB, 44, 1974, S. 299–326, 403–448, 505–526.
—: Investitionsplanung und Investitionsentscheidung, 3. Aufl., Wiesbaden 1976.
—: Kurzlehrbuch Investitionsrechnung, 3. Aufl., Wiesbaden 1984.
Jaensch, G.: Ein einfaches Modell der Unternehmensbewertung ohne Kalkulationszinsfuß, ZfbF, 18, 1966, S. 660–679.
—: Betriebswirtschaftliche Entscheidungsmodelle und praktische Investitionsrechnung, ZfbF, 19, 1967, S. 48–57.
Jochum, H.: Flexible Planung als Grundlage unternehmerischer Investitionsentscheidungen, Saarbrücker Dissertation 1969.
Kern, W.: Investitionsrechnung, Stuttgart 1974.
Knae, E.J., B.G. Malkiel: Bank Portfolio Allocation, Deposit Variability, and the Availability Theory, Quart. Jl of Economics, 79, 1965, S. 113–134.
Kilger, W.: Kritische Werte in der Investitions- und Wirtschaftlichkeitsrechnung, ZfB, 35, 1965a, S. 338–353.
—: Zur Kritik am internen Zinsfuß, ZfB, 35, 1965b, S. 765–798.
Koch, H.: Grundlagen der Wirtschaftlichkeitsrechnung, Wiesbaden 1970.
Kruschwitz, L.: Kapitalwert und Annuität, Die Unternehmung, 28, 1974, S. 241–260.
—: Zur heuristischen Planung des Investitionsprogramms, ZfB, 47, 1977, S. 209–224.
—: Investitionsrechnung, 2. Aufl., Berlin 1985.
—, *J. Fischer*: Konflikte zwischen den Zielsetzungen Endwert- und Entnahmemaximierung, ZfbF, 30, 1978, S. 752–782.
—, —: Die Planung des Kapitalbudgets mit Hilfe von Kapitalnachfrage- und Kapitalangebotskurven, ZfbF, 32, 1980, S. 393–418.
Künzi, H.P., W. Krelle: Nichtlineare Programmierung. Berlin 1962.
Lambert Jr., E.W.: An Analysis of the Effects of Debt Financing on Investment Value, Ann Arbor 1963.
Laux, H.: Kapitalkosten und Ertragssteuern, Köln 1969 a.
—: Flexible Planung des Kapitalbudgets mit Hilfe der linearen Programmierung, ZfbF, 21, 1969 b, S. 728–742.
—: Flexible Investitionsplanung, Opladen 1971.
—: Entscheidungstheorie, Grundlagen, Berlin–Heidelberg 1982.
—, *G. Franke*: Investitions- und Finanzplanung mit Hilfe von Kapitalwerten, ZfbF, 21, 1969, 43–56.
Lehmann, M.: Zur Theorie der Zeitpräferenz, Berlin 1975.
Lindsay, R., A.W. Sametz: Financial Management: An Analytical Approach, Homewood 1963.
Lintner, J.: Dividends, Earnings, Leverage, Stock-Prices and the Supply of Capital to Corporations, Rev. of Economics and Stat., 44, 1962, S. 243–269.
—: The Cost of Capital and Optimal Financing of Corporate Growth, Jl. of Finance, 18, 1963, S. 292–310.
—: The Valuation of Risk Assets and the Selection of Risky Investments in Stock Portfolios and Capital Budgets, Rev. of Economics and Stat., 47, 1965a, S. 13–37.
—: Security Prices, Risk and Maximal Gains from Diversification, Jl of Finance, 20, 1965b, S. 587–615.

Lorie, H.J., L.J. Savage: Three Problems in Rationing Capital, Jl of Business, 28, 1955, S. 229–239.
Lücke, E.: Investitionsrechnung auf der Grundlage von Ausgaben oder Kosten? ZfhF, NF, 7, 1955, S. 310–324.
Lüder, K.: Zur Anwendung neuerer Algorithmen der ganzzahligen linearen Programmierung, ZfB, 39, 1969, S. 405–434.
–: (Hrsg.): Investitionsplanung, München 1977.
Lutz, F., V. Lutz: The Theory of Investment of the Firm, Princeton 1951.
Magee, J.F.: How to Use Decision Trees in Capital Investment, Harv. Bus. Rev., 42, 1964 a (5), S. 79–96.
–: Decision Trees for Decision Making, Harv. Bus. Rev., 42, 1964b (4), S. 126–138.
Markowitz, H.: Portfolio Selection, New York 1959.
Mangoldt, H.,v., K. Knopp: Einführung in die höhere Mathematik, 1. Bd., 12. Aufl. Stuttgart 1964.
Mao, J.C.T., C.E. Särndal: A Decision Theory Approach to Portfolio Selection, Manag. Sci., 12, 1966, S. 323–333.
Marschak, T., R. Nelson: Flexibility, Uncertainty, and Economic Theory, Metroeconomica, 14, 1962, S. 42–58.
Martin, A.D.: Mathematical Programming of Portfolio Selections, Manag. Sci., 1, 1955, S. 152–166.
Massé, P.: Le Choix des Investissements, Paris 1959.
Matsuda, K.: Internal Rates of Interest and Growth of Capital, The Annals 1969 of the School of Business Administration, Kobe University, S. 21–34.
–: The Internal Rate of Interest and the Rate of Profit, The Annals 1973 of the School of Business Administration, Kobe University, S. 35–51.
–: A Property of Flemming-Wright's Generalised Indicator of the Profitability of the Project, The Economic Journal, 84, 1974, S. 645–646.
Menges, G.: Grundmodelle wirtschaftlicher Entscheidungen, 2. Aufl. Düsseldorf 1974.
Mertens, P.: Ertragsteuerwirkungen auf die Investitionsfinanzierung – ihre Berücksichtigung in der Investitionsrechnung, ZfhF, NF, 14, 1962, S. 570–588.
Meyer, H.: Zur allgemeinen Theorie der Investitionsrechnung, Düsseldorf 1977.
–: Die Fragwürdigkeit der Einwände gegen die interne Verzinsung, ZfbF, 30, 1978, S. 39–62.
Miller, M.H.: Discussion, Jl of Finance, 18, 1963, S. 313–316.
Miller, M., F. Modigliani: Dividend Policy, Growth and the Valuation of Shares, Jl of Business, 34, 1961, S. 411–433, dtsch. Übers. in: *Hax, H., H. Laux* (Hrsg.): Die Finanzierung der Unternehmung, Köln 1975, S. 270–300.
–: Some Estimates of the Cost of Capital to the Electric Utility Industry, 1954–57, Am. Econ. Rev., 56, 1966, S. 333–391.
Modigliani, F., M.H. Miller: The Cost of Capital, Corporation Finance and the Theory of Investment, Am. Econ. Rev., 48, 1958, S. 261–297, dtsch. Übers. in: *Hax, H., H. Laux* (Hrsg): Die Finanzierung der Unternehmung, Köln 1975, S. 86–119.
–: The Cost of Capital, Corporation Finance and the Theory of Investment: Reply, Am. Econ. Rev., 49, 1959, S. 655–669.
–: Corporate Income Taxes and the Cost of Capital: A Correction, Am. Econ. Rev., 53, 1963, S. 433–443, dtsch. Übers. in: *Hax,H., H. Laux* (Hrsg.): Die Finanzierung der Unternehmung, Köln 1975, S. 120–132.

Mossin, J.: Equilibrium in a Capital Asset Market, Econometrica, 34, 1966, S. 768–783.
–: Theory of Financial Markets, Englewood Cliffs 1973.
Moxter, A.: Die Bestimmung des Kalkulationszinsfußes bei Investitionsentscheidungen, ZfhF, NF, 13, 1961, S. 186–200.
–: Lineares Programmieren und betriebswirtschaftliche Kapitaltheorie, ZfbF, 15, 1963, S. 285–309.
–: Offene Probleme der Investitions- und Finanzierungstheorie, ZfbF, 17, 1965, S. 1–10.
Näslund, B.: A Model of Capital Budgeting under Risk, Jl of Business, 39, 1966, S. 257–271.
–: Decisions under Risk, Stockholm 1967.
–, *A. Whinston*: A Model of Multi-Period Investment under Uncertainty, Manag. Sci., 8, 1962, S. 184–200.
Paine, N.R.: Uncertainty and Capital Budgeting, Accounting Rev., 49, 1964, S. 330–332.
Philipp, F.: Unterschiedliche Rechnungselemente in der Investitionsrechnung, ZfB, 30, 1960, S. 26–36.
Porterfield, J.T.S.: Investment Decisions and Capital Cost, Englewood Cliffs 1965.
Priewasser, E.: Betriebliche Investitionsentscheidungen, Berlin 1972.
Pye, G.: Present Values for Imperfect Capital Markets, Jl of Business, 39, 1966, S. 45–51.
Reiter, S.: Choosing an Investment Program Among Interdependent Projects, Rev. of Econ. Stud., 30, 1963, S. 32–36.
Reul, R.I.: Profitability Index for Investments, Harv. Bus. Rev., 35 (4), 1957, S. 116–132.
Richter, M.K.: Cardinal Utility, Portfolio Selection and Taxation, Rev. of Econ. Stud., 27, 1959–60, S. 152–166.
Riebel, P.: Die Elastizität des Betriebes, Köln 1954.
Roberts, H.V.: Current Problems in the Economics of Capital Budgeting, Jl of Business, 30, 1957, S. 12–16.
Robichek, A.A., S.C. Myers: Optimal Financing Decision, Englewood Cliffs 1965.
–: Valuation of the Firm: Effects of Uncertainty in a Market Context, Jl of Finance, 21, 1966, S. 215–227.
Rose, J.R.: The Cost of Capital, Corporation Finance and the Theory of Investment: Comment, Am. Econ. Rev., 48, 1959, S. 638–639.
Rosenberg, O.: Investitionsplanung im Rahmen einer simultanen Gesamtplanung, Köln 1975.
–: Der Einfluß der Finanzierung auf die optimale Nutzungsdauer von Investitionsobjekten, ZfB, 30, 1978, S. 167–182.
Rudolph, B.: Zur Theorie des Kapitalmarktes, ZfB, 49, 1979, S. 1034–1067.
Saelzle, R.: Investitionsentscheidungen und Kapitalmarkttheorie, Wiesbaden 1976.
Schmidt, R.H.: Grundzüge der Investitions- und Finanzierungstheorie, Wiesbaden 1983.
Schneeweiß, H.: Entscheidungskriterien bei Risiko, Heidelberg 1967.
Schneider, D.: Die wirtschaftliche Nutzungsdauer von Anlagegütern, Köln und Opladen 1961.
–: Der Einfluß von Ertragsteuern auf die Vorteilhaftigkeit von Investitionen, ZfhF, 14, 1962, S. 539–570.
–: Flexible Planung als Lösung der Entscheidungsprobleme unter Ungewißheit?, ZfbF, 23, 1971, S. 831–851.

—: „Flexible Planung als Lösung der Entscheidungsprobleme unter Ungewißheit?" in der Diskussion, ZfbF, 24, 1972, S. 456–476.
—: Investition und Finanzierung, 5. Aufl., Wiesbaden 1980
Schneider, E.: Wirtschaftlichkeitsrechnung, 4. Aufl., Tübingen 1962.
—: Kritisches und Positives zur Theorie der Investition, Weltwirtsch. Archiv, 98, 1967, S. 314–348.
Schneider, H.: Der Einfluß der Steuern auf die unternehmerischen Investitionsentscheidungen, Tübingen 1964.
Schindler, H.: Investitionsrechnungen in Theorie und Praxis, Meisenheim/Glan 1963.
Schulte, K.-W.: Optimale Nutzungsdauer und optimaler Ersatzzeitpunkt bei Entnahmemaximierung, Meisenheim am Glan 1975.
—: Wirtschaftlichkeitsrechnung, Würzburg–Wien 1978.
Schwartz, E.: Corporation Finance, New York 1962.
Schweim, J.: Integrierte Unternehmensplanung, Bielefeld 1969.
Seelbach, H.: Planungsmodelle in der Investitionsrechnung, Würzburg 1967.
Sharpe, W.F.: A Simplified Model for Portfolio Analysis, Manag. Sci., 9, 1963, S. 277–293.
—: Capital Asset Prices: A Theory of Market Equilibrium under Conditions of Risk, Jl of Finance, 29, 1964, S. 425–442.
—: Security Prices, Risk and Maximal Gains from Diversification. Reply, Jl of Finance, 21, 1966, S. 743f.
—: Portfolio Theory and Capital Markets, New York 1970.
Solomon, E.: Measuring a Company's Cost of Capital, Jl of Business, 28, 1955, S. 240–252, dtsch. Übers. in: *Hax, H., H. Laux* (Hrsg): Die Finanzierung der Unternehmung, Köln 1975, S. 36–53.
—: The Theory of Financial Management, New York 1963 a.
—: Leverage and the Cost of Capital, Jl of Finance, 18, 1963 b, S. 273–279, dtsch. Übers. in: *Hax,H., H. Laux* (Hrsg.): Die Finanzierung der Unternehmung, Köln 1975, S. 160–177.
Steinbach, K.P.: Ein Modell zur kurzfristigen Investitionsplanung im Maschinenbau, ZfbF, 29, 1977, S. 506–529.
Steiner, J.: Zeitzentrum und Typenkonzept, ZfbF, 29, 1977, S. 490–505.
Swoboda, P.: Der Einfluß der steuerlichen Abschreibungspolitik auf betriebliche Investitionsentscheidungen, ZfbF, 16, 1964, S. 414–429.
—: Die simultane Planung von Rationalisierungs- und Erweiterungsinvestitionen und von Produktionsprogrammen, ZfB, 35, 1965, S. 148–163.
—: Investition und Finanzierung, Göttingen 1971.
Teichroew, D.A., A. Robichek, M. Montalbano: An Analysis of Criteria for Investment and Financing Decisions under Certainty, Manag. Sci., 12, 1965 a, S. 151–179, dtsch. Übers. in: *Albach, H.* (Hrsg.): Investitionstheorie, Köln 1975, S. 92–121.
—: Mathematical Analysis of Rates of Return under Certainty, Manag. Sci., 11, 1965b, S. 395–403.
Terborgh, G.: Leitfaden der betrieblichen Investitionspolitik, Wiesbaden 1962.
Tobin, J.: Liquidity Preference as Behavior Towards Risk, Rev. of Econ. Stud., 24, 1957/58, S. 65–86.
—: The Theory of Portfolio Selection. In: *Hahn, F.H., F.P.R. Brechling* (eds): The Theory of Interest Rates, London 1965, S. 3–51.

Van Horne, J.: Capital Budgeting Decisions Involving Combinations of Risky Investments, Manag. Sci., **13**, 1967, S. B 84–92.

Wagner, H.: Simultane Planung von Investition, Beschäftigung und Finanzierung mit Hilfe der dynamischen Programmierung, ZfB, **37**, 1967, S. 709–728.

Walter, J.E.: Dividend Policy: Its influence on the Value of the Enterprise, Jl of Finance, **18**, 1963, S. 280–291.

Weingartner, M.H.: Mathematical Programming and the Analysis of Capital Budgeting Problems, Englewood Cliffs 1963.

–: Capital Budgeting of Interrelated Projects: Survey and Synthesis, Manag. Sci., **12**, 1966, S. 485–516, dtsch. Übers. in: *Albach, H.* (Hrsg.) Investitionstheorie, Köln 1975, S. 326–357.

–: Some New Views on the Payback Period and Capital Budgeting Decisions, Manag. Sci., **15**, 1969, S. B 594–607.

Weston, F.J.: The Management of Corporate Capital, A Review Article, Jl of Business, **34**, 1961, S. 129–139.

–: A Test of Cost Capital Propositions, In: *Wolf, H.A., L. Richardson* (eds.): Readings in Finance, New York 1966, S. 163–174.

Wilkes, F.M.: Capital Budgeting Techniques, London 1977.

Willers, F.A.: Methoden der praktischen Analysis, 3. Aufl., Berlin 1957.

Williams, J.B.: The Theory of Investment Value, Amsterdam 1938.

Wilson, R.: Investment Analysis under Uncertainty, Manag. Sci., **15**, 1969, S. 650–664.

Wippern, R.F.: Financial Structure and the Value of the Firm, Jl of Finance, **21**, 1966, S. 615–633, dtsch. Übers. in: *Hax, H., H. Laux* (Hrsg.): Die Finanzierung der Unternehmung, Köln 1975, S. 178–199.

Wissenbach, H.: Die Bedeutung der Finanzierungsregeln für die betriebliche Finanzpolitik, ZfbF, **16**, 1964, S. 447–456.

Wittmann, W.: Unternehmung und unvollkommene Information, Köln 1959.

Wurl, H.-J.: Betriebswirtschaftliche Projektanalysen durch Simulation, ZfbF., **24**, 1972, S. 362–378.

Autorenverzeichnis

Albach, H. 86, 87, 97, 118, 122, 163, 184
Arrow, K.J. 19

Baldwin, R.H. 29, 37, 43
Balinski, M. 95
Barges, A. 162, 165
Baumol, W.J. 97, 109
Bellman, R. 177
Bierman, H. 148
Boulding, K.E. 24
Byrne, R.F. 184

Charnes, A. 184
Cooper, W.W. 184

Dantzig, G.B 195
Dean, J. 85
Dinkelbach, W. 123, 128, 131, 133
Durand, D. 162, 165

Engels, W. 151

Ferschl, F. 145
Fisher, I. 74, 76, 79, 101, 103, 104
Flemming, J.S. 19
Franke, G. 97, 109, 122
Friedmann, M. 135

Gordon, M.J. 148, 154, 165

Haberstock, L. 118
Haegert, L. 184
Hart, A.G. 166, 195
Haumer, H. 166, 184, 195
Hax, H. 17, 90, 93, 96, 97, 101, 109, 145, 149, 161, 165, 166, 195
Hellwig, K. 100
Henn, R. 177
Hertz, D.B. 142, 145
Hespos, R. 187
Hillier, F.S. 142, 185
Hirshleifer, J. 74, 76, 77, 78, 85, 101, 103, 104

Inderfurth, K. 166, 195

Jääskeläinen, V. 97, 109, 118, 122, 184
Jacob, H. 118, 119, 121, 122, 166, 195
Jochum, H. 177, 179, 182

Kilger, W. 16, 19, 32, 37, 44, 124, 133
Knopp, K. 17
Kortanek, K. 184
Krelle, W. 97, 98
Kruschwitz, 41, 44, 84
Künzi, H.P. 97, 98, 177

Laux, H. 17, 88, 89, 97, 101, 109, 111, 114, 118, 122, 145, 146, 161, 164, 165, 166, 175, 195
Levhari, D. 19
Lindsay, R. 148
Lintner, J. 145, 147
Lorie, H.J. 85
Lücke, W. 149
Lüder, K. 95

Magee, J.F. 178
v. Mangoldt, H. 17
Markowitz, H. 134, 138, 145
Matsuda, K. 19, 36
Menges, G. 134, 169, 177
Miller, M.H. 158, 159, 161, 163, 165
Modigliani, F. 158, 159, 161, 163, 165
Montalbano, M. 19, 37
Mossin, J. 147, 164, 165
Moxter, A. 71, 85, 97, 148
Myers, S.C. 148, 165

Näslund, B. 183

Philipp, F. 149
Porterfield, J.T.S. 148, 164, 165
Priewasser, E. 142
Pye, G. 105

Quandt, R.E. 97, 109

Riebel, P. 166
Roberts, H.V. 148
Robichek, A. 19, 37, 148, 165

Rosenberg, O. 118, 122
Rudolph, B. 164

Saelzle, R. 164, 165
Sametz, A.W. 148
Savage, L.J. 85, 134, 135
Schneeweiß, H. 134, 135, 137, 145
Schneider, D. 61, 166
Schneider, E. 13, 19, 24, 32, 38, 44, 61 124, 133
Schweim, J. 97, 118, 122, 123, 133, 184
Shapiro, E. 148, 154
Sharpe, W.F. 138, 145
Smidt, S. 148
Solomon, E. 69, 85, 148, 165

Strassmann, P.A. 187
Swoboda, P. 118, 122
Teichroew, D.A. 19, 37
Terborgh, G. 27, 37, 40, 41, 48
Thomas, H. 142, 145
Tobin, J. 138

Weingartner, M.H. 44, 86, 90, 96, 97, 109
Willers, F.A. 19
Williams, J.B. 148
Wilson, R. 175
Wittmann, W. 166, 195
Wright, J.F. 19
Wurl, H.-J. 142

Sachverzeichnis

Abhängigkeit zwischen Investitionsprojekten 38f., 64ff., 95ff.
Absatzbedingungen 120
Absatzplanung 117
Abschreibungen 15, 149
Agio 110
Amortisationsdauer 31f., 37f., 43f., 47, 124
Anlagezinsfuß 76, 78, 101ff.
Annuität, äquivalente 14f., 35f., 41, 46f., 49, 55
Annuitätenfaktor 14
Aufnahmezinsfuß 76, 78, 101ff.

Baldwin-Verzinsungsrate 29ff., 43
Bayes-Regel 134, 174
Bernoulli-Prinzip 134ff., 174
Beteiligungsfinanzierung 110ff.
Beteiligungstitel 155
Bewertung 91ff.
Bewertungsfreiheit 117
Bezugsrecht 112
break-even-point 125

Cartesische Zeichenregel 18f.
Chance-Constrained Programming 182ff.

Differenzinvestition 39ff., 65f., 96
Diversifikation 141, 144, 164
Effizienzlinie 139f.
Einkommensteuer 114, 117
Elastizität 166f.
Entscheidungsbaum 168ff., 178f.
Entscheidungsfeld 93
Ereignisbaum 169
Ersetzungszeitpunkt 44ff.
Ertragssteuern 114ff.
Eventualpläne 166

Faktorpreis 125f.
Finanzbedingungen 120
Finanzrisiko 159, 164
Fisher-Fall 76f., 101, 103f.
Flexibilität 166f.
Forderungstitel 155
Fremdfinanzierung 69f., 155ff.

Fremdkapitalanteil 70, 155ff.
Fremdkapitalzinsfuß 69

Ganzzahligkeitsbedingungen 43ff., 100
Gegenwartswert 12, 13
Gesamtwert der Unternehmung 156, 158
Geschäftsrisiko 159, 164
Gewinn 114f., 148ff.
Gewinnausschüttungen 114f.
Gewinnermittlung 114
Gewinnschwelle 125
Grenzrate der Substitution 76, 78

Hirshleifer-Fall 76ff., 101, 104ff.

Illiquidität 87f.
Imponderable Faktoren 9f.
Initialverzinsung 24ff. 43, 79ff., 107ff.
Instandsetzung 52
Investitionsprojekte, einander ausschließende 10, 38ff., 96

Kalkulationszinsfuß 12, 20ff., 71ff., 83, 84f., 105, 124, 158
–, endogener 71ff., 97ff., 114
Kapazitätsbedingungen 119
Kapitalangebotsfunktion 66ff., 71ff., 79ff.
Kapitalangebotskurve 67
Kapitalbindung 149ff.
–, im Umlaufvermögen 120f.
Kapitalbudget 66ff., 81, 83f.
Kapitaldienst 15
Kapitalerhöhung 110ff.
Kapitalherabsetzung 117
Kapitalkosten 67, 69, 82, 145ff.
Kapitalkostensatz, durchschnittlicher 157f., 159, 164
Kapitalmarkt, unvollkommener 62
–, vollkommener 10, 35, 38, 62
Kapitalnachfragefunktion 62ff., 71ff., 79ff.
Kapitalnachfragekurve 63f.
Kapitalrationierung 72
Kapitalverzehr 27

Kapitalwert 13f., 20ff., 33ff., 39ff., 88f., 100f., 122ff., 148
Kapitalwertrate 14, 25f., 79
Kassenhaltung 87f., 147
Kompetenzabgrenzung 38
Komplementarität 38f.
Kontinuierliche Zahlungsströme 13f., 58ff.
Kontinuitätsbedingungen 119
Körperschaftsteuer 114f.
Korrelation 138
Kovarianzen 138ff.
Kuhn-Tucker-Theorem 97ff., 102f.

Lebensdauer, optimale 12, 44ff.
–, technische 44ff.
MAPI-Verzinsungssatz 27ff.
Marktlinie 76ff.
Marktwert 89, 145ff.
Mehrzweckmaschinen 118
Monte-Carlo-Methode 144

Nutzenfunktion 134ff.
–, konkave 135
–, konvexe 135
–, lineare 135
–, quadratische 136ff.
Nutzenindifferenzkurven 137
Nutzungsdauer, optimale 54ff., 60ff.

Optimalitätskriterium 88ff.
Optimierung, dynamische 176ff.
–, lineare 86ff., 110ff., 127ff., 175f.
Planrevision 167, 187
Planungszeitraum 85, 91ff.
Portefeuille – Auswahl 138ff.
Portefeuilles, effiziente 139f.
Preistheorem 97, 129ff.
Preisuntergrenze 125
Produktion, einstufige 118
–, mehrstufige 118
Produktionsplanung 117ff.
Punkte, kritische 124ff.
Punktmenge, kritische 126f.

Rationales Handeln 135
Rentabilität 16

Rentenbarwertfaktor 14, 32
Restbuchwert 48
Risikoanalyse 142ff., 186
Risikofreudigkeit 135
Risikoindifferenz 135
Risikoklasse 147, 161
Risikomischung 138, 141
Risikopräferenzen, subjektive 133ff., 144
Risikoscheu 135f.
roll-back 179

Sensitivitätsanalyse 122ff.
Simulation 142ff., 186f.
Standardabweichung 136f., 159
Steuerbilanz 48, 114
Stillegung 44
Stochastischer Prozeß 168
Substitutionalität 39

Teilbereichsmodelle 93
Teilpläne, bedingte 166
Transformationskurve 74ff.
Transformationsrate, marginale 75

Unteilbarkeit 64, 68, 93ff., 97f.

Varianz 138ff.
Verfahrenswahl 118
Verlustvortrag 115f.
Verzinsungsenergie 13
Verzinsungsintensität 13
–, interne 16
Wahrscheinlichkeit, subjektive 133ff., 145
Wiedergewinnungsfaktor 14

Zahlungsreihen 11f.
Zeitpräferenz, subjektive 74ff.
Zeitzentrum 12f.
Zielfunktion 9f., 88ff., 111ff., 117, 121, 127ff.
Zinsen, kalkulatorische 15, 51, 149
Zinsfuß, interner 15ff., 36f., 41ff., 62f., 79ff.
Zustandsbaum 168ff.
–, idealer 171, 172ff.
–, vereinfachter 171, 182ff.